DARAKWON

저자 선생님

조금배
- Hawaii Pacific University TESL 학사 및 석사
- 서강대학교 대학원 영어영문학과 언어학 박사 과정
- 〈Hot Listening〉, 〈Cool Grammar〉 시리즈 등 공저

백영실
- 미국 Liberty University 졸업
- 〈Hot Listening〉, 〈절대어휘 5100〉 시리즈 등 공저

김정인
- 캐나다 Mount Saint Vincent University 영어교육학 석사
- 현 캐나다 온타리오주 공인회계사 (CPA)

COOL LISTENING

영어듣기 모의고사

저자 조금배, 백영실, 김정인
펴낸이 정규도
펴낸곳 (주)다락원

초판 2쇄 발행 2023년 9월 8일

편집 안혜원, 정연순, 서정아
디자인 구수정, 포레스트
삽화 Nika Tchaikovskaya
영문 감수 Michael A. Putlack

다락원 경기도 파주시 문발로 211
내용문의 (02) 736-2031 내선 532, 501, 503
구입문의 (02) 736-2031 내선 250~252
Fax (02) 732 2037
출판등록 1977년 9월 16일 제406-2008-000007호

ISBN 978-89-277-8019-9 54740
978-89-277-8016-8 54740(set)

http://www.darakwon.co.kr

다락원 홈페이지를 방문하시면 상세한 출판 정보와 함께 MP3 자료 등의 다양한 어학 정보를 얻으실 수 있습니다.

영어듣기 모의고사

COOL LISTENING

Basic 3

STRUCTURES & FEATURES
구성과 특징

TEST
실전 모의고사

COOL LISTENING Basic 시리즈는 다양한 듣기 시험 문제 유형을 반영한 실전 모의고사 20회를 수록했습니다. 각종 영어 듣기 시험에서 자주 등장하는 문제 유형을 분석하여 문제를 구성했고, 듣기의 기초를 쌓는 데 도움이 되는 문제도 함께 수록했습니다. 또한 필수 표현으로 이루어진 간단한 대화에서 실생활과 밀접한 좀 더 응용된 대화 및 담화로 구성하여, 단계별로 자연스럽게 학습할 수 있도록 했습니다.

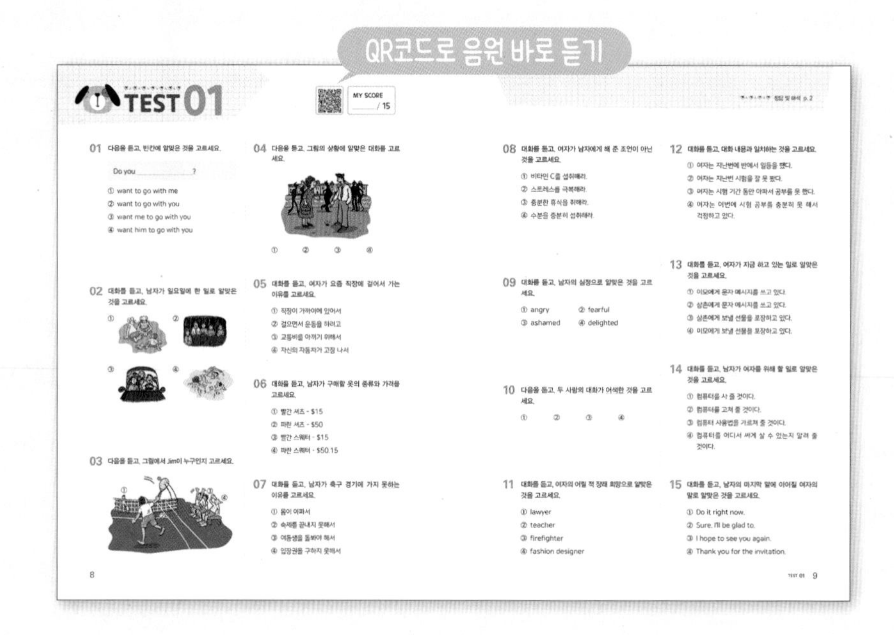

DICTATION
받아쓰기

중요 어휘 · 표현 및 헷갈릴 수 있는 발음을 점검하고 학습할 수 있도록 받아쓰기를 구성했습니다.
전 지문의 받아쓰기를 통해서 대화 및 담화 내용을 한 번 더 익히고, 중요 표현을 복습할 수 있습니다.

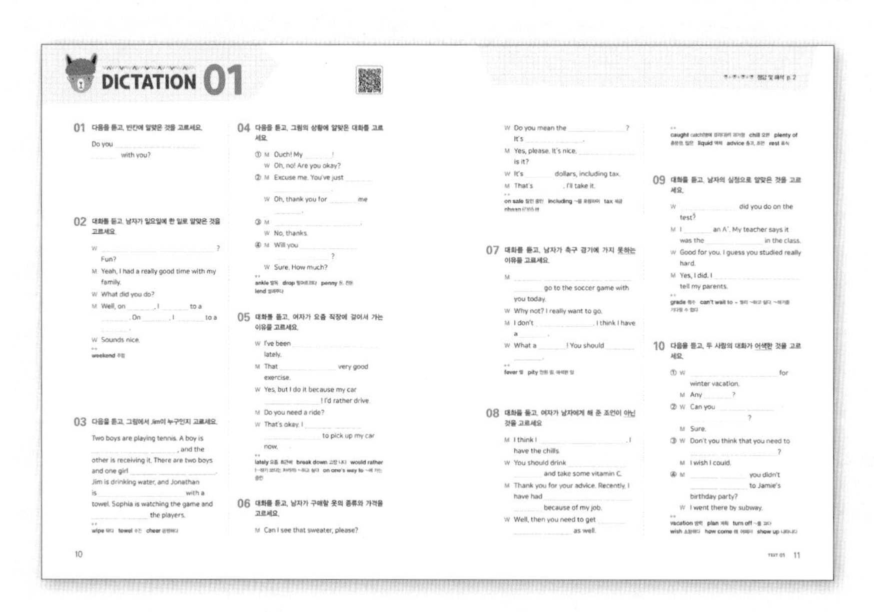

REVIEW TEST
리뷰 테스트

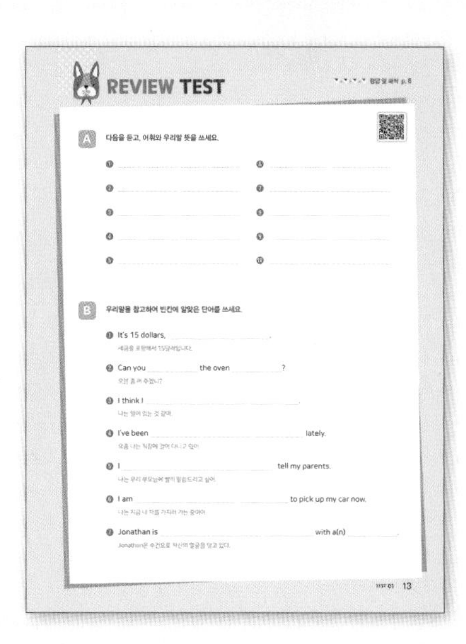

모의고사에서 나온 중요 어휘와 문장을 복습할 수 있는 리뷰 테스트를 수록했습니다.
어휘를 듣고 어휘 및 우리말 뜻 쓰기와, 문장 빈칸 채우기를 통해서 핵심 어휘와 표현을 확실하게 복습할 수 있습니다.

ANSWERS & SCRIPTS
정답 및 해석

한눈에 들어오는 정답 및 해석으로 편리하게 정답, 대본, 중요 어휘를 확인할 수 있습니다.

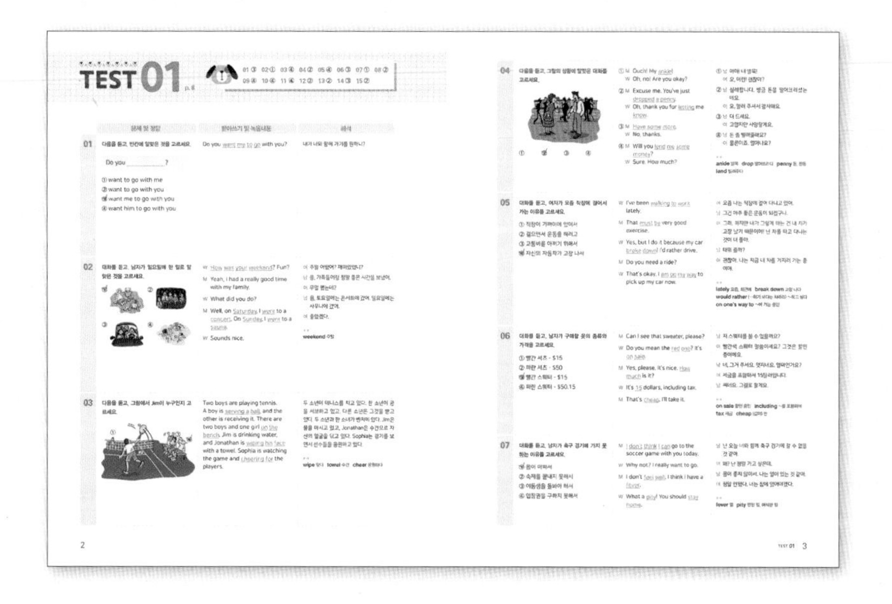

온라인 부가자료 www.darakwon.co.kr

다락원 홈페이지에서 무료로 부가자료를 다운로드하거나 웹에서 이용할 수 있습니다.

- 다양한 MP3 파일 제공: TEST별 (0.8배속 / 1.0배속 / 1.2배속) & 문항별
- 어휘 리스트 & 어휘 테스트

CONTENTS
목차

TEST

실전 모의고사

TEST 01

MY SCORE
_______ / 15

01 다음을 듣고, 빈칸에 알맞은 것을 고르세요.

Do you ________________?

① want to go with me
② want to go with you
③ want me to go with you
④ want him to go with you

02 대화를 듣고, 남자가 일요일에 한 일로 알맞은 것을 고르세요.

① 
② 
③ 
④ 

03 다음을 듣고, 그림에서 Jim이 누구인지 고르세요.

04 다음을 듣고, 그림의 상황에 알맞은 대화를 고르세요.

① ② ③ ④

05 대화를 듣고, 여자가 요즘 직장에 걸어서 가는 이유를 고르세요.

① 직장이 가까이에 있어서
② 걸으면서 운동을 하려고
③ 교통비를 아끼기 위해서
④ 자신의 자동차가 고장 나서

06 대화를 듣고, 남자가 구매할 옷의 종류와 가격을 고르세요.

① 빨간 셔츠 - $15
② 파란 셔츠 - $50
③ 빨간 스웨터 - $15
④ 파란 스웨터 - $50.15

07 대화를 듣고, 남자가 축구 경기에 가지 못하는 이유를 고르세요.

① 몸이 아파서
② 숙제를 끝내지 못해서
③ 여동생을 돌봐야 해서
④ 입장권을 구하지 못해서

08 대화를 듣고, 여자가 남자에게 해 준 조언이 아닌 것을 고르세요.

① 비타민 C를 섭취해라.
② 스트레스를 극복해라.
③ 충분한 휴식을 취해라.
④ 수분을 충분히 섭취해라.

09 대화를 듣고, 남자의 심정으로 알맞은 것을 고르세요.

① angry ② fearful
③ ashamed ④ delighted

10 다음을 듣고, 두 사람의 대화가 어색한 것을 고르세요.

① ② ③ ④

11 대화를 듣고, 여자의 어릴 적 장래 희망으로 알맞은 것을 고르세요.

① lawyer
② teacher
③ firefighter
④ fashion designer

12 대화를 듣고, 대화 내용과 일치하는 것을 고르세요.

① 여자는 지난번에 반에서 일등을 했다.
② 여자는 지난번 시험을 잘 못 봤다.
③ 여자는 시험 기간 동안 아파서 공부를 못 했다.
④ 여자는 이번에 시험 공부를 충분히 못 해서 걱정하고 있다.

13 대화를 듣고, 여자가 지금 하고 있는 일로 알맞은 것을 고르세요.

① 이모에게 문자 메시지를 쓰고 있다.
② 삼촌에게 문자 메시지를 쓰고 있다.
③ 삼촌에게 보낼 선물을 포장하고 있다.
④ 이모에게 보낼 선물을 포장하고 있다.

14 대화를 듣고, 남자가 여자를 위해 할 일로 알맞은 것을 고르세요.

① 컴퓨터를 사 줄 것이다.
② 컴퓨터를 고쳐 줄 것이다.
③ 컴퓨터 사용법을 가르쳐 줄 것이다.
④ 컴퓨터를 어디서 싸게 살 수 있는지 알려 줄 것이다.

15 대화를 듣고, 남자의 마지막 말에 이어질 여자의 말로 알맞은 것을 고르세요.

① Do it right now.
② Sure. I'll be glad to.
③ I hope to see you again.
④ Thank you for the invitation.

01 다음을 듣고, 빈칸에 알맞은 것을 고르세요.

Do you ________ ________ ________
________ with you?

02 대화를 듣고, 남자가 일요일에 한 일로 알맞은 것을 고르세요.

W ________ ________ ________ ________? Fun?

M Yeah, I had a really good time with my family.

W What did you do?

M Well, on ________, I ________ to a ________. On ________, I ________ to a ________.

W Sounds nice.

weekend 주말

03 다음을 듣고, 그림에서 Jim이 누구인지 고르세요.

Two boys are playing tennis. A boy is ________ ________ ________, and the other is receiving it. There are two boys and one girl ________ ________ ________. Jim is drinking water, and Jonathan is ________ ________ ________ with a towel. Sophia is watching the game and ________ ________ the players.

wipe 닦다 **towel** 수건 **cheer** 응원하다

04 다음을 듣고, 그림의 상황에 알맞은 대화를 고르세요.

① M Ouch! My ________!
W Oh, no! Are you okay?

② M Excuse me. You've just ________ ________ ________.
W Oh, thank you for ________ me ________.

③ M ________ ________ ________.
W No, thanks.

④ M Will you ________ ________ ________ ________?
W Sure. How much?

ankle 발목 **drop** 떨어뜨리다 **penny** 돈, 잔돈
lend 빌려주다

05 대화를 듣고, 여자가 요즘 직장에 걸어서 가는 이유를 고르세요.

W I've been ________ ________ ________ lately.

M That ________ ________ very good exercise.

W Yes, but I do it because my car ________ ________! I'd rather drive.

M Do you need a ride?

W That's okay. I ________ ________ ________ ________ to pick up my car now.

lately 요즘, 최근에 **break down** 고장 나다 **would rather** (…하기 보다는 차라리) ~하고 싶다 **on one's way to** ~에 가는 중인

06 대화를 듣고, 남자가 구매할 옷의 종류와 가격을 고르세요.

M Can I see that sweater, please?

W Do you mean the ________ ________?
It's ________ ________.

M Yes, please. It's nice. ________ ________ is it?

W It's ________ dollars, including tax.

M That's ________. I'll take it.

on sale 할인 중인 including ~을 포함하여 tax 세금 cheap (값이) 싼

07 대화를 듣고, 남자가 축구 경기에 가지 못하는 이유를 고르세요.

M ________ ________ ________ ________ ________ go to the soccer game with you today.

W Why not? I really want to go.

M I don't ________ ________. I think I have a ________.

W What a ________! You should ________ ________.

fever 열 pity 안된 일, 애석한 일

08 대화를 듣고, 여자가 남자에게 해 준 조언이 아닌 것을 고르세요

M I think I ________ ________ ________. I have the chills.

W You should drink ________ ________ ________ and take some vitamin C.

M Thank you for your advice. Recently, I have had ________ ________ ________ ________ because of my job.

W Well, then you need to get ________ ________ ________ as well.

caught catch(병에 걸리다)의 과거형 chill 오한 plenty of 충분한, 많은 liquid 액체 advice 충고, 조언 rest 휴식

09 대화를 듣고, 남자의 심정으로 알맞은 것을 고르세요.

W ________ ________ did you do on the test?

M I ________ an A⁺. My teacher says it was the ________ ________ in the class.

W Good for you. I guess you studied really hard.

M Yes, I did. I ________ ________ ________ tell my parents.

grade 점수 can't wait to ~ 빨리 ~하고 싶다, ~하기를 기다릴 수 없다

10 다음을 듣고, 두 사람의 대화가 어색한 것을 고르세요.

① W ________ ________ ________ for winter vacation.
M Any ________?

② W Can you ________ ________ ________ ________?
M Sure.

③ W Don't you think that you need to ________ ________ ________?
M I wish I could.

④ M ________ ________ you didn't ________ ________ to Jamie's birthday party?
W I went there by subway.

vacation 방학 plan 계획 turn off ~를 끄다 wish 소망하다 how come 왜, 어째서 show up 나타나다

11 대화를 듣고, 여자의 어릴 적 장래 희망으로 알맞은 것을 고르세요.

M When I was little, I wanted to ________ ________ ________. What did you want to be?
W A fashion designer. Now ________ ________ ________ ________ I want to be. My mom has told me to be a teacher. My dad wants me to ________ ________ ________.
M Yeah, my dad ________ ________ ________ ________ a lawyer, too.

firefighter 소방관 **lawyer** 변호사

12 대화를 듣고, 대화 내용과 일치하는 것을 고르세요.

M Mary, isn't it around exam time? You are ________, aren't you?
W Yes, Dad. Don't worry about it. I ________ you the last time, but I ________ ________ ________ ________ this time.
M That's good. I'm sure you'll do fine. ________ ________ ________.

prepared 준비가 된 **disappoint** 실망시키다 **let down** ~를 실망시키다 **do one's best** 최선을 다하다

13 대화를 듣고, 여자가 지금 하고 있는 일로 알맞은 것을 고르세요.

M What are you doing?
W I'm ________ ________ ________ ________ to my uncle.
M Why?
W He ________ ________ ________ ________ for my birthday. I want to ________ ________ for it.
M You have a nice uncle.

text message 문자 메시지 **gift** 선물

14 대화를 듣고, 남자가 여자를 위해 할 일로 알맞은 것을 고르세요.

W I don't know ________ ________ ________ a computer.
M It's ________ ________.
W I think it is so complicated.
M Well, ________ ________ ________ ________ how to use it.
W Wow, that would be great.

use 사용하다 **pretty** 아주, 매우 **simple** 간단한
complicated 복잡한

15 대화를 듣고, 남자의 마지막 말에 이어질 여자의 말로 알맞은 것을 고르세요.

W Tom, we're having a ________ ________ for Mr. Kim next Saturday evening. We hope you can come, too.
M I'd like to, but I can't. My friends are ________ ________ ________ ________ ________ that night.
W I see. That's too bad.
M ________ ________ ________ the situation to Mr. Kim for me?
W <u>Sure. I'll be glad to.</u>

farewell party 송별회 **explain** 설명하다 **situation** 상황

정답 및 해석 p. 6

A 다음을 듣고, 어휘와 우리말 뜻을 쓰세요.

1. ______ ______
2. ______ ______
3. ______ ______
4. ______ ______
5. ______ ______
6. ______ ______
7. ______ ______
8. ______ ______
9. ______ ______
10. ______ ______

B 우리말을 참고하여 빈칸에 알맞은 단어를 쓰세요.

1. It's 15 dollars, ______ ______.
   세금을 포함해서 15달러입니다.
2. Can you ______ the oven ______?
   오븐 좀 꺼 주겠니?
3. I think I ______ ______ ______.
   나는 열이 있는 것 같아.
4. I've been ______ ______ ______ lately.
   요즘 나는 직장에 걸어 다니고 있어.
5. I ______ ______ ______ tell my parents.
   나는 우리 부모님께 빨리 말씀드리고 싶어.
6. I am ______ ______ ______ to pick up my car now.
   나는 지금 내 차를 가지러 가는 중이야.
7. Jonathan is ______ ______ ______ with a(n) ______.
   Jonathan은 수건으로 자신의 얼굴을 닦고 있다.

TEST 02

MY SCORE
_____ / 15

01 다음을 듣고, 빈칸에 알맞은 것을 고르세요.

He __________ your apology.

① won't accept
② wasn't accept
③ wants to accept
④ wouldn't accept

02 대화를 듣고, 두 사람이 만날 시각을 고르세요.

①

②

③

④

03 대화를 듣고, 그림에서 Kelly가 누구인지 고르세요.

04 다음을 듣고, 그림의 상황에 알맞은 대화를 고르세요.

① ② ③ ④

05 대화를 듣고, 고양이에 대한 남자의 태도로 알맞은 것을 고르세요.

① 꺼려한다 ② 좋아한다
③ 불쌍해한다 ④ 관심 없어 한다

06 대화를 듣고, 두 사람이 만날 장소와 시각을 고르세요.

① 학교 - 5시 15분
② 공원 - 4시 45분
③ 공원 - 5시 15분
④ 농구장 - 4시 45분

07 대화를 듣고, 여자가 잠을 못 잔 이유를 고르세요.

① 몸이 아파서
② 아기가 아파서
③ 아기가 밤새 울어서
④ 일하느라 밤을 새워서

08 대화를 듣고, 대화 내용과 관련이 있는 속담을 고르세요.

① 우물 안 개구리
② 백문이 불여일견
③ 천 리 길도 한 걸음부터
④ 바늘 도둑이 소도둑 된다

09 대화를 듣고, 여자의 성격으로 알맞은 것을 고르세요.

① kind　② selfish
③ modest　④ careless

10 다음을 듣고, 두 사람의 대화가 자연스러운 것을 고르세요.

①　②　③　④

11 대화를 듣고, 지진이 일어났을 때 남자가 무엇을 하고 있었는지 고르세요.

① 공부　② 잠자기
③ 영화 감상　④ 집안 청소

12 대화를 듣고, 대화 내용과 일치하는 것을 고르세요.

① 여자는 검은 재킷을 입고 있다.
② 남자는 Tom과 친구 사이이다.
③ Tom은 여자의 학교에서 가장 인기 있다.
④ Tom은 여자의 남자 친구이다.

13 다음을 듣고, 여자가 학교에 도착하는 시간대를 고르세요.

① 7:05 a.m. - 7:10 a.m.
② 7:55 a.m. - 8:00 a.m.
③ 8:05 a.m. - 8:10 a.m.
④ 8:45 a.m. - 8:50 a.m.

14 대화를 듣고, 두 사람이 대화하는 장소로 가장 알맞은 곳을 고르세요.

① 서점　② 병원
③ 약국　④ 편의점

15 대화를 듣고, 여자의 마지막 말에 이어질 남자의 말로 알맞은 것을 고르세요.

① It's half past eleven.
② It's a little expensive.
③ I'm happy that you like it.
④ I don't want to buy anything bright.

01 다음을 듣고, 빈칸에 알맞은 것을 고르세요.

He ________ ________ your apology.

accept 받아들이다 **apology** 사과

02 대화를 듣고, 두 사람이 만날 시각을 고르세요.

M Hi, Nancy. It's me again.
W Oh, hi. Did you ________ ________?
M Yeah. Are we meeting at seven or at eight?
W ________ ________.
M Ah, now I remember. Okay, see you ________ ________.
W No, wait. It's ________ ________ ________ ________, not eight at night!

again 또, 다시 **forget** 잊다, 망각하다 **remember** 생각나다, 기억하다

03 대화를 듣고, 그림에서 Kelly가 누구인지 고르세요.

M Who is that girl?
W Do you mean the girl ________ ________ ________ ________?
M No. I mean the girl ________ ________. She is talking to the girl ________ ________ ________.
W Oh! I see. That's Kelly. She's a new student that just ________ ________ ________.

mean 의미하다, ~의 뜻으로 말하다 **grass** 풀밭, 잔디 **transfer** 전학하다

04 다음을 듣고, 그림의 상황에 알맞은 대화를 고르세요.

① M I think it's ________.
W Oh, no! Not again.
② W ________ ________ ________.
M No, thanks. I'm full.
③ W ________ ________.
M Thanks a lot.
④ M Is there any more popcorn?
W Sorry. I ________ ________ ________.

broken 고장 난 **Help yourself.** 마음껏 드세요.

05 대화를 듣고, 고양이에 대한 남자의 태도로 알맞은 것을 고르세요.

W Look at the ________, David.
M Do they ________?
W No, they're too little.
M Do they have ________?
W No. Here you are. ________ ________. She'll like it.
M Do I ________ ________?

kitten 새끼 고양이 **bite** 물다 **flea** 벼룩

06 대화를 듣고, 두 사람이 만날 장소와 시각을 고르세요.

M ________ ________ ________ basketball?
W Okay. That sounds good. ________ do you want to play?

M Let's play in the ________.

W ________ ________ should we meet?

M Let's meet at a ________ ________ ________.

How about ~? ~하면 어떨까요? **quarter** 15분, 4분의 1

07 대화를 듣고, 여자가 잠을 못 잔 이유를 고르세요.

M You look so ________ today. What's up?

W My baby ________ ________ ________, so I couldn't sleep.

M Being a mother must be ________.

W It's not easy. You ________ ________ ________ it though.

tired 피곤한 **cry** 울다 **all night** 밤새 **tough** 힘든
get used to ~에 익숙해지다 **though** 그렇지만, 그래도

08 대화를 듣고, 대화 내용과 관련이 있는 속담을 고르세요.

W Can you tell me ________ ________ ________ a cake again?

M I gave you a ________ yesterday and ________ it to you.

W I know. I tried to make one last night, but I couldn't do it.

M Then ________ ________ ________ ________ over to my house? I will show you how to make one. It will be very easy if you see ________ ________ ________ ________.

recipe 요리법

09 대화를 듣고, 여자의 성격으로 알맞은 것을 고르세요.

W I ________ ________ for you today.

M Wow! What is it?

W It is a ________ ________ ________.

M Thank you so much.

10 다음을 듣고, 두 사람의 대화가 자연스러운 것을 고르세요.

① W ________ ________ ________ ________ your new shoes?
M Your shoes are very expensive.

② W ________ ________ ________ ________ ________?
M You never know.

③ M I am glad that I ________ ________ by my favorite university.
W That's why you look upset now.

④ W I have a terrible headache.
M Why don't you ________ ________ ________?

accept (대학 등에) 받아들이다, 입학시키다 **university** 대학
That's why ~ 그것이 ~한 이유이다 **upset** 화가 난, 속상한

11 대화를 듣고, 지진이 일어났을 때 남자가 무엇을 하고 있었는지 고르세요.

W Where were you when the ________ hit?

M I was at home.

W ________ ________ ________ ________?

M I was sleeping. What about you?

W I was watching a movie when the earthquake ________. I was so ________.

earthquake 지진 **occur** 일어나다, 발생하다 **scared** 겁먹은, 무서워하는

12 대화를 듣고, 대화 내용과 일치하는 것을 고르세요.

W Look at that boy ________ ________ ________ ________!

M What about him?

W His name is Tom, and he's the most popular boy at my school.

M ________ ________ ________ he's so popular.

W Because he's ________, ________, and kind.

popular 인기 있는

13 다음을 듣고, 여자가 학교에 도착하는 시간대를 고르세요.

My mom ________ ________ ________ at 7:10 a.m. I usually have cookies and milk for breakfast. The school bus ________ ________ ________ in front of my house at 8 a.m. My school is about ________ ________ ________ by bus.

wake up ~를 (잠에서) 깨우다 **pick up** ~를 (차에) 태우다

14 대화를 듣고, 두 사람이 대화하는 장소로 가장 알맞은 곳을 고르세요.

M ________ ________ ________ ________. What's wrong with me?

W Have you been ________ ________?

M I've been smoking all my life.

W Well, you have ________ ________.

M Is it serious?

W Yes, it is. I'm sorry.

honest 솔직한, 정직한 **lung** 폐 **cancer** 암 **serious** 심각한

15 대화를 듣고, 여자의 마지막 말에 이어질 남자의 말로 알맞은 것을 고르세요.

W I think this green T-shirt ________ ________ ________ ________.

M Well, I want to buy the ________ ________ ________, Mom.

W I don't think it looks good on you.

M Mommy, please. I really ________ ________ ________.

W Okay... How much is it?

M It's a little expensive.

look good on ~에게 어울리다 **navy blue** 짙은 남색

정답 및 해석 p. 11

A 다음을 듣고, 어휘와 우리말 뜻을 쓰세요.

1. ______ ______
2. ______ ______
3. ______ ______
4. ______ ______
5. ______ ______
6. ______ ______
7. ______ ______
8. ______ ______
9. ______ ______
10. ______ ______

B 우리말을 참고하여 빈칸에 알맞은 단어를 쓰세요.

1. You ______ so ______ today.
너는 오늘 매우 피곤해 보여.

2. Let's meet at a(n) ______ after ______.
우리 5시 15분에 만나자.

3. I ______ ______ he's so ______.
그가 왜 그렇게 인기가 있는지 궁금하네.

4. ______ ______ ______ come over to my house?
너 우리 집에 들르는 게 어때?

5. My baby ______ ______ ______, so I couldn't sleep.
내 아이가 밤새 울어서, 나는 잠을 잘 수가 없었어.

6. The school bus ______ ______ ______ in front of my house at 8 a.m. 학교 버스는 우리 집 앞에서 오전 8시에 나를 태우고 가요.

7. Do you mean the girl ______ ______ ______ ______? 풀밭에 앉아 있는 여자아이를 말하는 거야?

MY SCORE
_______ / 15

01 다음을 듣고, 빈칸에 알맞은 것을 고르세요.

_____________ see each other again until May.

① We are going to
② We were going to
③ We are not going to
④ We were not going to

02 대화를 듣고, 남자가 운동을 시작하기 전의 몸무게를 고르세요.

① 

② 

③ 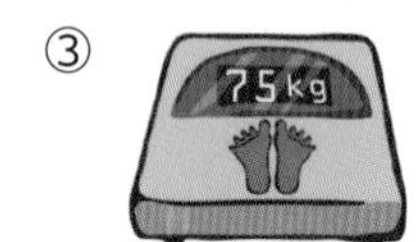

④ 

03 대화를 듣고, 그림에서 Jane이 누구인지 고르세요.

04 다음을 듣고, 그림의 상황에 알맞은 대화를 고르세요.

① ② ③ ④

05 대화를 듣고, 여자가 얼마나 오랫동안 출장을 떠나 있을 것인지 고르세요.

① 일주일간 ② 주말 동안
③ 월요일 하루 ④ 금요일 하루

06 다음을 듣고, 남자의 남동생이 남자에게 얼마를 빚지고 있는지 고르세요.

① $30 ② $55
③ $75 ④ $100

07 대화를 듣고, 여자가 공부를 열심히 하는 이유를 고르세요.

① 의사가 되기 위해서
② 법대에 진학하기 위해서
③ 중간고사 성적을 만회하기 위해서
④ 공부한 것을 친구들에게 설명해 주기 위해서

정답 및 해석 p. 12

08 대화를 듣고, 남자의 문제가 무엇인지 고르세요.

① 해물 요리를 싫어한다.
② 식중독에 걸린 것 같다.
③ 남자가 요리한 음식이 상했다.
④ 음식을 빨리 먹어 체한 것 같다.

09 대화를 듣고, 여자의 심정으로 알맞은 것을 고르세요.

① upset ② nervous
③ satisfied ④ sorrowful

10 다음을 듣고, 두 사람의 대화가 <u>어색한</u> 것을 고르세요.

① ② ③ ④

11 대화를 듣고, 현재 시각을 고르세요.

① 2시 ② 3시
③ 5시 ④ 7시

12 대화를 듣고, 대화 내용과 일치하는 것을 고르세요.

① 남자는 두통 때문에 집에 가길 원한다.
② 남자는 이번 달에 조퇴를 한 번 했다.
③ 여자는 남자가 건강하다고 생각한다.
④ 여자는 남자에게 빨리 집에 가라고 한다.

13 대화를 듣고, 남자가 오늘 오후에 할 일로 알맞은 것을 고르세요.

① 청소 ② 숙제
③ 면접 ④ 미용실 방문

14 대화를 듣고, 여자가 학교 장기 자랑에서 무엇을 할 것인지 고르세요.

① 노래를 부른다.
② 성대모사를 한다.
③ 마술을 보여 준다.
④ 룸메이트와 춤을 춘다.

15 대화를 듣고, 남자의 마지막 말에 이어질 여자의 말로 알맞은 것을 고르세요.

① Take it easy.
② Sure. Why not?
③ Yes, they have.
④ I hope I see you again.

01 다음을 듣고, 빈칸에 알맞은 것을 고르세요.

We are ________ ________ ________

________ each other again until May.

each other 서로

02 대화를 듣고, 남자가 운동을 시작하기 전의 몸무게를 고르세요.

W So I heard you're ________ ________

________ ________.

M Yeah. I feel great.

W Have you ________ ________?

M No. Believe it or not, I ________

________ kilos.

W You're kidding.

M No. It's all ________ though. Now I

________ ________ kilos.

work out 운동하다 these days 요즈음 weight 몸무게
Believe it or not 믿기 힘들겠지만 gain (체중이) 늘다
muscle 근육 weigh 체중[무게]이 ~이다

03 대화를 듣고, 그림에서 Jane이 누구인지 고르세요.

W ________ ________ is Jane? You're always talking about her.

M Oh, she's over there ________ ________

________ ________.

W Do you mean the girl with ________,

________ ________?

M No, that's Sara. Jane is wearing a skirt and has shoulder-length hair.

W Oh, I see her now.

over there 저쪽에 checkout counter 계산대
straight 곧은, 일직선의 shoulder-length 어깨 길이의

04 다음을 듣고, 그림의 상황에 알맞은 대화를 고르세요.

① M Is this ________ ________?

W Yes, it is taken.

② M How old are you?

W I'm ________ ________ years old.

③ M Did you ________ ________

________?

W Yeah, and they're good seats, too. They're ________ ________

________.

④ M Ma'am? You can ________ ________

________.

W How kind of you!

almost 거의 up front 맨 앞의 over here 이쪽으로

05 대화를 듣고, 여자가 얼마나 오랫동안 출장을 떠나 있을 것인지 고르세요.

W Could you ________ ________ ________

________ to the airport tonight?

M Where are you going?

W I have ________ ________ ________

________ to Shanghai.

M When are you going to come back?

W I'll be ________ ________ ________

around ________ o'clock in the afternoon.

airport 공항 business trip 출장 around ~쯤, 대략

06 다음을 듣고, 남자의 남동생이 남자에게 얼마를 빚지고 있는지 고르세요.

My brother ________ ________ dollars from me, and the next day, he ________ me ________ ________ dollars. Today, he suddenly asked me to ________ ________ ________ more dollars.

borrow 빌리다 **pay back** ~를 갚다, (빌린 것을) 돌려주다 **suddenly** 갑자기

07 대화를 듣고, 여자가 공부를 열심히 하는 이유를 고르세요.

M You're always in the library. ________ ________ ________ ________ with your friends?

W Not really. I want to ________ ________ ________ ________ to become a doctor. So I should study hard.

M Friends are ________, too, you know.

W I should study ________ ________ ________ ________. I'm always thinking of my ________.

library 도서관 **medical school** 의대 **important** 중요한 **possible** 가능한 **goal** 목표

08 대화를 듣고, 남자의 문제가 무엇인지 고르세요.

W What's wrong, Bill? Are you ________ ________?

M I think I ________ some bad food. It might have been the ________.

W Do you think you ________ ________ ________?

M Maybe. I started to ________ ________ right after I ate.

seafood 해물 **food poisoning** 식중독 **ill** 아픈

09 대화를 듣고, 여자의 심정으로 알맞은 것을 고르세요.

M Hey, Mary. Are you okay?

W I'm fine. Last month, I applied to go to ________, and today, I will ________ ________ ________.

M I'm sure you will ________ ________. You are very smart.

W Thank you for saying that. But I don't know ________ ________ ________ ________ if I am not.

apply 지원하다 **receive** 받다 **result** 결과 **be accepted** 합격하다

10 다음을 듣고, 두 사람의 대화가 어색한 것을 고르세요.

① W Can you tell me ________ ________ ________ ________ now?
M You really don't know why?

② W What a ________ ________!
M Yes, summer is my favorite.

③ M Do you know ________ ________ my ________?
W I will tell him what to do.

④ W ________ ________ ________ this book ________?
M Yes, I have. Isn't it a wonderful book?

season 계절 **broke** break(깨다)의 과거형

DICTATION 03

11 대화를 듣고, 현재 시각을 고르세요.

M Jenny, you look ________ ________.

W Well, I've been studying for tomorrow's test.

M ________ ________ have you been studying?

W ________ ________ ________ o'clock.

M Wow! So you've been studying ________ ________ ________.

W Yeah, I feel very tired.

stressed out 스트레스가 쌓인

12 대화를 듣고, 대화 내용과 일치하는 것을 고르세요.

M If you ________ ________, I'd like to ________ ________ ________.

W What's the matter?

M I have a headache.

W It's ________ ________ ________ already this month. You should ________ ________ ________ your health.

mind (부정·의문·조건문에서) 신경 쓰다, 싫어하다
take care of ~을 신경 쓰다, 돌보다

13 대화를 듣고, 남자가 오늘 오후에 할 일로 알맞은 것을 고르세요.

W You ________ really ________. What's going on?

M I have been busy lately. I ________ ________ ________ ________ to take a shower.

W Don't you remember you have a ________ ________ this afternoon?

M Oh, that's right. I guess the first thing I have to do is ________ ________ ________.

W Yes, ________ ________ do that.

smell ~한 냄새가 나다 **job interview** 구직 면접
had better ~하는 게 좋겠다

14 대화를 듣고, 여자가 학교 장기 자랑에서 무엇을 할 것인지 고르세요.

M Hey! Did you ________ ________ ________?

W What are you talking about?

M Our school is going to ________ ________ ________ ________!

W Wow, that's great! I'm going to ________ ________ ________ in the talent show. Are you going to sing a song?

M No, I'm going to dance with my ________. It'll be a good ________ ________ ________ ________.

talent show 장기 자랑 **magic** 마술 **roommate** 룸메이트
chance 기회 **practice** 연습하다

15 대화를 듣고, 남자의 마지막 말에 이어질 여자의 말로 알맞은 것을 고르세요.

M It's time for English class, but I ________ ________ my ________.

W Did you look in your bag?

M Yes, I did. I think I ________ ________ ________ ________. Will you ________ your book ________ ________?

W Sure. Why not?

textbook 교과서 **share** 함께 쓰다, 공유하다

정답 및 해석 p. 16

A 다음을 듣고, 어휘와 우리말 뜻을 쓰세요.

1. ______ ______
2. ______ ______
3. ______ ______
4. ______ ______
5. ______ ______
6. ______ ______
7. ______ ______
8. ______ ______
9. ______ ______
10. ______ ______

B 우리말을 참고하여 빈칸에 알맞은 단어를 쓰세요.

1. Have you ______ ______?
   너는 몸무게가 줄었니?
2. Do you think you have ______ ______?
   네가 식중독에 걸렸다고 생각하니?
3. Our school is going to have a(n) ______ ______!
   우리 학교에서 장기 자랑을 열 거야!
4. You should ______ ______ ______ your health.
   당신은 건강을 신경 쓰셔야겠어요.
5. I have a weekend ______ ______ ______ Shanghai.
   나는 주말에 상하이로 출장을 가.
6. It's time for English class, but I can't ______ ______ ______. 영어 수업 시간인데, 내 교과서를 찾을 수가 없네.
7. Don't you ______ you have a(n) ______ ______ this afternoon? 너는 오늘 오후에 구직 면접을 봐야 하는 거 기억 안 나?

TEST 04

MY SCORE
_______ / 15

01 다음을 듣고, 빈칸에 알맞은 것을 고르세요.

_______________ I opened the window?

① Do you mind if
② Would you mind
③ Would you mind if
④ Wouldn't you mind if

02 다음을 듣고, 오늘에 해당하는 요일을 고르세요.

	Day of the Week	Things to Do
①	Monday	• Math homework
②	Tuesday	• English test • Baseball practice
③	Wednesday	• Go to a concert with my girlfriend
④	Thursday	• Baseball game

03 다음을 듣고, 어떤 동물에 관한 이야기인지 고르세요.

① 
② 
③  
④ 

04 다음을 듣고, 그림의 상황에 알맞은 대화를 고르세요.

① ② ③ ④

05 대화를 듣고, 여자가 남자에게 지적한 내용을 고르세요.

① 수프 그릇이 깨져 있다.
② 계산서를 늦게 가져왔다.
③ 수프의 값이 너무 비싸다.
④ 수프 속에 이물질이 들어 있다.

06 대화를 듣고, 남자가 구입할 원피스의 사이즈를 고르세요.

① 5 ② 6
③ 7 ④ 8

07 대화를 듣고, 여자가 시험에 다시 응시하지 않는 이유를 고르세요.

① 자신감이 없어서
② 시험이 갑자기 어려워져서
③ 이미 원하는 점수를 받아서
④ 다른 일에 집중하고 싶어서

08 대화를 듣고, 남자가 이용할 교통수단으로 알맞은 것을 고르세요.

① taxi ② bus
③ subway ④ parents' car

09 대화를 듣고, 여자의 태도로 알맞은 것을 고르세요.

① 용감하다 ② 겸손하다
③ 비판적이다 ④ 자신만만하다

10 다음을 듣고, 두 사람의 대화가 어색한 것을 고르세요.

① ② ③ ④

11 대화를 듣고, 남자가 구입할 선물로 알맞은 것을 고르세요.

① 스카프
② 귀걸이
③ 태블릿 컴퓨터
④ 스마트폰 케이스

12 다음을 듣고, 내용과 일치하는 것을 고르세요.

① Jenny에게는 남동생이 있다.
② Jenny는 방과 후에 숙제를 1시간 동안 한다.
③ Jenny는 숙제를 한 후에 친구들과 논다.
④ Jenny는 Sandy와 도서관에서 친구들을 기다린다.

13 대화를 듣고, 크리스마스에 여자에게 일어날 일로 알맞은 것을 고르세요.

① 뉴욕에 있는 오빠가 집에 온다.
② 뉴욕에 있는 오빠를 만나러 간다.
③ 뉴욕에 있는 오빠에게서 선물을 받는다.
④ 뉴욕에서 가족들과 함께 크리스마스를 보낸다.

14 대화를 듣고, 남자가 또다시 늦을 경우 여자가 하게 될 행동을 고르세요.

① 남자를 낙제시킨다.
② 남자에게 벌점을 준다.
③ 남자에게 청소를 시킨다.
④ 남자의 부모님에게 알린다.

15 대화를 듣고, 여자의 마지막 말에 이어질 남자의 말로 알맞은 것을 고르세요.

① It's because I'm hungry.
② Okay, let's have some pizza.
③ That's great. Let's go for a walk.
④ Well, playing soccer is not a good idea.

01 다음을 듣고, 빈칸에 알맞은 것을 고르세요.

________ ________ ________ ________ I opened the window?

02 다음을 듣고, 오늘에 해당하는 요일을 고르세요.

Today was the ________. I had a big English test that I'm sure I ________. And then at baseball practice, I ________ ________ ________. I am afraid that I ________ ________ ________ ________ play in the big game on Thursday. Tomorrow, I am going to go to a concert with my girlfriend. I hope I ________ ________ ________ ________.

●● worst 최악의, 가장 나쁜 fail (시험에) 낙제하다, 떨어지다 sprain (발목 등을) 삐다[접지르다]

03 다음을 듣고, 어떤 동물에 관한 이야기인지 고르세요.

Who can call them birds? They have ________, but they are ________ ________ for them ________ ________. However, they ________ their short wings for swimming. They ________ ________ like humans. They live in ________ ________ near the water. They get their food from the water. They like to eat fish, ________, ________, and krill.

●● call 부르다, 칭하다 wing 날개 upright 직립의, 똑바른 shrimp 새우 squid 오징어 krill 크릴새우

04 다음을 듣고, 그림의 상황에 알맞은 대화를 고르세요.

① M Excuse me, but where is the ________?
W ________ ________ ________ this hall and turn left.

② W What's this made of?
M It's made of ________ ________ and ________ ________.

③ W Do you have it in ________ ________ ________?
M Sorry. That's all we have.

④ W Mmm! ________ ________ ________?
M Freshly baked strawberry cake. Do you want some?

●● pharmacy 약국 hall 복도; 넓은 방 be made of ~로 만들어지다 sticky rice 찹쌀 red bean 팥 different 다른

05 대화를 듣고, 여자가 남자에게 지적한 내용을 고르세요.

W Excuse me?
M Yes. What can I do for you?
W I think I ________ ________ ________ in my soup.
M I'm awfully sorry. Shall I get you a new cup of soup?
W No. Just ________ ________ ________ ________.

●● float (물 위에) 뜨다, 떠오르다 awfully 대단히, 몹시 bill 계산서

06 대화를 듣고, 남자가 구입할 원피스의 사이즈를 고르세요.

M Well, I'm looking for a dress for my girlfriend.

W Do you know ________ ________ ________ ________?

M I don't know, but I would say that she's just about your size.

W Okay. I'm a size six, but I would ________ that you take ________ ________ ________ ________ just in case.

M That's nice. I'll take it.

recommend 권하다, 추천하다 just in case 만일의 경우에 대비하여

07 대화를 듣고, 여자가 시험에 다시 응시하지 않는 이유를 고르세요.

M Emily, ________ ________ ________ ________ the English exam again?

W I took it twice already, and I haven't been able to ________ ________ ________ ________.

M Don't you think you should ________ ________?

W No. I'm ________ ________ that I can raise my grade.

already 이미 confident 자신감 있는, 확신하는
raise 올리다, 높이다

08 대화를 듣고, 남자가 이용할 교통수단으로 알맞은 것을 고르세요.

M It's already 11 p.m., and I don't know ________ I'm going to ________ ________ at this ________ ________.

W Why don't you take a taxi?

M I ________ ________ ________ ________. Do you think I can take the bus or subway?

W I think it's too late to take either. Why don't you ________ ________ ________ to pick you up?

M I guess that's the only ________.

either (둘 중) 어느 쪽도 guess ~일 것 같다, ~라고 생각하다
solution 해결책

09 대화를 듣고, 여자의 태도로 알맞은 것을 고르세요.

M ________ ________ ________ ________! Did you make this?

W Yes, I did. But it is not so great.

M The colors are wonderful. It is ________!

W Thanks. It is just something I did ________ ________ ________ ________.

painting 그림 remarkable 대단한, 주목할 만한
spare time 여가 시간

10 다음을 듣고, 두 사람의 대화가 어색한 것을 고르세요.

① W Do I have ________ ________ ________?
   M I guess not.

② W Is there ________ ________ I can help you with today?
   M Help yourself, please.

③ M Do you mind if I ________ ________ ________ ________?
   W No, I think it's loud, too.

④ W I would like to ________ ________ ________.
   M Why not? If you work hard, you can.

choice 선택 turn down (소리·온도 등을) 줄이다, 낮추다
volume 음량

DICTATION 04

11 대화를 듣고, 남자가 구입할 선물로 알맞은 것을 고르세요.

M It's my cousin Jane's birthday tomorrow, and I don't know ________ ________ ________ her.

W How about a smartphone case?

M No. I ________ ________ ________ on her last birthday.

W Why don't you get her a tablet computer?

M What? That's ________ ________.

W Then what about ________?

M That's a good idea. I'll buy some.

●●
cousin 사촌 **earrings** 귀걸이

12 다음을 듣고, 내용과 일치하는 것을 고르세요.

I'm Jenny. I have a ________ ________, Sandy. We usually ________ our ________ at the library for ________ after school. ________ ________, we play with our friends.

●●
twin 쌍둥이 **usually** 보통, 대개

13 대화를 듣고, 크리스마스에 여자에게 일어날 일로 알맞은 것을 고르세요.

W I got a call from my brother in New York. He says ________ ________ ________ for Christmas this year.

M ________ ________ has he been in New York?

W More than three years.

M You must be ________ ________ ________ ________ your brother.

W Yeah. I'm so ________.

●●
look forward to ~을 몹시 기대하다 **excited** 기대되는, 들뜬

14 대화를 듣고, 남자가 또다시 늦을 경우 여자가 하게 될 행동을 고르세요.

W You're ________ ________, Sam!

M I'm sorry, Mrs. Lee. I ________ ________ ________.

W If you're late again, I will ________ ________ ________ ________ your grade.

M Okay, I won't be late again.

●●
miss 놓치다

15 대화를 듣고, 여자의 마지막 말에 이어질 남자의 말로 알맞은 것을 고르세요.

M Let's ________ ________ ________ ________, Sora.

W I don't want to go outside.

M Then what do you ________ ________ ________?

W Why don't we have ________ ________ ________?

M <u>Okay, let's have some pizza.</u>

●●
go for a walk 산책하러 가다

정답 및 해석 p. 21

A 다음을 듣고, 어휘와 우리말 뜻을 쓰세요.

1. ________ ________
2. ________ ________
3. ________ ________
4. ________ ________
5. ________ ________
6. ________ ________
7. ________ ________
8. ________ ________
9. ________ ________
10. ________ ________

B 우리말을 참고하여 빈칸에 알맞은 단어를 쓰세요.

1. What's this ________ ________?
   이것은 무엇으로 만들어졌습니까?
2. I have a(n) ________ ________, Sandy.
   내게는 쌍둥이 언니인 Sandy가 있어.
3. I think it's ________ ________ to take ________.
   둘 중 어느 것도 타기에는 너무 늦은 것 같아.
4. At baseball practice, I ________ ________ ________.
   나는 야구 연습에서 발목을 삐었다.
5. ________ ________ ________ if I opened the window?
   제가 창문을 열어도 괜찮겠습니까?
6. You must be ________ ________ ________ seeing your brother.
   너는 너희 오빠를 만나기를 몹시 기대하고 있겠구나.
7. Just ________ ________ ________ ________.
   그냥 계산서만 제게 주세요.

TEST 05

MY SCORE
_______ / 15

01 다음을 듣고, 빈칸에 알맞은 것을 고르세요.

I really ____________ hurt you.

① did want to
② did mean to
③ didn't want to
④ didn't mean to

02 대화를 듣고, 여자가 찾고 있는 버스 카드의 위치로 알맞은 곳을 고르세요.

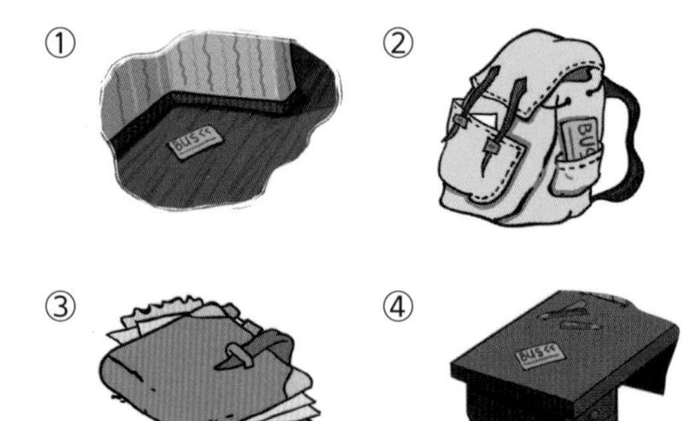

03 대화를 듣고, 그림에서 남자가 설명하고 있는 여자 아이를 고르세요.

04 다음을 듣고, 그림의 상황에 알맞은 대화를 고르세요.

① ② ③ ④

05 대화를 듣고, 남자에게 일어난 일로 알맞은 것을 고르세요.

① 공원에서 개에게 쫓겼다.
② 고양이에게 손을 물렸다.
③ 키우던 고양이가 집을 나갔다.
④ 키우던 고양이가 병에 걸렸다.

06 대화를 듣고, 방콕의 현재 시각을 고르세요.

① 7 a.m. ② 9 a.m.
③ 10 a.m. ④ 11 a.m.

07 대화를 듣고, 여자가 불을 켜 두라고 하는 이유를 고르세요.

① 책을 읽기 위해서
② 어둠을 무서워해서
③ 손전등을 고치기 위해서
④ 남자와 이야기를 하기 위해서

08 대화를 듣고, 대화 내용과 일치하지 않는 것을 고르세요.

① 남자는 일 때문에 스트레스를 받고 있다.
② 남자는 일자리를 구하는 데 어려움을 겪고 있다.
③ 남자는 스트레스가 건강을 해친다는 것을 알고 있다.
④ 남자는 쉴 시간이 별로 없다.

09 대화를 듣고, 남자의 태도로 알맞은 것을 고르세요.

① unfair ② greedy
③ careless ④ confident

10 다음을 듣고, 두 사람의 대화가 자연스러운 것을 고르세요.

① ② ③ ④

11 대화를 듣고, 여자가 대화 직후에 할 일로 알맞은 것을 고르세요.

① 테이블을 뒤뜰로 옮긴다.
② 집들이 요리를 준비한다.
③ 집들이 선물을 사러 간다.
④ 남자에게 친구들을 소개해 준다.

12 대화를 듣고, 대화 내용과 일치하지 않는 것을 고르세요.

① 여자는 Liam Wilson을 좋아한다.
② 남자는 Stephen Park를 좋아한다.
③ 여자는 Stephen Park를 알고 있다.
④ 남자는 농구를 직접 하는 것을 더 좋아한다.

13 대화를 듣고, 남자가 여자에게 조언한 일로 알맞은 것을 고르세요.

① 영어로 생각한다.
② 영어로 많이 대화한다.
③ 영어책을 많이 읽는다.
④ 영어로 글을 많이 써 본다.

14 대화를 듣고, 여자의 외모 중에서 달라진 점이 아닌 것을 고르세요.

① 살을 뺐음
② 머리를 길렀음
③ 머리 색깔이 밝아짐
④ 안경을 새것으로 바꿨음

15 대화를 듣고, 남자의 마지막 말에 이어질 여자의 말로 알맞은 것을 고르세요.

① Congratulations!
② Okay, I'll buy them.
③ Sounds interesting.
④ Yes, I'd like to. Thank you.

01 다음을 듣고, 빈칸에 알맞은 것을 고르세요.

I really ________ ________ to hurt you.

mean 의도하다 **hurt** 상처 주다

02 대화를 듣고, 여자가 찾고 있는 버스 카드의 위치로 알맞은 곳을 고르세요.

W Have you seen my bus pass?

M Yeah. I saw it on the ________, so I ________ ________ ________.

W Did you put it back into my purse?

M No. It's ________ ________ ________ on your desk.

W Thanks a lot. I thought I had lost it.

floor 바닥, 층 **pick up** ~을 집어 올리다 **purse** 지갑 **organizer** 다이어리

03 대화를 듣고, 그림에서 남자가 설명하고 있는 여자 아이를 고르세요.

M Look at her! She's my ________.

W Who are you talking about?

M The girl ________ ________ ________.

W Do you mean the girl with the books in her hands?

M No, not that one. She is ________ ________ ________ ________ now.

classmate 반 친구, 급우

04 다음을 듣고, 그림의 상황에 알맞은 대화를 고르세요.

① W Are you here ________ ________ ________ ________?

M Business.

② W Where are you going?

M I'm just ________ ________ ________ ________.

③ W Do you have ________ ________ ________ ________?

M Yes, I'd like to check this suitcase.

④ W Hi. I'm Carrie White.

M It's a pleasure to meet you. I've ________ ________ ________ about you.

pleasure 오락; 기쁨 **stroll** 산책하다, 거닐다 **luggage** 수하물 **suitcase** 여행 가방

05 대화를 듣고, 남자에게 일어난 일로 알맞은 것을 고르세요.

M ________ ________ ________ my cat?

W No, what's the matter with him?

M He ________ ________ last night, and I've been looking ________ ________ for him.

W Really? ________ ________ ________ ________ find him.

M Thanks. Let's go to the park and look for him.

run away 도망가다 **all over** 이곳저곳, 도처에

06 대화를 듣고, 방콕의 현재 시각을 고르세요.

M Do you know ________ ________ ________ ________ in Bangkok?

W It's 9 a.m. here in Seoul, so let's see...

M What's the ________ ________ ________ Seoul and Bangkok?

W Well, Bangkok is ________ ________ ________ Seoul.

M Yeah. Well, I'll call my brother in an hour. He should be up by then.

Let's see. 글쎄., 어디 보자. **difference** 차이 **by then** 그때쯤에는

07 대화를 듣고, 여자가 불을 켜 두라고 하는 이유를 고르세요.

W Please ________ ________ ________ ________.

M Why? Do you want to read a book?

W No. I am still ________ ________ ________ ________. You know that.

M Okay, I'll leave the light on.

leave (어떤 상태·장소에) 두다, 놓다 **be scared of** ~을 두려워하다

08 대화를 듣고, 대화 내용과 일치하지 않는 것을 고르세요.

W How's work going, Sam?

M My work situation is very ________. It is really ________ ________ ________.

W You should ________ ________ ________. Stress can hurt you, you know.

M I know you're right. It's just ________ ________ ________ ________ ________.

stressful 스트레스가 많은 **affect** 영향을 미치다

09 대화를 듣고, 남자의 태도로 알맞은 것을 고르세요.

W You have been ________ ________ ________ ________ for a long time.

M Yes, that's true. The race is in a few days.

W ________ ________ do you think you will do?

M I'm ________ I will win. I have ________ ________ ________.

train 훈련하다 **race** 경주 **win** 이기다

10 다음을 듣고, 두 사람의 대화가 자연스러운 것을 고르세요.

① W What would you ________ ________ ________?

M I'm not very hungry now. A cup of tea would be fine.

② M Hi. May I speak to Steven?

W Well, then can I ________ ________ ________?

③ M I have a surprise for you.

W You ________ ________ ________ how much I ________ you.

④ M Is your younger sister taller than you?

W I've ________ ________ ________ my sister.

leave a message 메시지를 남기다 **surprise** 놀라운 일 **appreciate** 고마워하다, 감사하다 **argue** 말싸움하다

11 대화를 듣고, 여자가 대화 직후에 할 일로 알맞은 것을 고르세요.

W Hi, Bob. Come in. I'm so glad that you could _________ _________.

M Thank you for inviting me. Here, I _________ a little _________ _________.

W Oh, you shouldn't have! Thanks a lot.

M It's nothing big. Am I the _________ _________ _________?

W No, everyone else is in the _________. I'll _________ my friends to you.

●●
make it (모임 등에) 참석하다 **invite** 초대하다 **housewarming** 집들이 **arrive** 도착하다 **backyard** 뒤뜰 **introduce** 소개하다

12 대화를 듣고, 대화 내용과 일치하지 않는 것을 고르세요.

M _________ _________ do you like?

W I like the soccer player Liam Wilson. How about you?

M I like the _________ _________ Stephen Park.

W I know him, too. Do you like playing basketball?

M No, I _________ _________ _________ more than playing it.

●●
athlete 운동선수

13 대화를 듣고, 남자가 여자에게 조언한 일로 알맞은 것을 고르세요.

W I have a lot of _________ _________ _________.

M Well, I think I can tell you why.

W Go ahead.

M I notice that you seem to be thinking in Korean and then _________ _________ _________ _________. You should try to think in English.

W Okay. I'll _________ _________ _________ _________.

●●
have trouble (in) -ing ~하는 데 어려움을 겪다 **notice** 알아차리다 **translate** 번역하다 **give ~ a try** ~를 한번 해 보다, 시도하다

14 대화를 듣고, 여자의 외모 중에서 달라진 점이 아닌 것을 고르세요.

M Jenny, it's good to see you again! You look great.

W Thanks. I've _________ _________ _________, haven't I?

M Yeah, your hair is much _________ and _________. And you don't wear glasses anymore.

W I wear contact lenses now, and I've _________ _________ _________.

M Wow, now you are a totally _________ _________.

●●
change 변하다 **light** (색이) 밝은, 연한 **lose weight** 체중이 줄다 **totally** 완전히 **person** 사람

15 대화를 듣고, 남자의 마지막 말에 이어질 여자의 말로 알맞은 것을 고르세요.

M Did you hear that we're going to go on a _________ _________?

W No, where are we going?

M I heard we're _________ _________ _________ _________.

W Sounds interesting.

●●
field trip 현장 학습 **aquarium** 수족관

정답 및 해석 p. 26

A 다음을 듣고, 어휘와 우리말 뜻을 쓰세요.

1. ______ ______
2. ______ ______
3. ______ ______
4. ______ ______
5. ______ ______
6. ______ ______
7. ______ ______
8. ______ ______
9. ______ ______
10. ______ ______

B 우리말을 참고하여 빈칸에 알맞은 단어를 쓰세요.

1. My work ______ is very ______.
   내 업무 상황이 매우 스트레스를 줘.
2. Can I ______ ______ ______?
   제가 메시지를 남겨도 되겠습니까?
3. I ______ still ______ ______ the dark.
   나는 여전히 어둠이 두려워.
4. I really didn't ______ ______ ______ you.
   나는 정말로 네게 상처 줄 의도는 없었어.
5. You have no idea ______ ______ I ______ you.
   내가 네게 얼마나 많이 고마워하는지 넌 모를 거야.
6. What's the ______ ______ ______ Seoul and Bangkok?
   서울과 방콕의 시차가 어떻게 되니?
7. I saw your ______ ______ on the ______, so I picked it up.
   네 버스 카드가 바닥에 있는 것을 봐서, 내가 그걸 주웠어.

TEST 06

MY SCORE ______ / 15

01 다음을 듣고, 빈칸에 알맞은 것을 고르세요.

My sister ______________ a few weeks ago.

① buys it　　② bought it
③ brought it　　④ buys them

02 대화를 듣고, Julia가 타고 오는 비행기를 고르세요.

	Flight Number	Arrival Time	From	Status
①	051	9:00	London	Delayed
②	494	9:20	Tokyo	On Time
③	505	9:35	Seoul	On Time
④	550	9:50	Osaka	Arrived

03 대화를 듣고, 그림에서 여자의 이모가 누구인지 고르세요.

04 다음을 듣고, 그림의 상황에 알맞은 대화를 고르세요.

①　②　③　④

05 대화를 듣고, 대화 내용과 일치하는 것을 고르세요.

① 여자는 집들이에 사람들을 초대했다.
② 남자는 여자의 집이 예상보다 더 작다고 느낀다.
③ 남자는 여자의 집에 예정보다 늦게 도착했다.
④ 남자는 직접 만든 선물을 여자에게 주었다.

06 대화를 듣고, 탑이 세워진 연도를 고르세요.

① 1800　　② 1888
③ 1889　　④ 1898

07 대화를 듣고, 남자가 기운이 없는 이유를 고르세요.

① 밤새 일해서
② 동생과 싸워서
③ 잘 먹지를 않아서
④ 운동을 하지 않아서

08 대화를 듣고, 대화 내용과 관련이 있는 속담을 고르세요.

① 피는 못 속인다.
② 소 잃고 외양간 고친다.
③ 배보다 배꼽이 더 크다.
④ 웃는 얼굴에 침 못 뱉는다.

09 대화를 듣고, 여자의 심정으로 알맞은 것을 고르세요.

① 슬픔 ② 부러움
③ 절박함 ④ 자랑스러움

10 다음을 듣고, 두 사람의 대화가 어색한 것을 고르세요.

① ② ③ ④

11 대화를 듣고, 두 사람이 무엇에 대해 이야기하고 있는지 고르세요.

① 동물원에서 죽은 사자
② 동물원에서 탈출한 사자
③ 동물원에 새로 들어온 사자
④ 동물원에서 사람을 다치게 한 사자

12 대화를 듣고, 대화 내용과 일치하지 않는 것을 고르세요.

① 남자는 지금 보고 있는 영화를 마음에 들어 하지 않는다.
② 두 사람은 채널을 바꾸기로 했다.
③ 야구 경기는 6시에 시작한다.
④ 남자는 야구 경기를 보고 싶어 한다.

13 대화를 듣고, 남자가 방과 후에 하는 일과 횟수를 고르세요.

① 테니스 - 주 2회
② 테니스 - 주 3회
③ 컴퓨터 게임 - 주 2회
④ 컴퓨터 게임 - 주 3회

14 대화를 듣고, 지난달에 여자의 개에게 일어난 일로 알맞은 것을 고르세요.

① 자동차에 치였다.
② 장난감 자동차를 삼켰다.
③ 음식을 잘못 먹어 아팠다.
④ 자동차에서 뛰어내리다 다리를 다쳤다.

15 대화를 듣고, 남자의 마지막 말에 이어질 여자의 말로 알맞은 것을 고르세요.

① This is Jane speaking.
② Sure. Try these, please.
③ Be careful the next time.
④ Thank you for cleaning my window.

01 다음을 듣고, 빈칸에 알맞은 것을 고르세요.

My sister ________ ________ a few weeks ago.

bought buy(사다)의 과거형 **a few weeks ago** 몇 주 전에

02 대화를 듣고, Julia가 타고 오는 비행기를 고르세요.

M What is Julia's ________ ________?
W I can't remember. It's five hundred... something.
M Anyway, she's coming from Korea, right?
W No, actually, she's ________ ________ ________.
M I thought she lived in Seoul.
W She does, but she ________ ________ Osaka to see her friend.

flight 비행 편 **actually** 실은, 실제로는

03 대화를 듣고, 그림에서 여자의 이모가 누구인지 고르세요.

W Oh, my gosh! There's ________ ________ with a man.
M Really? ________ ________ is she? There are so many people in this store.
W She has short hair and is wearing a skirt.
M Is she the woman ________ ________ ________ ________?
W Yes, you're right. Excuse me. I should ________ ________ to her.

My gosh! 이런! **aunt** 이모, 고모 **hold** 잡다

04 다음을 듣고, 그림의 상황에 알맞은 대화를 고르세요.

① M Those look heavy. Can I ________ ________ ________ ________?
W Yes, thank you.
② M Yes! I ________!
W Good game. I'll ________ ________ the next time though.
③ W Could you ________ these two ________ for me, please?
M Sure.
④ W The line ________ ________ ________.
M Oh, I'm sorry.

beat (시합에서) 이기다 **save** 맡다; 보호하다

05 대화를 듣고, 대화 내용과 일치하는 것을 고르세요.

W Hi, Mac. Come on in. Welcome to my house.
M Wow, it's ________ ________ what I ________. Am I early?
W Yes, a little. Others are on the way. ________ ________ ________ ________.
M I ________ ________ ________ ________ for your new place.
W Oh, thanks. You shouldn't have.

Make yourself at home. 편하게 계세요.

06 대화를 듣고, 탑이 세워진 연도를 고르세요.

M Do you know when that tower ________ ________?
W That would be in the late 1800s. Hold on... That would be in 1898.

M Wrong answer. It's 1889.

W Okay, that was a ________ ________.
I have to study some more.

tower 탑 **complete** 완성[완공]하다 **Hold on.** 잠깐만., 기다려 봐. **confusing** 혼동되는

07 대화를 듣고, 남자가 기운이 없는 이유를 고르세요.

M I have been ________ ________ these days.

W Really? Do you ________ ________ and ________?

M Well, I go swimming every morning, but I don't eat well at all.

W If you ________ ________ ________, you will feel a ________ in your health.

weak 기운이 없는, 약한 **change** 변화 **health** 건강

08 대화를 듣고, 대화 내용과 관련이 있는 속담을 고르세요.

W Your ________ are so funny. You are ________ like your father.

M Do you really think so?

W It's so ________. You really ________ your father.

M In fact, that's ________ ________ ________.

joke 농담 **humorous** 재미있는, 유머러스한 **obvious** 분명한 **resemble** 닮다

09 대화를 듣고, 여자의 심정으로 알맞은 것을 고르세요.

W John, will you ________ ________ ________ for the test right now?

M But the test is in one hour.

W I know. I wanted to ________ ________ ________ and study this morning, but I ________. Please help me!

M Okay. Let's ________ ________ ________.

wake up 일어나다 **overslept** oversleep(늦잠 자다)의 과거형

10 다음을 듣고, 두 사람의 대화가 어색한 것을 고르세요.

① M I will ________ ________ ________ ________ ________.
W Thank you.

② W Is there a ________ ________ ________ ________?
M Yes, there is a post office across from Korea Bank.

③ M What's wrong?
W My cat ________ ________.

④ M Where does your mother work?
W She ________ ________ ________ at a hotel.

missing 없어진, 실종된

DICTATION 06

11 대화를 듣고, 두 사람이 무엇에 대해 이야기하고 있는지 고르세요.

M What's everybody ________ ________?

W A lion has ________ ________ the ________!

M You are kidding!

W I thought everybody ________ that.

M I didn't know that. I'm so ________.

escape 탈출하다, 달아나다 **zoo** 동물원 **kid** 농담하다, 놀리다

12 대화를 듣고, 대화 내용과 일치하지 않는 것을 고르세요.

M I don't like this movie. Will you ________ ________ ________?

W It will ________ ________ ________, Bill. Just be patient.

M But the baseball game starts at 6:00. I want to see it.

be over 끝나다 **patient** 참을성 있는

13 대화를 듣고, 남자가 방과 후에 하는 일과 횟수를 고르세요.

M ________ do you usually ________ ________ ________?

W I usually play computer games with my friends at an Internet café. What about you?

M I play tennis with my friends.

W ________ ________ do you play?

M ________ ________ ________ ________. It's really exciting.

exciting 재미있는, 흥미진진한

14 대화를 듣고, 지난달에 여자의 개에게 일어난 일로 알맞은 것을 고르세요.

M Your dog ________ ________ a little ________.

W I know. He's hurt.

M What happened?

W He ________ ________ by a car last month.

M What a ________ ________!

act 행동하다 **weird** 이상한 **happen** 일어나다, 발생하다 **hit** 치다

15 대화를 듣고, 남자의 마지막 말에 이어질 여자의 말로 알맞은 것을 고르세요.

W Who ________ ________ ________?

M Ah... I... did it.

W Oh, you ________ a soccer ball ________ ________ ________.

M I am terribly sorry. It was an ________.

W Be careful the next time.

kick (발로) 차다 **terribly** 대단히, 굉장히 **accident** 사고

정답 및 해석 p. 31

A 다음을 듣고, 어휘와 우리말 뜻을 쓰세요.

1. ______ ______
2. ______ ______
3. ______ ______
4. ______ ______
5. ______ ______
6. ______ ______
7. ______ ______
8. ______ ______
9. ______ ______
10. ______ ______

B 우리말을 참고하여 빈칸에 알맞은 단어를 쓰세요.

1. You are ______ ______ your father.
   너는 너희 아버지처럼 재미있구나.
2. ______ ______ at ______.
   편하게 계세요.
3. You really ______ ______ ______.
   너는 정말로 너희 어머니를 닮았어.
4. Can I ______ you ______ ______?
   제가 당신을 도와드릴까요?
5. If you start eating better, you will ______ a(n) ______ in your ______. 당신이 더 잘 먹기 시작하면, 건강의 변화를 느낄 거예요.
6. I will ______ you ______ ______ ______.
   내가 널 집까지 차로 태워다 줄게.
7. I wanted to ______ ______ ______ and study this morning, but I ______. 나는 오늘 아침에 일찍 일어나서 공부하고 싶었지만 늦잠을 자버렸어.

TEST 07

MY SCORE ______ / 15

01 다음을 듣고, 빈칸에 알맞은 것을 고르세요.

You ________________ to him earlier.

① shall have apologized
② should have apologized
③ shall not have apologized
④ shouldn't have apologized

02 대화를 듣고, 여자가 가리키는 표지판으로 알맞은 것을 고르세요.

①

②

③

④

03 대화를 듣고, 남자의 직업이 무엇인지 고르세요.

①

②

③

④

04 다음을 듣고, 그림의 상황에 알맞은 대화를 고르세요.

① ② ③ ④

05 대화를 듣고, 두 사람이 무엇에 대해 이야기하고 있는지 고르세요.

① 여자의 가족
② 어린이날 선물
③ 여자의 친구들
④ 수집된 장난감들

06 다음을 듣고, 주소를 바꾸기 위해 눌러야 할 번호가 무엇인지 고르세요.

① 0
② 1
③ 2
④ 3

07 대화를 듣고, 여자가 백화점에 가는 이유를 고르세요.

① 옷을 사기 위해
② 친구를 만나기 위해
③ 취업 면접을 보기 위해
④ 백화점에 취직이 되어서

08 대화를 듣고, 남자의 문제가 무엇인지 고르세요.

① 변비 ② 건망증
③ 불면증 ④ 우울증

09 대화를 듣고, 여자의 태도로 알맞은 것을 고르세요.

① 엄격하다 ② 사려 깊다
③ 겸손하다 ④ 불친절하다

10 다음을 듣고, 두 사람의 대화가 어색한 것을 고르세요.

① ② ③ ④

11 대화를 듣고, 남자가 복권에 당첨되면 하고자 하는 일로 알맞은 것을 고르세요.

① 집을 산다.
② 저금을 한다.
③ 세계를 여행한다.
④ 가난한 사람들을 도와준다.

12 대화를 듣고, 대화 내용과 일치하지 않는 것을 고르세요.

① 남자는 일주일에 한 번 패스트푸드 식당에 간다.
② 남자는 일요일에 여동생과 함께 패스트푸드 식당에 간다.
③ 남자는 패스트푸드를 좋아한다.
④ 남자는 패스트푸드와 건강은 아무런 관계가 없다고 생각한다.

13 대화를 듣고, 여자가 대화 직후에 할 일로 알맞은 것을 고르세요.

① Peter에게 전화한다.
② Michael에게 전화한다.
③ Peter에게 지갑을 사 준다.
④ Michael의 지갑을 찾아 준다.

14 대화를 듣고, 남자가 방과 후에 할 일로 알맞은 것을 고르세요.

① 숙제를 한다.
② 도서관에 간다.
③ 여자와 체스를 둔다.
④ 엄마에게 전화를 한다.

15 대화를 듣고, 남자의 마지막 말에 이어질 여자의 말로 알맞은 것을 고르세요.

① Thanks. I'd love to.
② That would be great.
③ It was nothing special.
④ Oh, I'm sorry to hear that.

01 다음을 듣고, 빈칸에 알맞은 것을 고르세요.

You ________ ________ ________ to him earlier.

●●
apologize 사과하다 **earlier** 더 일찍

02 대화를 듣고, 여자가 가리키는 표지판으로 알맞은 것을 고르세요.

W Hey, you ________ ________ ________ your car here.
M Really? I did not know that, officer. Why is that?
W Can you see ________ ________ ________ ________? It says so.
M Oh, I didn't see that sign. Sorry. I ________ ________.

●●
park 주차하다 **officer** 경찰관 **sign** 표지판

03 대화를 듣고, 남자의 직업이 무엇인지 고르세요.

W Excuse me. Are you William Miller, the ________?
M Yes, I am. Do I know you?
W No. I am ________ ________ ________ ________. I like you very much. I have seen most of your movies.
M Have you? Thanks a lot. It's nice to meet you.
W Can I ________ ________ ________?

●●
director 감독 **autograph** 사인, 서명

04 다음을 듣고, 그림의 상황에 알맞은 대화를 고르세요.

① M How much would you like?
W ________ ________ ________, please.
② W Could you check the stereo in my car? It's ________ ________.
M All right, let me take a look.
③ M ________ ________ of car are you ________ ________?
W I'm looking for a compact car.
④ W I'd like to ________ ________ ________ for this.
M Do you have a ________?

●●
fill up ~을 가득 채우다 **work** (기계·장치 등이) 작동되다 **take a look** 살펴보다 **compact car** 소형차 **refund** 환불 **receipt** 영수증

05 대화를 듣고, 두 사람이 무엇에 대해 이야기하고 있는지 고르세요.

M I really like all of the different toys you have here.
W They've been ________ by my dad ________ ________ ________ ________.
M Well, you've really taken good care of them.
W Yes. They're ________ ________ to my family, too.
M Can I ________ this?

●●
different 여러 가지의 **collect** 수집하다 **valuable** 가치 있는 **treasure** 보물

06 다음을 듣고, 주소를 바꾸기 위해 눌러야 할 번호가 무엇인지 고르세요.

You've ________ BK Bank. If you need to report a ________ ________ ________ card, please press one. ________ ________, please press two. If you wish to ________ ________ ________, please press three. If you wish to speak to someone in ________ ________, please press zero now.

reach 연락을 취하다, ~에 이르다 **report** 신고하다 **press** 누르다 **account** 거래; (예금) 계좌 **customer service** 고객 서비스

07 대화를 듣고, 여자가 백화점에 가는 이유를 고르세요.

M Where are you going?

W Hi, John. I'm going to the ________ ________. I have ________ ________ ________ for my job interview tomorrow.

M The interview ________ be very ________ for you.

W Yes, it is. I really ________ ________ ________.

department store 백화점

08 대화를 듣고, 남자의 문제가 무엇인지 고르세요.

W Alex, you look terrible. What's wrong?

M I ________ ________ in days. I don't know ________.

W Have you ________ ________ ________ about it?

M Not yet, but I have a doctor's ________ today.

appointment (병원 · 미용실 등의) 예약

09 대화를 듣고, 여자의 태도로 알맞은 것을 고르세요.

W Did you ________ ________ Young Hee's mother?

M No, what happened?

W She is very sick in the ________. I really ________ ________ ________ her.

M Good idea. You are a good friend of Young Hee.

10 다음을 듣고, 두 사람의 대화가 어색한 것을 고르세요.

① W Can you show me where Gangnam Station is?

M Just ________ ________ ________ this corner, and you will see the subway station.

② W ________ was your ________?

M I didn't want to go there.

③ M ________ ________ ________ ________ ________ the movie we saw yesterday?

W I think it was a great movie.

④ M Where do you want this chair?

W Can you put it ________ ________ ________ ________?

station 역 **next to** ~옆에

DICTATION 07

11 대화를 듣고, 남자가 복권에 당첨되면 하고자 하는 일로 알맞은 것을 고르세요.

W What would you do if you ________ ________ ________?

M I would travel around the world. What about you?

W I would ________ ________ ________ who really need money.

M That's ________.

●●
win the lottery 복권에 당첨되다 **thoughtful** 사려 깊은

12 대화를 듣고, 대화 내용과 일치하지 않는 것을 고르세요.

W ________ ________ do you eat at fast-food restaurants?

M ________ ________ ________. I go there on Sundays with my younger sister.

W Do you like fast food?

M Yes, I do. But I ________ ________ ________ ________ it often because it's not good for my health.

13 대화를 듣고, 여자가 대화 직후에 할 일로 알맞은 것을 고르세요.

W Michael, I just ________ ________ ________. Is it yours?

M No, it isn't. But Peter lost his yesterday. It ________ ________ ________.

W Really? I'll ________ ________ ________ ________.

M He will be really happy.

●●
wallet 지갑 **lost** lose(잃어버리다)의 과거형

14 대화를 듣고, 남자가 방과 후에 할 일로 알맞은 것을 고르세요.

W Do you want to play chess after school?

M ________ ________, but ________ ________ play chess with you. I have ________ ________ ________ ________ to do. Maybe next time.

W Okay. Call me when you're ________.

●●
play chess 체스 게임을 하다

15 대화를 듣고, 남자의 마지막 말에 이어질 여자의 말로 알맞은 것을 고르세요.

W ________ was your ________?

M Actually, it was terrible.

W ________ ________?

M Well, my mom bought me a new smartphone on Saturday, but I ________ it ________ ________ ________ the next day. So my mom was really ________.

W Oh, I'm sorry to hear that.

정답 및 해석 p. 36

A 다음을 듣고, 어휘와 우리말 뜻을 쓰세요.

1. ____________ ____________
2. ____________ ____________
3. ____________ ____________
4. ____________ ____________
5. ____________ ____________
6. ____________ ____________
7. ____________ ____________
8. ____________ ____________
9. ____________ ____________
10. ____________ ____________

B 우리말을 참고하여 빈칸에 알맞은 단어를 쓰세요.

1. Are you William Miller, the ____________ ____________?
   당신이 유명한 감독인 William Miller입니까?
2. I'd like to ____________ ____________ ____________ for this.
   저는 이것을 환불 받고 싶습니다.
3. You ____________ ____________ ____________ your car here.
   당신은 차를 여기에 주차하시면 안 됩니다.
4. Have you ____________ ____________ ____________ about it?
   너는 그것에 대해 진찰을 받아 보았니?
5. What would you do if you ____________ ____________ ____________?
   너는 복권에 당첨되면 무얼 할 거니?
6. I have ____________ ____________ ____________ for my job interview tomorrow. 내게는 내일 취업 면접 때 입을 옷이 없다.
7. Just ____________ ____________ at this corner, and you will see the ____________ ____________. 이 모퉁이에서 왼쪽으로 돌면, 지하철역이 보일 거예요.

MY SCORE
_____ / 15

01 다음을 듣고, 빈칸에 알맞은 것을 고르세요.

Do you want the food for here
__________?

① or go ② or to go
③ order now ④ and to go

02 대화를 듣고, 여자가 구입할 담요로 알맞은 것을 고르세요.

①  
② 
③ 
④ 

03 대화를 듣고, 그림에서 남자의 여동생이 누구인지 고르세요.

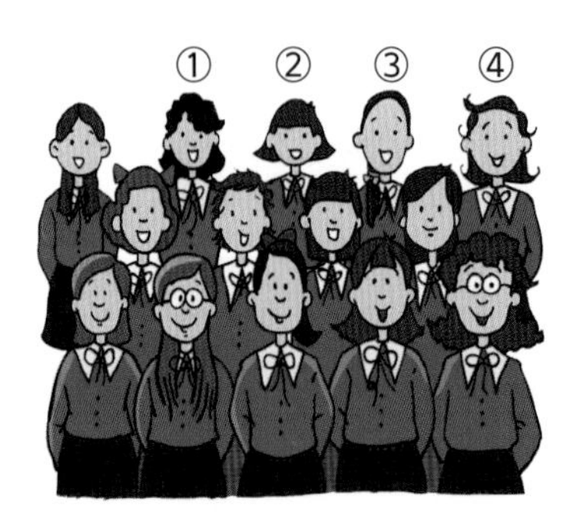

04 다음을 듣고, 그림의 상황에 알맞은 대화를 고르세요.

① ② ③ ④

05 대화를 듣고, 여자가 남자에게 부탁한 일로 알맞은 것을 고르세요.

① 세차하기
② 돈 빌려주기
③ 자동차 수리하기
④ 자동차 태워 주기

06 대화를 듣고, 남자가 지불해야 할 총 금액을 고르세요.

① $1.50 ② $7.00
③ $8.50 ④ $10.00

07 대화를 듣고, 여자가 책을 보고 싶어 하지 <u>않는</u> 이유를 고르세요.

① 시험을 망쳐서
② 책 읽기에 싫증이 나서
③ 다른 계획을 가지고 있어서
④ 책 읽기에 오랜 시간이 걸려서

정답 및 해석 p. 37

08 대화를 듣고, 남자가 등교하는 방법으로 알맞은 것을 고르세요.

① by car ② by bus
③ on foot ④ by bicycle

09 대화를 듣고, 여자의 심정으로 알맞은 것을 고르세요.

① guilty
② bored
③ jealous
④ disappointed

10 다음을 듣고, 두 사람의 대화가 자연스러운 것을 고르세요.

① ② ③ ④

11 대화를 듣고, 남자가 점심에 먹었던 음식으로 알맞은 것을 고르세요.

① 도넛, 주스 ② 도넛, 우유
③ 케이크, 주스 ④ 케이크, 우유

12 대화를 듣고, 대화 내용과 일치하는 것을 고르세요.

① 남자는 에펠탑 사진을 찍고 있다.
② 여자는 파리에서 친구를 만날 예정이다.
③ 두 사람은 파리에서 무엇을 할 것인지 이야기하고 있다.
④ 두 사람은 프랑스어를 공부하고 있다.

13 대화를 듣고, 남자가 찾고 있는 것이 무엇인지 고르세요.

① 양말 ② 안경
③ 모자 ④ 스마트폰

14 대화를 듣고, 콘서트가 시작하는 시각을 고르세요.

① 6시 30분 ② 7시
③ 7시 30분 ④ 8시

15 대화를 듣고, 남자의 마지막 말에 이어질 여자의 말로 알맞은 것을 고르세요.

① Sorry. I can't.
② There you are!
③ You're welcome.
④ I'll keep that in mind.

01 다음을 듣고, 빈칸에 알맞은 것을 고르세요.

Do you want the food ________ ________ or ________ ________?

02 대화를 듣고, 여자가 구입할 담요로 알맞은 것을 고르세요.

M How may I help you, ma'am?
W I'm looking for a ________.
M There are a lot to choose from. How about ________ ________ ________?
W It looks great. I'll ________ ________ it.

blanket 담요 **choose** 고르다, 선택하다 **striped** 줄무늬가 있는 **go for** ~을 택하다

03 대화를 듣고, 그림에서 남자의 여동생이 누구인지 고르세요.

W ________ is your sister in the ________?
M She is in the ________ ________.
W There are many girls in that row.
M She's the one with long hair. She ________ ________ ________.
W Oh, she has a nice smile.

choir 합창단 **row** 줄, 열 **ponytail** 뒤로 묶은 머리

04 다음을 듣고, 그림의 상황에 알맞은 대화를 고르세요.

① W Where can I find the toothpaste?
M It is in ________ two.
② W This is too big for me. Do you have a ________ ________ with the ________ ________?
M Let me check.
③ W I'd like to ________ ________ ________.
M Sure. How many pages do you want?
④ W Is this your ________ ________ ________?
M Yes. I'm a little nervous.

toothpaste 치약 **aisle** 통로 **make a photocopy** 복사를 하다 **nervous** 긴장되는

05 대화를 듣고, 여자가 남자에게 부탁한 일로 알맞은 것을 고르세요.

M Can you ________ ________ ________ ________ home?
W Sure, I have to ________ ________ ________ ________ though.
M That's okay.
W Oh, I'm sorry. May I ________ ________ ________ for gas? I'll pay you back tomorrow.
M Sure, but I only have 10 dollars.

gas 기름, 휘발유; 기체

06 대화를 듣고, 남자가 지불해야 할 총 금액을 고르세요.

M ________ ________ are these ________?
W They're 7 dollars. Are they a ________ ________ ________?

M Yes. It's my girlfriend's birthday this weekend.

W Oh, she'll love them. You know, for ________ ________ ________ and ________ ________, we can gift-wrap them plus give you a birthday card.

M Yes, that's good. Here's a 10.

extra 추가의, 여분의 gift-wrap 선물용으로 포장하다

07 대화를 듣고, 여자가 책을 보고 싶어 하지 않는 이유를 고르세요.

W School is ________ ________ for the year. What are you going to do now?

M I just want to relax. I don't want to ________ ________ ________ ________ again.

W Me ________. I'm ________ ________ reading and studying. Any plans?

M None. I don't ________ ________ ________ either.

finally 드디어, 마침내 relax 쉬다, 휴식하다 neither ~도 아니다 be tired of ~에 싫증 나다

08 대화를 듣고, 남자가 등교하는 방법으로 알맞은 것을 고르세요.

W Is it true that you ________ ________ ________ every day?

M Yes, it's true. I do it for exercise.

W ________ ________ does it ________ to get to school?

M ________ ________ ________. It's good for my health.

exercise 운동 take (시간이) 걸리다

09 대화를 듣고, 여자의 심정으로 알맞은 것을 고르세요.

W Do you know Joe's phone number?

M No, why?

W ________ ________ ________ I told him that he was ________, and now I feel bad.

M I understand. ________ we say things we ________ ________.

W I really want to ________ to him.

the other day 며칠 전에 arrogant 오만한 understand 이해하다

10 다음을 듣고, 두 사람의 대화가 자연스러운 것을 고르세요.

① M What is the ________ ________ ________ in your life?

W For me, my family is the most important thing.

② W Have you ever ________ ________?

M I used to live in Seoul.

③ M Can you ________ ________ ________ ________ when you're done?

W I think I will be ready in half an hour.

④ M You must be ________.

W It only ________ ________ ________ to take a shower.

seafood 해물 used to ~하곤 했다 pass 건네주다
be done 다하다, 끝나다 in half an hour 30분 후에
exhausted 피곤한, 녹초가 된

DICTATION 08

11 대화를 듣고, 남자가 점심에 먹었던 음식으로 알맞은 것을 고르세요.

M Is there ________ ________ ________? I can't wait until dinner.

W There is some cake and juice in the ________.

M Great! I'll have some.

W ________ ________ have lunch?

M Yeah, but I only had some doughnuts and milk because I didn't have ________ ________.

●●
refrigerator 냉장고 **enough** 충분한

12 대화를 듣고, 대화 내용과 일치하는 것을 고르세요.

M We are ________ ________ in Paris.

W Now I'll get to see the ________ Eiffel Tower!

M I want to see Notre Dame de Paris. I'm so ________!

W Me, too. There's ________ ________ ________ ________. Let's hurry.

●●
famous 유명한 **waste** 낭비하다 **hurry** 서두르다

13 대화를 듣고, 남자가 찾고 있는 것이 무엇인지 고르세요.

W What are you looking for?

M My room is ________ ________ that I ________ ________ anything. I'm looking for my cap.

W Don't worry. You'll find it somewhere. ________ ________ ________ ________.

M I found it! It is ________ ________ ________.

●●
messy 어질러진

14 대화를 듣고, 콘서트가 시작하는 시각을 고르세요.

M Hurry up, Mina. We'll ________ ________ ________ the concert.

W Okay. I'm ________ ________. What time is it?

M It's ________.

W When does the concert start?

M It'll begin ________ ________ ________.

15 대화를 듣고, 남자의 마지막 말에 이어질 여자의 말로 알맞은 것을 고르세요.

M You did so well on your ________ ________.

W Thanks, Dad.

M Doing well at school is very ________.

W I'll keep that in mind.

●●
final exam 기말시험

정답 및 해석 p. 41

A 다음을 듣고, 어휘와 우리말 뜻을 쓰세요.

❶ ______ ______
❷ ______ ______
❸ ______ ______
❹ ______ ______
❺ ______ ______
❻ ______ ______
❼ ______ ______
❽ ______ ______
❾ ______ ______
❿ ______ ______

B 우리말을 참고하여 빈칸에 알맞은 단어를 쓰세요.

❶ She is in ______ ______ ______.
그녀는 세 번째 줄에 있어.

❷ How about ______ ______ ______?
이 줄무늬가 있는 담요는 어떠세요?

❸ I really want to ______ ______ ______.
나는 정말로 그에게 사과하고 싶어.

❹ ______ ______ ______ reading and studying.
나는 책 읽고 공부하는 것에 싫증 났어.

❺ ______ ______ does it ______ to get to school?
학교에 오는 데 시간이 얼마나 걸리니?

❻ Do you want the food ______ ______ or ______ ______? 음식을 여기서 드실 건가요, 아니면 가지고 가실 건가요?

❼ Can you ______ ______ ______ ______ when you're done? 네가 다 쓴 다음에 그 펜 좀 내게 건네줄래?

TEST 09

MY SCORE

_____ / 15

01 다음을 듣고, 빈칸에 알맞은 것을 고르세요.

There is __________ this computer.

① something with
② something right with
③ some things to write
④ something wrong with

02 대화를 듣고, 남자가 하는 여가 활동으로 알맞은 것을 고르세요.

① 

② 

③ 

④ 

03 대화를 듣고, 그림에서 Kate가 누구인지 고르세요.

04 다음을 듣고, 그림의 상황에 알맞은 대화를 고르세요.

① ② ③ ④

05 대화를 듣고, 현재의 날씨가 얼마나 오랫동안 지속될지 고르세요.

① 오늘까지
② 금요일까지
③ 이번 달까지
④ 이번 주말까지

06 대화를 듣고, 여자가 구입하려고 하는 바지의 사이즈를 고르세요.

① 24
② 26
③ 28
④ 30

07 대화를 듣고, 여자가 남자를 음식점에 데려간 이유를 고르세요.

① 생일을 축하해 주기 위해서
② 시험을 잘 보라고 격려하기 위해서
③ 피자를 사 주겠다는 약속을 지키기 위해서
④ 방을 깨끗이 정돈한 것에 대해 칭찬하기 위해서

정답 및 해석 p. 42

08 대화를 듣고, 남자가 이용하는 교통수단으로 알맞은 것을 고르세요.

① car ② bus
③ bicycle ④ subway

09 대화를 듣고, 남자의 심정으로 알맞은 것을 고르세요.

① proud ② scared
③ jealous ④ confident

10 다음을 듣고, 두 사람의 대화가 어색한 것을 고르세요.

① ② ③ ④

11 대화를 듣고, 두 사람이 대화 직후에 할 일로 알맞은 것을 고르세요.

① 공원에 간다.
② 자동차를 주차한다.
③ 여행 계획을 세운다.
④ 내일의 날씨를 알아본다.

12 대화를 듣고, 대화 내용과 일치하지 않는 것을 고르세요.

① 여자는 공포 영화를 좋아한다.
② 남자는 여자의 의견에 동의하지 않는다.
③ 남자는 코미디 영화를 좋아한다.
④ 남자는 옛날 영화를 좋아한다.

13 대화를 듣고, 두 사람이 만나기로 한 요일과 시각을 고르세요.

① 화요일 - 6시
② 화요일 - 7시 30분
③ 목요일 - 6시
④ 목요일 - 7시 30분

14 대화를 듣고, 여자가 현재 누구와 같이 살고 있는지 고르세요.

① 언니 ② 오빠
③ 여동생 ④ 남동생

15 대화를 듣고, 여자의 마지막 말에 이어질 남자의 말로 알맞은 것을 고르세요.

① What's up?
② I will tell her about it.
③ I will clean it this evening.
④ Don't worry. I will go with you.

01 다음을 듣고, 빈칸에 알맞은 것을 고르세요.

There is ________ ________ ________ this computer.

02 대화를 듣고, 남자가 하는 여가 활동으로 알맞은 것을 고르세요.

W Sam, do you ________ ________?
M No, I don't like it at all.
W What do you like to do ________ ________ ________ ________?
M I like ________ ________ ________.
W Really? I like cooking, too.

free time 여가 시간

03 대화를 듣고, 그림에서 Kate가 누구인지 고르세요.

M Kate, what's this?
W This is an ________ ________ of me. Can you find me?
M Is this you wearing a ________ ________ and ________ a black ________?
W Are you kidding? I wasn't that short.
M But the ________ women both have ________ ________, and you're not blonde.
W Well, I used to dye my hair blonde. See? That's me in the ________ ________, wearing my little ________.

both 둘 다 **blonde** 금발의 **dye** 염색하다

04 다음을 듣고, 그림의 상황에 알맞은 대화를 고르세요.

① M ________ ________ ________ ________ are you looking for?
W Do you have any 2022 models?
② M So how's your shoulder?
W I ________ ________ ________ ________ normally.
③ M I have a few more ________ that ________ ________.
W Anything else?
④ M So how does it feel?
W It feels a little ________ on the ________ and ________.

normally 정상적으로 **tight** 꽉 끼는 **waist** 허리 **hip** 엉덩이

05 대화를 듣고, 현재의 날씨가 얼마나 오랫동안 지속될지 고르세요.

M Is this weather supposed to ________ ________ ________?
W Yes. According to the weather forecast, it will snow ________ ________ ________.
M I ________ ________ ________ I can take any more of this snow.
W I guess it could be worse.
M I hope this snow ________ ________ soon.

be supposed to ~일 것이라고 생각되다[추정되다] **last** 지속되다 **according to** ~에 따르면 **weather forecast** 일기 예보

06 대화를 듣고, 여자가 구입하려고 하는 바지의 사이즈를 고르세요.

W I ________ ________ this! Sweety, look at the sizes: 20, 22, 24... They're ________ ________ ________!

M I think you're ________ ________ ________. I guess you could wear a size ________.

W Are you kidding? I couldn't even wear a size 26.

M Well, what size do you wear?

W It ________ ________ the pants, but usually a ________.

believe 믿다 even ~조차(도) depend on ~에 따라 다르다, ~에 달려 있다

07 대화를 듣고, 여자가 남자를 음식점에 데려간 이유를 고르세요.

W ________ ________ ________ you want, Max. Today is your day.

M Can I do that? What's the ________?

W You did a great job of ________ your room ________ and ________ this week as you ________. You deserve it.

M Thanks, Mom. I love pizza, but today I'll ________ ________ ________.

pick 고르다 occasion 때, 경우 tidy 깔끔한 promise 약속하다 deserve ~를 받을 만하다

08 대화를 듣고, 남자가 이용하는 교통수단으로 알맞은 것을 고르세요.

M Guess what? I ________ from the ________ to the ________.

W Oh, good for you. Do you still go to work by car?

M No. I just sold it. I ________ ________ ________.

W That must be very ________.

countryside 시골 sold sell(팔다)의 과거형 convenient 편리한

09 대화를 듣고, 남자의 심정으로 알맞은 것을 고르세요.

M I can't stand that guy. He always ________ ________ ________ ________, and he is the most popular student at school.

W That's no reason to ________ ________.

M He is so perfect in every way. It kills me!

W Don't ________ ________ ________ thinking of him.

stand 참다, 견디다 dislike 싫어하다 perfect 완벽한

10 다음을 듣고, 두 사람의 대화가 어색한 것을 고르세요.

① W My grandmother ________ ________ a new computer.
M The computer is old and slow.

② W ________ ________ ________ ________ ________ France?
M No, I haven't. Have you?

③ M Who are those people over there?
W They seem to be ________ ________ ________.

④ W Can you do me a favor?
M Okay. What is it?

tourist 관광객 favor 부탁, 호의

DICTATION 09

11 대화를 듣고, 두 사람이 대화 직후에 할 일로 알맞은 것을 고르세요.

M Jane, ________ ________ a beautiful day today?

W Yeah, it sure is. It's ________ ________ ________!

M Let's go to the park. There will be a lot of people there since it's ________ ________ ________ ________.

W Good idea! Let's ________ ________ the ________.

●● lovely 아주 좋은; 사랑스러운 opportunity 기회

12 대화를 듣고, 대화 내용과 일치하지 않는 것을 고르세요.

M ________ ________ ________ movies do you like?

W I think horror movies are great. Don't you think so?

M I guess so, but I like ________ ________.

W Do you ________ ________ ________ to old movies?

M No, I prefer old movies.

●● horror 공포 comedy 코미디 prefer A to B A를 B보다 더 좋아하다

13 대화를 듣고, 두 사람이 만나기로 한 요일과 시각을 고르세요.

W Let's meet at 7:30 p.m. on Tuesday.

M Sorry, but I can't. I have to ________ ________ my ________.

W How about at ________ p.m. on ________?

M I can ________ ________. See you then.

●● look after ~를 돌보다

14 대화를 듣고, 여자가 현재 누구와 같이 살고 있는지 고르세요.

M ________ ________ ________ ________ do you live in?

W I live in an apartment.

M ________ do you ________ ________?

W I ________ ________ live with my younger sister and brother, but my brother moved out. Now I ________ ________ ________ ________.

●● apartment 아파트 move out 이사를 나가다

15 대화를 듣고, 여자의 마지막 말에 이어질 남자의 말로 알맞은 것을 고르세요.

W Your cousin Tom is coming to ________ ________ ________.

M Where is he going to stay?

W He's going to stay ________ ________ ________.

M That's fine.

W But your room is always ________. Can you ________ it?

M <u>I will clean it this evening.</u>

정답 및 해석 p. 46

A 다음을 듣고, 어휘와 우리말 뜻을 쓰세요.

1. ______ ______
2. ______ ______
3. ______ ______
4. ______ ______
5. ______ ______
6. ______ ______
7. ______ ______
8. ______ ______
9. ______ ______
10. ______ ______

B 우리말을 참고하여 빈칸에 알맞은 단어를 쓰세요.

1. He is so ______ in ______ way.
   그는 모든 면에서 너무 완벽해.
2. I can't ______ my arm ______.
   나는 내 팔을 정상적으로 움직일 수가 없어.
3. I used to ______ my hair ______.
   나는 머리카락을 금발로 염색하곤 했어.
4. I moved from the ______ to the ______.
   나는 시골에서 도시로 이사했어.
5. It feels a little ______ on the ______ and ______.
   허리와 엉덩이가 약간 꽉 끼는 느낌이 들어요.
6. ______ ______ ______ ______ are you looking for?
   당신은 어떤 종류의 자동차를 찾고 있습니까?
7. ______ ______ the ______ ______, it will snow until this weekend. 일기 예보에 따르면, 이번 주말까지 눈이 올 거래.

TEST 10

MY SCORE
______ / 15

01 다음을 듣고, 빈칸에 알맞은 것을 고르세요.

It's very ______________ help me.

① kind to
② kind of you to
③ kind of you for
④ kindergarten to

02 대화를 듣고, 남자가 Jimmy를 위해 준비한 선물로 알맞은 것을 고르세요.

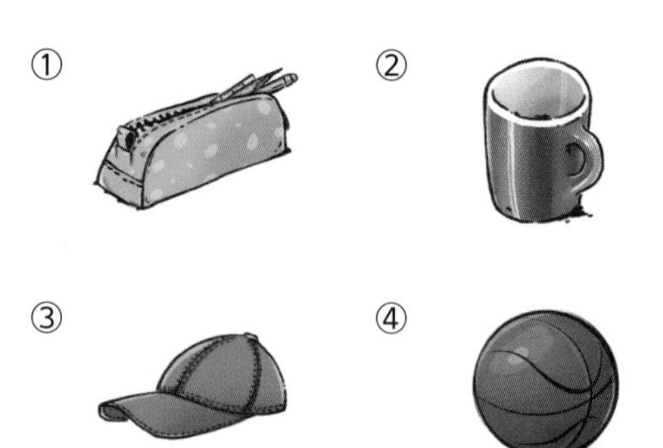

03 대화를 듣고, 그림에서 여자가 말하고 있는 범인을 고르세요.

04 다음을 듣고, 그림의 상황에 알맞은 대화를 고르세요.

① ② ③ ④

05 대화를 듣고, 두 사람이 무엇에 대해 이야기하고 있는지 고르세요.

① 공부 계획 ② 건강 관리
③ 여행 계획 ④ 운동 효과

06 대화를 듣고, 여자의 나이를 고르세요.

① 24 ② 25
③ 28 ④ 29

07 대화를 듣고, 남자가 강아지를 키우게 된 이유를 고르세요.

① 남자가 외로워서
② 강아지가 외로워 보여서
③ 강아지가 매우 귀여워서
④ 할머니 대신 강아지를 돌봐야 해서

정답 및 해석 p. 47

08 대화를 듣고, 여자의 문제가 무엇인지 고르세요.

① 두통 ② 감기
③ 춘곤증 ④ 알레르기

09 대화를 듣고, 남자의 심정으로 알맞은 것을 고르세요.

① lonely ② bored
③ envious ④ surprised

10 다음을 듣고, 두 사람의 대화가 어색한 것을 고르세요.

① ② ③ ④

11 대화를 듣고, 남자가 파티에 입고 갈 옷으로 알맞은 것을 고르세요.

① 청바지와 흰색 셔츠
② 청바지와 가죽 재킷
③ 검정색 바지와 흰색 셔츠
④ 검정색 바지와 가죽 재킷

12 대화를 듣고, 대화 내용과 일치하지 않는 것을 고르세요.

① 현재 날씨는 좋다.
② 여자는 추운 날씨를 좋아한다.
③ 남자는 추운 날씨를 좋아한다.
④ 남자는 눈을 좋아한다.

13 대화를 듣고, 여자가 사 와야 할 물품으로 알맞은 것을 고르세요.

① 꿏, 소금, 달걀, 버터
② 꿏, 설탕, 달걀, 버터
③ 밀가루, 소금, 달걀, 버터
④ 밀가루, 설탕, 달걀, 버터

14 대화를 듣고, 남자가 대화 직후에 할 일로 알맞은 것을 고르세요.

① 식당에 간다.
② 저녁을 먹는다.
③ 쿠키를 먹는다.
④ 엄마를 도와준다.

15 대화를 듣고, 남자의 마지막 말에 이어질 여자의 말로 알맞은 것을 고르세요.

① I don't like it.
② That sounds like fun.
③ Oh, that must have hurt.
④ I don't think I would enjoy that.

01 다음을 듣고, 빈칸에 알맞은 것을 고르세요.

It's very ________ ________ ________ to help me.

02 대화를 듣고, 남자가 Jimmy를 위해 준비한 선물로 알맞은 것을 고르세요.

M Are you ________ ________ Jimmy's birthday party?

W Of course I am.

M Can you ________ ________ ________ ________?

W Sure. What can I do for you?

M I cannot go to his party. Can you ________ ________ ________ to Jimmy?

●● **mug** 머그컵

03 대화를 듣고, 그림에서 여자가 말하고 있는 범인을 고르세요.

M Of those six men, who do you think the thief is?

W Well... I think it's the guy ________ ________ ________ in the ________.

M Are you sure?

W Not really. Umm... Ah, it's him! It's that short guy ________ ________ ________ and beard. He also ________ ________ ________.

M Thanks for your help.

●● **thief** 도둑 **beard** 턱수염 **middle** 중간, 중앙 **m(o)ustache** 콧수염

04 다음을 듣고, 그림의 상황에 알맞은 대화를 고르세요.

① W Thanks. I'm so ________.
M My pleasure. Enjoy.

② W I need ________ ________ red roses, please.
M Would you like to send a card with them?

③ W Hey, you ________ ________ ________ all over me!
M Oh, no! I'm sorry. Here, I have some paper napkins.

④ W Ouch! That hurts!
M How could it hurt? I haven't even ________ ________ ________ ________ yet.

●● **thirsty** 목마른 **dozen** 12개, 1다스 **spill** 엎지르다, 쏟다 **shot** 주사

05 대화를 듣고, 두 사람이 무엇에 대해 이야기하고 있는지 고르세요.

M So how do you ________ ________ ________?

W I ________ ________ four or five times a week. And I have been on a very strict diet.

M Really? That's not an easy thing to do.

W Well, it's not that hard. You need a good ________, and you need to ________ good ________ ________.

M I don't ________ ________ ________. Maybe I should begin.

●● **keep in shape** 건강을 유지하다 **strict** 엄격한, 엄밀한 **develop** (습관 따위를) 익히다 **eating habit** 식습관

06 대화를 듣고, 여자의 나이를 고르세요.

M So how old is your boyfriend? I heard that there's quite ________ ________ ________ ________.
W Yeah, there's a 4-year difference.
M Is he ________ ________ ________?
W You won't believe it, but it's actually ________ ________ ________ ________.
M Really? So he's ________?

●●
quite 꽤, 상당히 **the other way around** 반대로, 거꾸로

07 대화를 듣고, 남자가 강아지를 키우게 된 이유를 고르세요.

M Guess what? I just ________ a little ________.
W Really?
M I saw it in the shop, and it ________ ________. I had to get it.
W I think you'll ________ ________ ________ ________ it.

●●
Guess what? 있잖아. **puppy** 강아지 **look** ~하게 보이다 **lonely** 외로운

08 대화를 듣고, 여자의 문제가 무엇인지 고르세요.

W I like ________ ________ ________ one thing.
M What is that?
W I ________ ________ this time of year. My eyes become red, and I ________ a lot.
M I'm sorry to hear that.

●●
except for ~를 제외하고 **allergy** 알레르기 **sneeze** 재채기하다

09 대화를 듣고, 남자의 심정으로 알맞은 것을 고르세요.

M What is that?
W It's for you. It's a ________.
M But ________ ________ ________ ________ it was my birthday? I can't believe it!
W I just knew. Happy birthday. I ________ you like it.

10 다음을 듣고, 두 사람의 대화가 어색한 것을 고르세요.

① W Hi. I would like to ________ this book ________.
M Sure. Do you have a library card?

② M ________ ________ do you go to the ________?
W I go there at least ________ ________ ________.

③ W Did you do your homework?
M ________ ________ ________.

④ M Do you have any plans for this winter vacation?
W I am going to learn ________ ________ ________.

●●
check out ~를 대출하다 **gym** 체육관 **at least** 적어도, 최소한 **how to** ~하는 방법

DICTATION 10

11 대화를 듣고, 남자가 파티에 입고 갈 옷으로 알맞은 것을 고르세요.

M I don't know ________ ________ ________ to my girlfriend's birthday party.

W Well, how about jeans and a white shirt?

M No, I want to ________ ________.

W Okay, then what about your ________ ________ and a ________ ________?

M That sounds better.

leather jacket 가죽 재킷

12 대화를 듣고, 대화 내용과 일치하지 않는 것을 고르세요.

W The weather is beautiful. I feel ________ ________ on ________ days than on ________ days.

M I'm not like you at all.

W Really? Then ________ ________ ________ ________ do you like?

M I ________ cold weather, and I love the snow.

much (비교급을 수식하여) 훨씬

13 대화를 듣고, 여자가 사 와야 할 물품으로 알맞은 것을 고르세요.

M Can you ________ ________ ________ ________?

W Sure, Dad. What do you want me to do?

M Would you buy some ________ and ________ on your way home?

W No problem. Do you need anything else?

M Yes, I need some ________ and ________, too.

flour 밀가루

14 대화를 듣고, 남자가 대화 직후에 할 일로 알맞은 것을 고르세요.

W Paul, dinner is ________.

M Oh, Mom, I'm full because I just ate something. ________ ________ just ________ a cookie ________?

W Paul, no dinner, no cookie!

M Okay. So what's ________ ________ ________ today?

instead 대신에 menu 메뉴

15 대화를 듣고, 남자의 마지막 말에 이어질 여자의 말로 알맞은 것을 고르세요.

W What's wrong with your leg?

M I ________ ________ a banana ________ on the subway.

W Then what happened?

M I ________ my ________.

W Oh, that must have hurt.

slip 미끄러지다 peel 껍질

정답 및 해석 p. 51

A 다음을 듣고, 어휘와 우리말 뜻을 쓰세요.

1. ____________ ____________
2. ____________ ____________
3. ____________ ____________
4. ____________ ____________
5. ____________ ____________
6. ____________ ____________
7. ____________ ____________
8. ____________ ____________
9. ____________ ____________
10. ____________ ____________

B 우리말을 참고하여 빈칸에 알맞은 단어를 쓰세요.

1. I ____________ ____________ four or five times a week.
   나는 일주일에 네다섯 번 운동해.
2. Would you buy some ____________ and ____________ on your way home?
   집에 오는 길에 밀가루와 설탕 좀 사 올래?
3. I go there ____________ ____________ ____________ a week.
   나는 적어도 일주일에 두 번은 그곳에 가.
4. You need to develop ____________ ____________ ____________.
   너는 좋은 식습관을 익혀야 해.
5. I ____________ ____________ a banana ____________ on the subway.
   저는 지하철에서 바나나 껍질을 밟고 미끄러졌어요.
6. Can you ____________ ____________ ____________ ____________?
   내 부탁 좀 들어줄래?
7. What about your ____________ ____________ and a(n) ____________ ____________?
   네 검정색 바지와 가죽 재킷을 입는 건 어때?

TEST 11

MY SCORE
_______ / 15

01 다음을 듣고, 빈칸에 알맞은 것을 고르세요.

He __________________ home.

① want to stay
② wants to stay
③ want you to stay
④ wants you to stay

02 대화를 듣고, 여자가 해야 할 일이 아닌 것을 고르세요.

① 
② 
③ 
④ 

03 대화를 듣고, 남자가 빌려 와야 할 물건으로 알맞은 것을 고르세요.

① 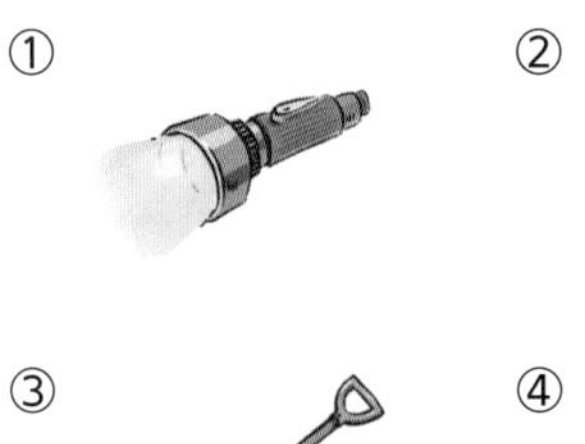
② 
③ 
④ 

04 다음을 듣고, 그림의 상황에 알맞은 대화를 고르세요.

① ② ③ ④

05 다음을 듣고, 무엇에 관한 내용인지 고르세요.

① 화재 대피 훈련
② 지하철역 안내
③ 버스 노선 안내
④ 백화점 할인 판매

06 대화를 듣고, 현재 시각을 고르세요.

① 6시 ② 6시 30분
③ 7시 ④ 7시 30분

07 대화를 듣고, 남자가 당황해하는 이유를 고르세요.

① 시계를 잃어버려서
② 아내와의 약속 시간에 늦어서
③ 여자가 시간을 잘못 알려 주어서
④ 약속 장소를 착각했음을 깨달아서

08 대화를 듣고, 여자의 여행 계획으로 알맞은 것을 고르세요.

① 여행을 혼자 갈 것이다.
② 프랑스만 여행을 할 것이다.
③ 유럽을 비행기로만 여행할 것이다.
④ 비행기와 기차로 여행을 할 것이다.

09 대화를 듣고, 여자의 심정으로 알맞은 것을 고르세요.

① proud ② excited
③ worried ④ shocked

10 다음을 듣고, 두 사람의 대화가 어색한 것을 고르세요.

① ② ③ ④

11 대화를 듣고, 남자가 여자에게 부탁한 일로 알맞은 것을 고르세요.

① 우유 구입하기
② 음료 주문하기
③ 아기 돌봐 주기
④ 가방 맡아 주기

12 대화를 듣고, 대화 내용과 일치하지 않는 것을 고르세요.

① 남자는 한 달 동안 농구를 할 수 없다.
② 남자는 다리를 다쳤다.
③ 여자는 남자에게 다른 일을 찾아 볼 것을 제안했다.
④ 두 사람은 농구 경기를 관람할 것이다.

13 대화를 듣고, 여자가 대화 직후에 할 일로 알맞은 것을 고르세요.

① 변기를 새로 산다.
② 화장실을 청소한다.
③ 배관공에게 전화한다.
④ 변기를 뜯어내서 고친다.

14 대화를 듣고, 남자가 젊어 보이는 비결로 알맞은 것을 고르세요.

① 운동을 충분히 한다.
② 규칙적인 생활을 한다.
③ 충분한 휴식을 취한다.
④ 항상 긍정적으로 지내려고 노력한다.

15 대화를 듣고, 남자의 마지막 말에 이어질 여자의 말로 알맞은 것을 고르세요.

① That's too bad.
② What are you doing?
③ I'm happy to hear that.
④ I'm really proud of you.

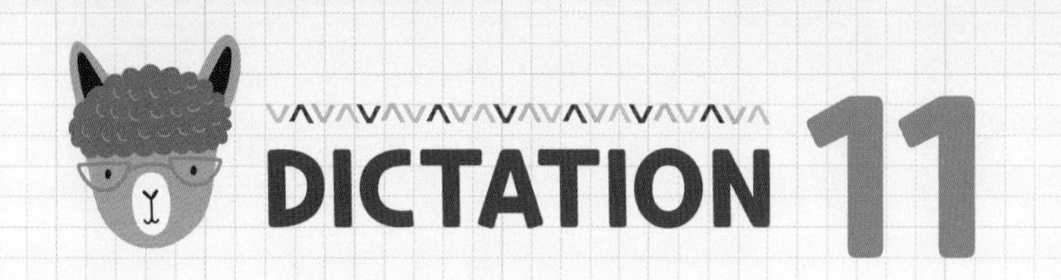

01 다음을 듣고, 빈칸에 알맞은 것을 고르세요.

He ________ ________ ________ ________ home.

●●
stay 머무르다

02 대화를 듣고, 여자가 해야 할 일이 아닌 것을 고르세요.

M Could you ________ ________ ________ to the library?

W Oh, sorry, but I'm busy today.

M Well, ________ ________ ________ so busy?

W My room is very ________, so I am planning on cleaning it and then ________ ________ ________. After that, I am going to the gym for some exercise.

M I did not know that. ________ ________ ________ tomorrow.

●●
return 반납하다 **report** 보고서, 과제물

03 대화를 듣고, 남자가 빌려 와야 할 물건으로 알맞은 것을 고르세요.

W Why are you ________ ________ ________ ________, Harry?

M Oh, it's you, Kyndra.

W What's up? Where are you going?

M I am ________ ________ ________ ________ your house.

W What for?

M My dad asked me to ________ ________ ________ from your parents because we have a small ________ with the ________.

●●
in a hurry 급한, 서두르는 **ceiling** 천장

04 다음을 듣고, 그림의 상황에 알맞은 대화를 고르세요.

① M May I take your order, ma'am?
W Well, I'm ________ ________ now.

② M What's the weather like outside?
W It's ________ ________ ________ ________.

③ M Excuse me. Where's the nearest subway station?
W Sorry. I'm a ________ ________ too.

④ W Excuse me. Where can I find the dairy section?
M It's in ________ ________.

●●
expect 기다리다 **company** 일행, 동료 **It's raining cats and dogs.** 비가 억수 같이 쏟아지다. **I'm a stranger here.** 저는 이곳이 처음입니다. **dairy** 유제품 **section** 코너, 구역 **aisle** 통로

05 다음을 듣고, 무엇에 관한 내용인지 고르세요.

This stop is Sindorim, Sindorim Station. The ________ ________ for this stop are on your left. You can ________ ________ the green line, line number two. Passengers getting off, please ________ ________ ________. This train is for Incheon.

●●
exit door 출입문 **transfer to** ~로 환승하다[갈아타다] **passenger** 승객 **watch one's step** 발밑을 조심하다

06 대화를 듣고, 현재 시각을 고르세요.

M I just noticed that your friend's flight will be ________ ________ ________ ________ ________.

W So ________ ________ will he be ________ exactly?

M Well, since it's 6:30 now, he should be arriving at 7 o'clock.

W ________ ________ ________ get some coffee or snacks?

M That sounds good.

delay 지연시키다 exactly 정확히

07 대화를 듣고, 남자가 당황해하는 이유를 고르세요.

M Excuse me, ma'am. Do you ________ ________ ________?

W I do. It's eight o'clock.

M Eight o'clock? Oh, dear. I was supposed to ________ ________ my wife downtown ________ ________ ________.

W I hope you have a good excuse.

have the time 몇 시인지 알다 downtown 시내에 excuse 변명

08 대화를 듣고, 여자의 여행 계획으로 알맞은 것을 고르세요.

W We're planning ________ ________ ________ ________ ________ this year.

M Good for you. How do you plan to travel?

W We're going to fly to France and then ________ ________ ________ ________ Europe.

M That sounds so ________. Take a lot of pictures.

across ~를 횡단하여

09 대화를 듣고, 여자의 심정으로 알맞은 것을 고르세요.

M Why do you ________ ________ in your eyes?

W Today is my daughter's first day of school. I hope she is all right today.

M She'll be okay. It's ________ for a mother to ________ ________ ________.

W I know. I just have to get used to it. I have never ________ ________ ________ before.

tear 눈물 natural 당연한, 자연스러운

10 다음을 듣고, 두 사람의 대화가 어색한 것을 고르세요.

① M Is it raining outside?
W Yes, so please ________ ________ ________ with you.

② W You look so sick.
M Yes, I have ________ ________ ________.

③ M How often do you call your grandmother?
W I call her ________ ________ ________.

④ M Where did I put my keys?
W I think ________ ________ ________ about them.

once a week 일주일에 한 번

DICTATION 11

11 대화를 듣고, 남자가 여자에게 부탁한 일로 알맞은 것을 고르세요.

M Could I ________ you ________ ________ ________?

W What is it?

M Could you take care of my baby for a few minutes? I ________ ________ ________ some milk for him.

W All right. I will be happy to ________ ________ ________ your baby.

M Thanks. I ________ it.

for a few minutes 잠시 동안 appreciate 감사하다

12 대화를 듣고, 대화 내용과 일치하지 않는 것을 고르세요.

W Peter, you ________ ________ today.

M The doctor told me ________ ________ ________ basketball for a month since I hurt my leg.

W That's too bad. What about trying to ________ ________ ________ that you can do while sitting?

M But I'll ________ ________ basketball so much.

look down 힘이 없어 보이다 while ~와 동시에, ~하는 동안에 miss 그리워하다

13 대화를 듣고, 여자가 대화 직후에 할 일로 알맞은 것을 고르세요.

M What are you doing?

W I'm trying to ________ ________ ________.

M What's wrong with it?

W It ________ ________.

M I see. Do you think ________ ________ ________ it?

W Hmm... I'm afraid ________ ________. I'll call a ________.

fix 고치다, 수리하다 toilet 변기, 화장실 flush (화장실의) 물이 내려가다 plumber 배관공

14 대화를 듣고, 남자가 젊어 보이는 비결로 알맞은 것을 고르세요.

W Mr. Park, may I ________ ________ ________?

M I'm 74 years old.

W Really? You ________ ________ ________. Do you exercise a lot? What's your ________?

M I don't exercise a lot, but I try to ________ ________ all the time.

seem ~처럼 보이다 secret 비결; 비밀 positive 긍정적인

15 대화를 듣고, 남자의 마지막 말에 이어질 여자의 말로 알맞은 것을 고르세요.

W Hello. I'm Mrs. Kim.

M Oh, Jina's mother! Nice to meet you.

W Nice to meet you, too. ________ Is Jina ________ ________ ________ this year?

M She's doing very well. Her ________ are ________. You should be ________ ________ ________.

W I'm happy to hear that.

grade 성적 excellent 우수한 proud 자랑스러운

정답 및 해석 p. 56

A 다음을 듣고, 어휘와 우리말 뜻을 쓰세요.

❶ ________ ________ ❻ ________ ________

❷ ________ ________ ❼ ________ ________

❸ ________ ________ ❽ ________ ________

❹ ________ ________ ❾ ________ ________

❺ ________ ________ ❿ ________ ________

B 우리말을 참고하여 빈칸에 알맞은 단어를 쓰세요.

❶ You can ________ ________ the green line, line number two.
당신은 녹색 노선인 2호선으로 환승하실 수 있습니다.

❷ I don't exercise a lot, but I try to ________ ________ all the time.
저는 운동을 많이 하지는 않지만, 항상 긍정적이려고 노력해요.

❸ I call her ________ ________ ________.
나는 그녀에게 일주일에 한 번 전화해.

❹ I'm trying to ________ ________ ________.
나는 변기를 고치려 하고 있어.

❺ Where can I ________ the ________ ________?
유제품 코너를 어디에서 찾을 수 있나요?

❻ It's ________ ________ ________ ________.
비가 억수 같이 쏟아지고 있어.

❼ ________ getting off, please ________ ________ ________.
내리시는 승객분들께서는 발밑을 조심하시기 바랍니다.

TEST 12

MY SCORE
_____ / 15

01 다음을 듣고, 빈칸에 알맞은 것을 고르세요.

Kate __________________ the race.

① believes to win
② believes you to win
③ believes you will win
④ believes your winning

02 대화를 듣고, 남자가 취해야 할 동작으로 알맞은 것을 고르세요.

① 
② 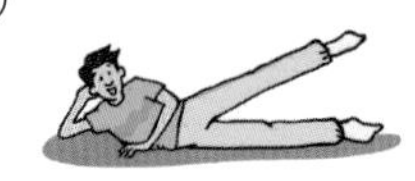
③ 
④ 

03 대화를 듣고, 남자의 그림으로 알맞은 것을 고르세요.

① 
② 
③ 
④ 

04 다음을 듣고, 그림의 상황에 알맞지 <u>않은</u> 대화를 고르세요.

① ② ③ ④

05 대화를 듣고, 두 사람이 무엇에 대해 이야기하고 있는지 고르세요.

① 최신 기사
② 잡지 구입
③ 사진 촬영 기술
④ 잡지의 표지 모델 선정

06 대화를 듣고, 여자의 나이를 고르세요.

① 12 ② 21
③ 23 ④ 25

07 대화를 듣고, 남자의 아기가 우는 이유를 고르세요.

① 충치가 생겨서
② 치과를 무서워해서
③ 남자가 이를 건드려서
④ 처음으로 이가 나려고 해서

08 대화를 듣고, 여자의 마지막 말의 의도로 가장 알맞은 것을 고르세요.

① 격려　② 칭찬
③ 허락　④ 충고

09 대화를 듣고, 남자의 심정으로 알맞은 것을 고르세요.

① scared　② amused
③ annoyed　④ ashamed

10 다음을 듣고, 두 사람의 대화가 어색한 것을 고르세요.

①　②　③　④

11 대화를 듣고, Julia가 언제쯤 돌아올지 고르세요.

① 몇 분 후에　② 몇십 분 후에
③ 몇 시간 후에　④ 내일 오전 중에

12 대화를 듣고, 대화 내용과 일치하지 않는 것을 고르세요.

① 밖에 바람이 불고 있다.
② 여자는 세탁물을 밖에 그대로 두었다.
③ 여자의 옷이 땅바닥에 떨어졌다.
④ 폭풍이 몰려올 것이라 예상된다.

13 대화를 듣고, 남자가 이번 주말에 할 일로 알맞은 것을 고르세요.

① 공항에서 일한다.
② 일본으로 여행을 떠난다.
③ 공항에서 친구를 만난다.
④ 공항으로 여동생을 마중 나간다.

14 대화를 듣고, 여자가 현재 배우고 있는 언어로 알맞은 것을 고르세요.

① 영어　② 독일어
③ 스페인어　④ 일본어

15 대화를 듣고, 여자의 마지막 말에 이어질 남자의 말로 알맞은 것을 고르세요.

① My cousins.
② I live with my family.
③ My uncle did it with his friends.
④ Teddy went there with his girlfriend.

01 다음을 듣고, 빈칸에 알맞은 것을 고르세요.

Kate ________ ________ ________ ________ the race.

02 대화를 듣고, 남자가 취해야 할 동작으로 알맞은 것을 고르세요.

M What's the best way to build up my stomach muscles?

W Well, first you should ________ ________ ________ ________, not on your stomach.

M Okay. Next?

W Keep ________ ________ ________ and ________ both of your legs.

M Am I doing it right?

W No, put your ________ ________ ________ ________.

build up ~를 강화[증강]하다 stomach 복부, 배
muscle 근육 lie on one's back 반듯하게 눕다
lie on one's stomach 엎드리다 lift 들어 올리다

03 대화를 듣고, 남자의 그림으로 알맞은 것을 고르세요.

W Wow, what a ________ ________!

M Thanks. It's my favorite picture.

W Please tell me about your painting.

M There is a girl ________ ________ ________ ________ and three birds in front of the bench. There is also a dog ________ ________ ________ on her ________.

drawing(= picture, painting) 그림 in front of ~ 앞에
take a nap 낮잠을 자다

04 다음을 듣고, 그림의 상황에 알맞지 않은 대화를 고르세요.

① W ________ do you ________ today?
M I think I'm feeling better than yesterday.

② W The doctor says you're getting better.
M But when are they going to ________ ________ ________ ________?

③ W Can I show you ________ ________ ________?
M Thank you. That would be lovely.

④ W I hope you ________ ________ ________.
M Thank you for visiting me.

get better 좋아지다, 호전되다

05 대화를 듣고, 두 사람이 무엇에 대해 이야기하고 있는지 고르세요.

W I think Ashley ________ ________ ________ ________ ________ this month.

M I don't think so. She is already on too many magazine covers.

W So you want a new face? ________ ________ ________?

M Yeah, you're right. I'll ________ ________ ________ ________ of new models.

W Sure.

cover 표지 magazine 잡지

06 대화를 듣고, 여자의 나이를 고르세요.

M So, Julie, how old are you?
W ________ ________ ________ how old I am?
M Um... 21.
W Thanks. I am ________ ________ that.
M I would say ________, but you look ________ ________ that.
W Bingo. I'm 25. How about you?

young 어린, 젊은 **Bingo** 맞았다, 이겼다

07 대화를 듣고, 남자의 아기가 우는 이유를 고르세요.

W Is your baby okay? She is ________ ________ ________.
M She is teething.
W Teething? What is that?
M ________ ________ she's getting her ________ ________. It can hurt sometimes and make her cry.

cry 울다 **a lot** 많이 **teethe** 이가 나다

08 대화를 듣고, 여자의 마지막 말의 의도로 가장 알맞은 것을 고르세요.

M Oh, no. It's almost ________ ________ ________ ________ my report.
W You will do great!
M ________ ________ I forget the script? What if the class ________ ________ me? What if I don't do well?
W Don't worry. Everything will be fine.

turn 차례 **present** 발표하다 **script** 내용; 대본, 스크립트
laugh at ~를 비웃다

09 대화를 듣고, 남자의 심정으로 알맞은 것을 고르세요.

M Mom, Andrew has ________ ________ ________!
W It happens. He is just three years old.
M But he is always ________ ________ ________ everything I do. I'm going crazy!
W I ________ ________ ________ ________. I'll help you do your homework over again.

torn tear(찢다)의 과거분사형 **ruin** 망치다 **crazy** 미친

10 다음을 듣고, 두 사람의 대화가 <u>어색한</u> 것을 고르세요.

① M ________ ________ ________ ________ to Canada?
W I visited Canada three times.
② W ________ ________ ________ ________ your steak?
M Well-done, please.
③ M Let's ________ ________.
W Sounds good.
④ W Would you ________ ________ ________?
M Yes, please. I am so thirsty.

well-done 완전히 익힌 **eat out** 외식하다

DICTATION 12

11 대화를 듣고, Julia가 언제쯤 돌아올지 고르세요.

M May I speak to Julia?

W I'm ________ she ________ ________ right now.

M I see. Will she be back soon?

W Yes, she will be back ________ ________ ________ ________.

M Okay, thanks. I'll ________ ________ later.

be back 돌아오다 **call back** 다시 전화하다

12 대화를 듣고, 대화 내용과 일치하지 않는 것을 고르세요.

M I can't believe ________ ________ it is outside.

W I know. I had to ________ ________ ________ ________. All my clothes were on the ground.

M They say a ________ ________ ________.

W I'll never get my laundry done.

laundry 세탁물, 세탁 **ground** 땅바닥 **storm** 폭풍

13 대화를 듣고, 남자가 이번 주말에 할 일로 알맞은 것을 고르세요.

M I'm really sorry, but I won't ________ ________ ________ ________ this weekend.

W Oh, why not?

M I have to ________ ________ my sister ________ ________ ________. She's coming back from Japan.

W No problem. It's okay.

14 대화를 듣고, 여자가 현재 배우고 있는 언어로 알맞은 것을 고르세요.

W I enjoy ________ ________ ________.

M Learning new languages? That sounds ________. How many languages can you speak?

W I can speak ________ and ________ fluently, and I'm learning two more languages at the moment.

M Two more? Which ones?

W I've been studying ________ and ________ ________ ________ ________.

language 언어 **interesting** 재미있는, 흥미로운 **Japanese** 일본어 **fluently** 유창하게 **at the moment** 지금 **Chinese** 중국어 **Spanish** 스페인어

15 대화를 듣고, 여자의 마지막 말에 이어질 남자의 말로 알맞은 것을 고르세요.

W ________ did you ________ ________ ________?

M I went to the Teddy Bear Museum in Jeju.

W That ________ ________ ________. How was it?

M It was fantastic. I saw so many teddy bears.

W ________ did you ________ ________?

M My cousins.

museum 박물관 **fantastic** 굉장히 좋은

정답 및 해석 p. 61

A 다음을 듣고, 어휘와 우리말 뜻을 쓰세요.

1. ______ ______
2. ______ ______
3. ______ ______
4. ______ ______
5. ______ ______
6. ______ ______
7. ______ ______
8. ______ ______
9. ______ ______
10. ______ ______

B 우리말을 참고하여 빈칸에 알맞은 단어를 쓰세요.

1. Where did you ______ ______ ______?
   너는 휴가를 어디로 갔니?

2. Mom, Andrew has ______ ______ ______!
   엄마, Andrew가 내 숙제를 찢어 놓았어요!

3. All my clothes were ______ ______ ______.
   내 옷이 전부 땅바닥에 떨어져 있었어.

4. Kate believes you will ______ ______ ______.
   Kate는 네가 경주에서 이길 것이라고 믿는다.

5. I have to ______ ______ my sister at the ______.
   저는 공항으로 여동생을 태우러 가야 해요.

6. I've been studying ______ and ______ ______ last year.
   나는 작년부터 중국어와 스페인어를 공부하고 있어.

7. What's the best way to ______ ______ ______ ______?
   제 근육을 강화시킬 가장 좋은 방법이 뭔가요?

TEST 13

MY SCORE

_______ / 15

01 다음을 듣고, 빈칸에 알맞은 것을 고르세요.

Can you get me some salt?

____

① Will you do it?

② We're out of it.

③ We run out of it.

④ Will you run to it?

02 대화를 듣고, 여자의 예전 몸무게를 고르세요.

①

②

③

④

03 대화를 듣고, 그림에서 여자가 찾는 사람이 누구인지 고르세요.

04 다음을 듣고, 그림의 상황에 알맞은 대화를 고르세요.

① ② ③ ④

05 다음을 듣고, 무엇에 관한 내용인지 고르세요.

① arm ② foot

③ nose ④ tongue

06 대화를 듣고, 남자가 여자의 집에 가기로 한 시각을 고르세요.

① 5시 ② 6시

③ 7시 ④ 8시

07 대화를 듣고, 여자가 기분이 좋아진 이유를 고르세요.

① 목욕을 해서

② 집이 깨끗해져서

③ 친구랑 화해를 해서

④ 주말에 놀러 갔다 와서

08 대화를 듣고, 남자의 문제가 무엇인지 고르세요.

① 연습 중에 다쳤다.
② 훈련받을 시간이 없다.
③ 시합이 며칠 남지 않았다.
④ 슬럼프에 빠져 무기력을 느낀다.

09 대화를 듣고, 남자의 성격으로 알맞은 것을 고르세요.

① 예민하다
② 정직하다
③ 사려 깊다
④ 즉흥적이다

10 다음을 듣고, 두 사람의 대화가 자연스러운 것을 고르세요.

① ② ③ ④

11 대화를 듣고, 여자가 영화를 보던 중에 한 일로 알맞은 것을 고르세요.

① 졸았다 ② 울었다
③ 웃었다 ④ 화장실에 갔다

12 대화를 듣고, 대화 내용과 일치하는 것을 고르세요.

① 서울행 마지막 버스가 이미 떠났다.
② 여자는 서울에 가려 한다.
③ 여자는 부산행 버스를 놓쳤다.
④ 부산행 버스는 5분 후에 출발한다.

13 대화를 듣고, 남자가 대화 직후에 할 일로 알맞은 것을 고르세요.

① 여자와 마술을 배우러 간다.
② 여자에게 마술을 가르쳐 준다.
③ 여자와 함께 마술 대회에 나간다.
④ 여자와 함께 마술 쇼를 보러 간다.

14 대화를 듣고, Jane의 생일 파티 날에 여자가 한 일로 알맞은 것을 고르세요.

① 바비 인형을 사러 갔다.
② 동생과 같이 숙제를 했다.
③ 과외 선생님과 공부를 했다.
④ 다른 친구의 생일 파티에 갔다.

15 대화를 듣고, 여자의 마지막 말에 이어질 남자의 말로 알맞은 것을 고르세요.

① No way!
② You're welcome.
③ I couldn't agree more.
④ You'll do better next time.

01 다음을 듣고, 빈칸에 알맞은 것을 고르세요.

Can you get me some salt? We're

________ ________ ________.

salt 소금 **be out of** ~이 떨어지다

02 대화를 듣고, 여자의 예전 몸무게를 고르세요.

M Oh, Cindy, I'm so ________ ________ you.

W Don't worry. I'll be all right.

M But look at you! You've lost so much weight ________ you ________ ________.

W Yeah, I ________ 5kg. I only ________ 49kg now.

M I hope you gain the weight back soon.

weigh 체중[무게]이 ~이다 **gain** 늘리다, 증가하다

03 대화를 듣고, 그림에서 여자가 찾는 사람이 누구인지 고르세요.

M ________ are you ________ ________ in this classroom?

W My sister Jenny. She left her homework at home. Where is she now?

M Uh, let me look. Oh, there she is! She's ________ ________ ________ who is ________. She is ________ ________ now.

W Yes, that is right. Would you please tell her I am here?

M Sure. Please wait here.

behind ~의 뒤에

04 다음을 듣고, 그림의 상황에 알맞은 대화를 고르세요.

① M Hi. I ________ ________ ________ for 7:30.

W What is your name, sir?

② M What do you ________ ________ ________?

W I will have a sandwich and apple juice.

③ M What's your ________ ________?

W I like steak a lot.

④ M I'll have a hamburger and a ________ ________ of French fries.

W Would you like anything to drink?

reservation 예약 **order** (요리의) 한 접시

05 다음을 듣고, 무엇에 관한 내용인지 고르세요.

This is a very important part of the ________ ________. We ________ it when we speak, when we eat, and when we ________. Children sometimes ________ ________ ________ when they ________ someone or something. ________ ________, we wouldn't be able to ________ an ice cream cone or ________ our favorite foods.

swallow 삼키다 **stick out** ~를 (불쑥) 내밀다 **lick** 핥다 **taste** 맛보다

06 대화를 듣고, 남자가 여자의 집에 가기로 한 시각을 고르세요.

W Hi, Edward. I'm having a party at my house on Friday, and I ________ ________ ________ ________.

M Sounds great! What time?

W Well, it ________ ________ ________ p.m., but since you're my best friend... Could you come about ________ ________ ________ to help me?

M Sure. What are friends for? I'll see you then.

since ~이므로, ~ 때문에 **What are friends for?** 친구 좋다는 게 뭐야?

07 대화를 듣고, 여자가 기분이 좋아진 이유를 고르세요.

M Hey, Lucy! What did you do on the weekend?

W I ________ ________ ________ ________ my house. It was so dirty.

M How does it look now?

W It looks great now. I feel ________ ________ ________.

spent spend((시간을) 보내다, 소비하다)의 과거형 **dirty** 지저분한, 더러운 **a lot** (비교급을 수식하여) 훨씬

08 대화를 듣고, 남자의 문제가 무엇인지 고르세요.

W You're walking with a limp. What happened?

M I ________ ________ ________ during track and field ________ yesterday.

W How long will it take to get better?

M I should be fine ________ ________ ________ ________.

walk with a limp 절뚝거리며 걷다 **pull a muscle** 근육을 접질리다 **track and field** 육상 경기

09 대화를 듣고, 남자의 성격으로 알맞은 것을 고르세요.

M I heard Laura is sick. Is there ________ ________ ________ ________ for her?

W She likes flowers. How about them?

M I'll get her some flowers then. I hope they ________ her ________ ________.

W I'm sure they will.

get 사다 **make** ~하게 만들다

10 다음을 듣고, 두 사람의 대화가 자연스러운 것을 고르세요.

① M Don't you have ________ ________ ________?
W What else do you want?

② M ________ ________ ________ now?
W No, I can't. I will watch TV tomorrow.

③ M How do ________ ________ ________?
W They are too short.

④ M Let's ________ ________ today!
W He's coming soon.

fit (모양·크기가) 맞다

DICTATION 13

11 대화를 듣고, 여자가 영화를 보던 중에 한 일로 알맞은 것을 고르세요.

M What did you think about the movie?

W It was ________ ________ that I ________ a lot.

M I thought it was ________. I ________ ________ ________. You like sad movies, don't you?

W Not particularly. I like ________ ________ ________ movies.

boring 지루한 **fall asleep** 잠들다 **particularly** 특별히 **kind** 종류

12 대화를 듣고, 대화 내용과 일치하는 것을 고르세요.

M ________ bus to Seoul! ________ ________!

W Excuse me. Does this bus go to Busan?

M No, it doesn't. The bus to Busan is over there. It ________ ________ ________ ________.

W Thank you. You are very ________.

All aboard. 모두 승차[탑승]하세요. **helpful** 도움이 되는

13 대화를 듣고, 남자가 대화 직후에 할 일로 알맞은 것을 고르세요.

W Can you do magic?

M Yes, I can. ________ ________ ________ you.

W Wow, you're good. Can you teach me ________ ________ ________ ________?

M Sure. Let me ________ ________ now.

W Thank you so much.

teach 가르쳐 주다

14 대화를 듣고, Jane의 생일 파티 날에 여자가 한 일로 알맞은 것을 고르세요.

W Did you go to Jane's birthday party?

M Yes, I did. ________ ________ ________ ________?

W I had to ________ ________ ________ ________. How was it?

M It was good.

W What did you give her?

M I ________ ________ a Barbie ________.

tutor 과외 교사 **doll** 인형

15 대화를 듣고, 여자의 마지막 말에 이어질 남자의 말로 알맞은 것을 고르세요.

W Have you ever tried bungee jumping?

M No, I haven't. I'm ________ ________ ________.

W I tried it once when I visited my uncle in L.A. It was really ________. You ________ ________ it.

M No way!

try 해 보다, 시도하다 **height** 높이

정답 및 해석 p. 66

A 다음을 듣고, 어휘와 우리말 뜻을 쓰세요.

1. ______ ______
2. ______ ______
3. ______ ______
4. ______ ______
5. ______ ______
6. ______ ______
7. ______ ______
8. ______ ______
9. ______ ______
10. ______ ______

B 우리말을 참고하여 빈칸에 알맞은 단어를 쓰세요.

1. The bus ______ ______ five ______.
   버스는 5분 후에 출발할 겁니다.
2. I hope it ______ her ______ ______.
   그걸로 그녀의 기분이 더 나아지면 좋겠다.
3. I thought the ______ ______ ______.
   나는 그 영화가 지루하다고 생각했어요.
4. Who are you ______ ______ in this ______?
   너는 이 교실에서 누구를 찾고 있는 거니?
5. I ______ ______ ______ during track and field practice yesterday. 나는 어제 육상 경기 연습을 하다가 근육을 접질렸어.
6. Can you teach me ______ ______ ______ ______?
   마술을 어떻게 하는지 제게 가르쳐 주실 수 있나요?
7. The tongue is a very ______ ______ of the ______ ______. 혀는 사람의 신체에서 매우 중요한 부분이다.

TEST 14

MY SCORE
_______ / 15

01 다음을 듣고, 빈칸에 알맞은 것을 고르세요.

__________ next door had a car accident last night.

① The women who live
② The woman who live
③ The woman who lives
④ The women whom lives

02 다음을 듣고, 내용과 일치하는 그림을 고르세요.

①

②

③

④

03 대화를 듣고, 그림에서 남자가 설명하고 있는 여자 아이를 고르세요.

04 다음을 듣고, 그림의 상황에 알맞은 대화를 고르세요.

① ② ③ ④

05 대화를 듣고, 여자가 수강하고 있는 과목이 아닌 것을 고르세요.

① 미술 ② 역사
③ 수학 ④ 체육

06 대화를 듣고, 두 사람이 대화하고 있는 시각을 고르세요.

① 12시 55분 ② 1시 30분
③ 2시 55분 ④ 3시

07 대화를 듣고, 남자가 모임에 늦은 이유를 고르세요.

① 늦잠을 자서
② 버스를 놓쳐서
③ 수업이 늦게 끝나서
④ 모임 시간을 착각해서

정답 및 해석 p. 67

08 대화를 듣고, 여자의 문제가 무엇인지 고르세요.

① 심한 두통이 있다.
② 진통제에 부작용이 있다.
③ 진통제를 가지고 있지 않다.
④ 치과에 가는 것을 두려워한다.

09 대화를 듣고, 남자의 심정으로 알맞은 것을 고르세요.

① 화남 ② 수줍음
③ 그리움 ④ 걱정스러움

10 다음을 듣고, 두 사람의 대화가 어색한 것을 고르세요.

① ② ③ ④

11 대화를 듣고, 여자가 토요일 저녁에 할 일로 알맞은 것을 고르세요.

① 남자와 함께 DVD를 본다.
② 남자와 함께 저녁을 먹는다.
③ 부모님과 함께 DVD를 본다.
④ 부모님과 함께 저녁을 먹는다.

12 대화를 듣고, 대화 내용과 일치하지 않는 것을 고르세요.

① 여자는 남자가 수학을 잘한다고 생각한다.
② 여자는 남자에게 수학 문제 때문에 도움을 청하고 있다.
③ 남자는 여자가 물어본 수학 문제를 풀 수 없다고 했다.
④ Tom은 여자가 물어본 수학 문제를 어려워한다.

13 대화를 듣고, 남자가 대화 직후에 할 일로 알맞은 것을 고르세요.

① 일을 계속한다.
② 두통약을 복용한다.
③ 두통약을 사러 약국에 간다.
④ 병원에 가서 약 처방전을 받는다.

14 대화를 듣고, 여자가 남자에게 부탁한 일로 알맞은 것을 고르세요.

① 천천히 걷기
② 천천히 말하기
③ 천천히 운전하기
④ 천천히 문제 풀기

15 대화를 듣고, 여자의 마지막 말에 이어질 남자의 말로 알맞은 것을 고르세요.

① I'll pay this time.
② Cash. Here's $100.
③ I can lend you $99.
④ Here's your change.

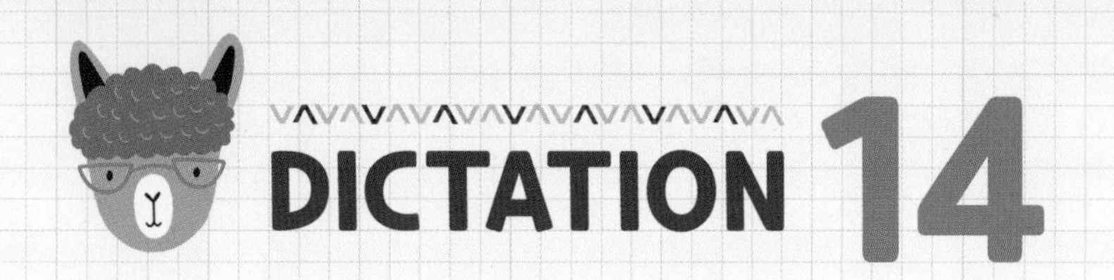

01 다음을 듣고, 빈칸에 알맞은 것을 고르세요.

The woman who ________ ________ ________ had a car accident last night.

next door 옆집 **car accident** 교통사고

02 다음을 듣고, 내용과 일치하는 그림을 고르세요.

This is it, team. The ________ ________ will go on to the championship game. I know we can do it. Mike, ________ ________ ________ with the others; you don't have to try to do it ________ ________ ________. Sam, ________ ________ ________ your serve; your last serve was too short to go over the net. Let's go out there and win!

winner 승자 **championship game** 결승전 **watch out for** ~을 주의하다, 조심하다 **serve** (배구·테니스 등에서) 서브 (넣기); 서브를 넣다

03 대화를 듣고, 그림에서 남자가 설명하고 있는 여자아이를 고르세요.

M That's the girl I was ________ ________.

W ________ is she?

M She's ________ ________ ________ and standing near the vending machine.

W Which one? Is she ________ ________?

M No, it's the other girl. She's talking to the boy ________ ________ ________.

blue jeans 청바지 **near** 근처에 **vending machine** 자동판매기

04 다음을 듣고, 그림의 상황에 알맞은 대화를 고르세요.

① M That'll be ________ dollars and ________ cents, please.

W Here's a 20.

② M I'm so ________ you ________ ________.

W I wouldn't have missed it for the world.

③ W ________ ________ is your ________?

M It leaves at three in the afternoon.

④ M Would you like some more?

W No, I'm ________ ________.

not ~ for the world 무슨 일이 있어도 ~하지 않다

05 대화를 듣고, 여자가 수강하고 있는 과목이 아닌 것을 고르세요.

W ________ ________ ________ ________ this semester, Jacob?

M I'm taking science courses. What are you taking?

W I'm taking ________ ________, ________, and art.

M Is that all?

W No, I'm also taking a really fun elective in ________.

semester 학기 **physical education** 체육 **mathematics** 수학 **elective** 선택과목 **drama** 연극, 드라마

06 대화를 듣고, 두 사람이 대화하고 있는 시각을 고르세요.

M Hi. My name is Chris Brown. I ________ ________ ________ with Dr. Black.

W Hi. You came here really early today.
M Not really. My appointment is at 3:00, and it's 2:55 now.
W Ah, no, I don't think so. Sir, you are here exactly ________ ________ ________ ________ ________ ________.
M Oops! I think the battery in my watch ________ ________.

●● Not really. 그렇진 않아요. dead 방전된

07 대화를 듣고, 남자가 모임에 늦은 이유를 고르세요.

W We were just ________ ________ ________ studying without you.
M I'm sorry that I'm late. I missed the bus.
W Well, ________ ________ you're here now.
M ________ ________. We still have time to study.

●● be about to 막 ~하려고 하다 without ~ 없이 at least 적어도, 최소한

08 대화를 듣고, 여자의 문제가 무엇인지 고르세요.

W I have a ________ ________. But I am afraid of seeing a dentist.
M Then do you need some medicine?
W No, thanks. I never ________ ________ ________ ________.
M The pain ________ ________ ________ if you don't do anything.

●● be afraid of ~을 두려워하다 pill 알약 pain 고통 go away 사라지다, 없어지다

09 대화를 듣고, 남자의 심정으로 알맞은 것을 고르세요.

W What's on your mind? You look down.
M I ________ ________ ________ in a long time. I miss my parents.
W ________ ________ ________ call them? You'll feel better.
M No, it doesn't help. I ________ ________ them this morning, but now I miss them even more.

●● mind 생각, 마음

10 다음을 듣고, 두 사람의 대화가 어색한 것을 고르세요.

① M Do you like the book that ________ ________ ________?
W I do. I really love that book.

② M I have to write a history paper, but I don't know ________ ________ ________.
W I think I can help.

③ M I just ________ ________ ________.
W Wow, good for you.

④ M Can you ________ ________ ________ ________ to me? I really want it back.
W You shouldn't have bought it.

●● history 역사 paper 과제물, 논문 shouldn't have + 과거분사 ~하지 말았어야 했다

DICTATION 14

11 대화를 듣고, 여자가 토요일 저녁에 할 일로 알맞은 것을 고르세요.

M ________ ________ ________ on Saturday evening?

W No, ________ ________ ________.
I'm planning to have dinner with my parents.

M How about Sunday afternoon? Are you free then?

W Yes, I'm ________ ________ ________.

M Would you like to watch a DVD?

W Sure. That sounds nice.

free (시간이) 비어 있는

12 대화를 듣고, 대화 내용과 일치하지 않는 것을 고르세요.

W Paul, you are always good at math. Can you ________ me out with this ________ ________?

M Let me take a look at it.

W Do you think you ________ ________ ________?

M To be ________ with you, this is ________ ________ ________. Ask Tom, not me.

be good at ~을 잘하나 **handle** 처리하다, 다루다
beyond one's ability ~의 능력 밖이다

13 대화를 듣고, 남자가 대화 직후에 할 일로 알맞은 것을 고르세요.

W I have a ________ ________ ________ of you.

M Go ahead. What is it?

W I need some ________ ________, but I ________ ________ work. Could you go down to the ________ to get some for me?

M No problem.

Go ahead. (계속) 말씀하세요.

14 대화를 듣고, 여자가 남자에게 부탁한 일로 알맞은 것을 고르세요.

W Alex, please ________ ________.

M What's the problem?

W You are walking ________ ________ that I can't ________ ________ ________ you.

M Oh, I'm sorry. I'll try to ________ ________.

slow down 속도를 줄이다 **keep up with** (~의 속도를) 따라가다, 보조를 맞추다

15 대화를 듣고, 여자의 마지막 말에 이어질 남자의 말로 알맞은 것을 고르세요.

M I'm ________ in this ________. How much is it?

W It's ________ ________ this weekend. It's usually $150, but this week it's only $99.

M That's not bad. I'll take it, please.

W Certainly. ________ will you ________ ________ it?

M Cash. Here's $100.

be interested in ~에 관심이 있다 **Certainly.** 알겠습니다., 물론입니다. **cash** 현금

정답 및 해석 p. 71

A 다음을 듣고, 어휘와 우리말 뜻을 쓰세요.

❶ ________ ________　❻ ________ ________

❷ ________ ________　❼ ________ ________

❸ ________ ________　❽ ________ ________

❹ ________ ________　❾ ________ ________

❺ ________ ________　❿ ________ ________

B 우리말을 참고하여 빈칸에 알맞은 단어를 쓰세요.

❶ I am afraid of ________ ________ ________.
나는 치과에 가는 것이 두려워.

❷ I ________ ________ ________ with Dr. Black.
저는 Black 선생님과의 약속이 있는데요.

❸ I think the ________ in my watch ________ ________.
제 시계 배터리가 방전된 것 같네요.

❹ She's wearing blue jeans and ________ near the ________ ________. 그녀는 청바지를 입고 있고, 자동판매기 근처에 서 있어.

❺ We ________ just ________ ________ start studying without you. 우리는 너 없이 공부를 막 시작하려던 참이었어.

❻ You are walking so fast that I can't ________ ________ ________ you. 네가 너무 빨리 걸어서 내가 널 따라갈 수가 없잖아.

❼ I'm taking ________ ________, ________, and ________.
나는 체육, 수학, 그리고 미술을 수강하고 있어.

TEST 15

MY SCORE
______ / 15

01 다음을 듣고, 빈칸 (a)와 (b)에 각각 알맞은 것을 고르세요.

> ___(a)___ 322-6976. Please
> ___(b)___ a message after the tone.

	(a)		(b)
①	You are rich	-	leave
②	You've reached	-	live
③	You are rich	-	live
④	You've reached	-	leave

02 대화를 듣고, 남자가 <u>하지 말아야 할</u> 행동으로 알맞은 것을 고르세요.

① 
② 
③ 
④ 

03 대화를 듣고, Terry가 하고 있는 일로 알맞은 것을 고르세요.

①  
② 
③ 
④ 

04 다음을 듣고, 그림의 상황에 알맞은 대화를 고르세요.

① ② ③ ④

05 다음을 듣고, 무엇에 관한 내용인지 고르세요.

① 수업 ② 과제물
③ 이웃 주민 ④ 듣기 시험

06 대화를 듣고, 남자가 신어 볼 신발의 사이즈를 고르세요.

① 9 ② 9.5
③ 10 ④ 10.5

07 대화를 듣고, 여자가 걱정하는 이유를 고르세요.

① 폭우로 집이 침수되어서
② 창문을 열어 놓고 집을 나와서
③ 남자가 우산을 가지고 가지 않아서
④ 비가 그치지 않아 소풍을 가지 못할까 봐

08 대화를 듣고, Joe가 앞으로 할 일로 알맞은 것을 고르세요.

① 학교 합창단 활동을 그만둔다.
② 학교 합창 대회에 참가 신청을 한다.
③ 학교 합창단 오디션 참가를 포기한다.
④ 학교 합창단 오디션에 다시 도전한다.

09 대화를 듣고, 여자의 태도로 알맞은 것을 고르세요.

① 겸손하다 ② 너그럽다
③ 비판적이다 ④ 무관심하다

10 다음을 듣고, 두 사람의 대화가 어색한 것을 고르세요.

① ② ③ ④

11 대화를 듣고, 여자가 남자에게 조언한 일로 알맞은 것을 고르세요.

① 자신 있는 과목 위주로 공부하라.
② 긴 얼굴 때문에 고민하지 말아라.
③ 기본으로 되돌아가서 다시 시작해 보아라.
④ 다양한 매체를 이용해 스페인어를 공부하라.

12 대화를 듣고, 대화 내용과 일치하지 않는 것을 고르세요.

① 여자는 개를 지난 주에 잃어버렸다.
② 여자의 개는 무사히 돌아왔다.
③ 여자의 개는 경찰서 앞에서 발견되었다.
④ 여자는 개를 실내에서 키우기로 했다.

13 대화를 듣고, 여자가 앞으로 할 일로 알맞은 것을 고르세요.

① 미나를 학교에 데려다준다.
② 미나의 선생님에게 전화한다.
③ 미나에게 매일 책을 읽어 준다.
④ 미나가 일찍 잠자리에 들게 한다.

14 대화를 듣고, 남자의 의견으로 알맞은 것을 고르세요.

① Andrew Woods가 최고의 골퍼이다.
② Steve Choi는 Andrew Woods를 이길 수 있다.
③ Andrew Woods가 세계 골퍼 중에서 2인자이다.
④ Andrew Woods는 Steve Choi와 골프 실력이 비슷하다.

15 대화를 듣고, 여자의 마지막 말에 이어질 남자의 말로 알맞은 것을 고르세요.

① Wow! Lucky you!
② It takes about 15 minutes.
③ Two weeks. I'm really excited.
④ Sure. See you at 5 o'clock tomorrow.

01 다음을 듣고, 빈칸 (a)와 (b)에 각각 알맞은 것을 고르세요.

You've ________ 322-6976. Please ________ ________ ________ after the tone.

●● **tone** 삐 소리, 신호음

02 대화를 듣고, 남자가 하지 말아야 할 행동으로 알맞은 것을 고르세요.

W It looks like you ________ ________ ________.
M It's not that bad, is it?
W Well, you ________ ________ very ________.
M I know I can't do any exercise.
W Mr. James, I think it'll be difficult to even walk on your leg. You should ________ ________ any heavy objects, too.
M Oh, dear, how am I going to work?

●● **sprain** 삐다[접질리다] **careful** 조심하는 **difficult** 어려운, 곤란한 **avoid** 피하다, ~하지 않도록 하다 **object** 물건

03 대화를 듣고, Terry가 하고 있는 일로 알맞은 것을 고르세요.

W What is Terry doing now? Is he watching TV again?
M No, he isn't. He is ________ ________ ________.
W I thought he was ________ ________ ________ ________.
M Yes, he's studying, too. He's listening to music and studying.

●● **listen to** ~을 듣다 **midterm** 중간고사

04 다음을 듣고, 그림의 상황에 알맞은 대화를 고르세요.

① W Can I help you?
M Yes. I'm ________ ________ a blue cap.
② W May I try these on?
M Sure. The ________ ________ is over here.
③ W ________ ________ do you wear?
M I wear a size 32.
④ W Can you ________ ________ ________, please?
M Sure, just a minute, please.

●● **try on** ~을 입어 보다 **fitting room** 탈의실 **wrap** 포장하다

05 다음을 듣고, 무엇에 관한 내용인지 고르세요.

Matthew, I ________ ________ this. Your homework was to ________ a three-page ________ on ________ your neighborhood. Didn't you know what the assignment was? ________ ________ ________ when I ________ it? Writing one page about ________ ________ ________ ________ your house is not acceptable. Please do it again.

●● **introduce** 소개하다 **neighborhood** 이웃 사람들 **assignment** 숙제 **acceptable** 받아들일 수 있는

06 대화를 듣고, 남자가 신어 볼 신발의 사이즈를 고르세요.

W Would you like to try these shoes on?
M Yes, do you have these in a size ________ ________ ________ ________?

W Of course. Here you go. So how do they fit?

M They're a little ________ in the ________.

W I'll get you something ________ ________ ________ ________.

half 2분의 1, 절반 Here you go. 여기 있습니다. front 앞쪽

07 대화를 듣고, 여자가 걱정하는 이유를 고르세요.

W It's ________ ________ now. If it ________ ________, how can we go on a picnic tomorrow?

M The ________ says we will have a sunny day tomorrow.

W I ________ he's ________. I've been thinking about this ________ ________.

M Me, too. Let's wait and see.

weatherman 일기 예보관

08 대화를 듣고, Joe가 앞으로 할 일로 알맞은 것을 고르세요.

W What happened to Joe? He looked so down this morning.

M He tried really hard to ________ ________ the school ________, but he didn't make it.

W Oh, no. He must be ________.

M You can say that again. But he said he would ________ ________ at the ________ ________.

W I hope he ________ ________.

disappointed 실망한 audition 오디션 get accepted 합격하다

09 대화를 듣고, 여자의 태도로 알맞은 것을 고르세요.

M Oh, no. it's raining.

W Here, we can ________ ________ ________. Where are you going?

M I'm just going to the ________. Thank you so much.

W Not at all. I'm ________ ________ ________ ________ anyhow.

umbrella 우산 direction 방향

10 다음을 듣고, 두 사람의 대화가 어색한 것을 고르세요.

① M Why don't we ________ ________ ________ today?
W Like what?

② M Can you ________ me with this ________?
W Sure. What is it?

③ M Let's go out for some food!
W You ________ ________ ________.

④ M Why don't you ________ ________ ________ ________ ________ this weekend?
W What is the occasion?

occasion 일, 경우

DICTATION 15

11 대화를 듣고, 여자가 남자에게 조언한 일로 알맞은 것을 고르세요.

W Hi, Scott. Why do you have such a long face? Is there ________ ________ you?

M I got a very low grade in Spanish. I want to ________ ________ ________! It's too hard.

W I understand how you feel, but ________ ________ to the ________ and ________ ________. You'll do fine.

M You're right! I'll try again.

long face 시무룩한 얼굴 trouble 걱정시키다, 괴롭히다
give up ~을 포기하다 get back to ~로 되돌아가다
basics 기본

12 대화를 듣고, 대화 내용과 일치하지 않는 것을 고르세요.

M I heard that you ________ ________ ________ last week. So have you found her?

W Oh, yes! I finally found her. She's back ________ ________ ________.

M Where did you find her?

W The police found her in front of the library and kept her.

M You'd better be more careful from now on.

W You're right. I've decided to ________ ________ ________.

safe and sound 무사히 decide 결정하다

13 대화를 듣고, 여자가 앞으로 할 일로 알맞은 것을 고르세요.

W Hello.

M Hello. Is this Mrs. Park?

W Yes, it is.

M This is Mr. Lee, Mina's ________ ________, calling. I'm calling you to tell you that Mina ________ ________ ________ ________ every day this week.

W I'm sorry. She goes to sleep late and gets up late. I'll make sure to ________ ________ ________ ________ ________.

homeroom teacher 담임 교사 make sure to 반드시 ~하다

14 대화를 듣고, 남자의 의견으로 알맞은 것을 고르세요.

W ________ do you think ________ ________ ________ in the world is?

M Oh, that's pretty easy. It's Andrew Woods.

W What about Steve Choi? Don't you think he is pretty good?

M I don't think so. ________ ________ ________ ________ Andrew Woods. He is definitely second to none.

definitely 확실히 second to none 최고의

15 대화를 듣고, 여자의 마지막 말에 이어질 남자의 말로 알맞은 것을 고르세요.

W Are you going to ________ ________ ________ ________?

M Yes, I am. I'm going to Japan.

W That's great. Are you going to ________ ________ ________ ________?

M No. My best friend, Tom, is going to go with me.

W How long are you going to stay there?

M Two weeks. I'm really excited.

정답 및 해석 p. 76

A 다음을 듣고, 어휘와 우리말 뜻을 쓰세요.

❶ ____________ ____________　❻ ____________ ____________

❷ ____________ ____________　❼ ____________ ____________

❸ ____________ ____________　❽ ____________ ____________

❹ ____________ ____________　❾ ____________ ____________

❺ ____________ ____________　❿ ____________ ____________

B 우리말을 참고하여 빈칸에 알맞은 단어를 쓰세요.

❶ The shoes are a little ____________ in the ____________.
신발 앞쪽이 약간 끼네요.

❷ I want to ____________ ____________ ____________!
나는 그것을 포기하고 싶어!

❸ Can you ____________ ____________ ____________, please?
스카프를 포장해 주시겠어요?

❹ I'll ____________ ____________ ____________ put her to bed early.
저는 그녀가 반드시 일찍 잠자리에 들도록 하겠습니다.

❺ You should ____________ ____________ any ____________ ____________.
당신은 무거운 물건들을 들어 올리는 것을 피해야 해요.

❻ Why do you ____________ such ____________ ____________ ____________?
너는 왜 그렇게 시무룩한 얼굴을 하고 있니?

❼ He tried really hard to get into the ____________ ____________, but he didn't ____________ ____________.
그는 학교 합창단에 들어가기 위해 정말 열심히 노력했지만 해 내지 못했어.

TEST 16

MY SCORE
______ / 15

01 다음을 듣고, 빈칸에 알맞은 것을 고르세요.

__________ an email to him.

① I'd better write
② I'd rather write
③ I'd rather wrote
④ I'd rather written

02 대화를 듣고, 남자가 찾고 있는 메모지의 위치로 알맞은 곳을 고르세요.

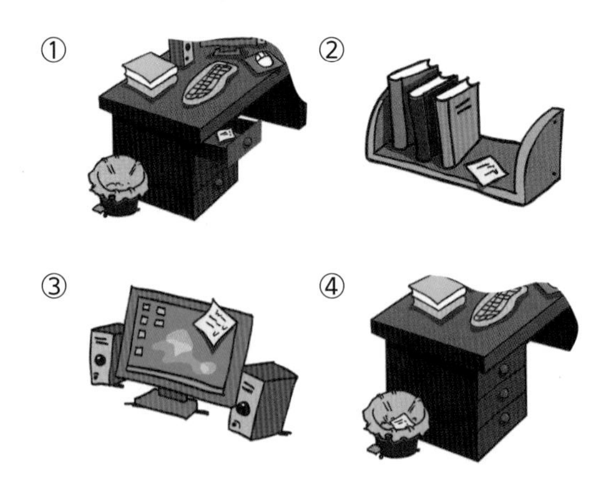

03 대화를 듣고, 그림에서 Ben이 누구인지 고르세요.

04 다음을 듣고, 그림의 상황에 알맞은 대화를 고르세요.

① ② ③ ④

05 대화를 듣고, 두 사람이 무엇에 대해 이야기하고 있는지 고르세요.

① 행운에 대해서
② 건강에 대해서
③ 그들의 딸에 대해서
④ 남자의 아버지에 대해서

06 대화를 듣고, 현재 시각을 고르세요.

① 8시 ② 8시 15분
③ 8시 30분 ④ 8시 45분

07 대화를 듣고, 여자가 놀란 이유를 고르세요.

① 남자의 아들이 많이 커서
② 남자와 그의 아들이 똑 닮아서
③ 남자가 곧 해외 유학을 떠나서
④ 남자를 여러 번 우연히 마주쳐서

08 **대화를 듣고, 남자가 여자에 대해 추측한 내용으로 알맞은 것을 고르세요.**

① 여자가 12살 때 비행기를 처음 탔을 것이다.
② 여자가 처음 비행기를 탔을 때 긴장했을 것이다.
③ 여자가 처음 비행기를 탔을 때 매우 신났을 것이다.
④ 여자가 어릴 적에 비행기로 여행을 많이 다녔을 것이다.

09 **대화를 듣고, 여자의 심정으로 알맞은 것을 고르세요.**

① sad ② nervous
③ thankful ④ disappointed

10 **다음을 듣고, 두 사람의 대화가 자연스러운 것을 고르세요.**

① ② ③ ④

11 **다음을 듣고, David에 대한 내용으로 일치하지 않는 것을 고르세요.**

① 남자의 가장 친한 친구이다.
② 남자와 7년 동안 친구로 지냈다.
③ 액션 영화를 좋아한다.
④ 아주 관대하다.

12 **대화를 듣고, 여자의 마지막 말의 의도로 가장 알맞은 것을 고르세요.**

① 동의 ② 칭찬
③ 격려 ④ 충고

13 **대화를 듣고, 남자가 노숙자 쉼터에 어떤 도움을 줄 것인지 고르세요.**

① 음식을 나눠 주고 청소를 해 준다.
② 음식을 기부하고 부엌일을 도와준다.
③ 모금 행사를 열고 후원금을 전달한다.
④ 음식을 만들고 노숙자의 구직을 도와준다.

14 **대화를 듣고, 여자의 문제가 무엇인지 고르세요.**

① 자동차에 시동이 걸리지 않는다.
② 자동차 열쇠를 아직 찾지 못했다.
③ 남편의 차를 몰던 중에 사고가 났다.
④ 자신의 아들을 돌봐 줄 사람을 구하지 못했다.

15 **대화를 듣고, 남자의 마지막 말에 이어질 여자의 말로 알맞은 것을 고르세요.**

① It's my first time here in San Diego.
② I have more energy in the summer.
③ It will be cloudy and windy tomorrow.
④ It was cool and dry the entire time I was there.

01 다음을 듣고, 빈칸에 알맞은 것을 고르세요.

________ ________ ________ an email to him.

02 대화를 듣고, 남자가 찾고 있는 메모지의 위치로 알맞은 곳을 고르세요.

M Ms. Kim, where is the memo from Mr. Smith?

W I ________ it ________ ________ ________ your monitor this morning, sir.

M Hmm... I can't seem to find it.

W Could it have ________ on the ________?

M Do you mean underneath my desk? Oh, here it is. It ________ ________ the ________ ________.

●●
post 붙이다, 게시하다 **drop** 떨어지다 **underneath** ~의 밑에 **trash bin** 쓰레기통

03 대화를 듣고, 그림에서 Ben이 누구인지 고르세요.

W Do you know my classmate Ben?

M No, I've never met him before, but I ________ that he is a ________ ________.

W Yes, he ________ ________ MVP last year.

M Is he the one who is about to ________ the ball?

W No, that's Bill. Ben is sitting on the bench now. He ________ ________ this season.

M Poor thing! I hope he ________ ________ ________ so that we can see him playing again.

●●
be voted 선정[선출]되다 **shoot** 슛을 하다 **get injured** 부상을 당하다

04 다음을 듣고, 그림의 상황에 알맞은 대화를 고르세요.

① M Where do you live?
W I live in England.

② M Do you want to ________ ________ ________?
W I'd love to.

③ M ________ ________ ________ ________ with that?
W Oh, thank you. How kind of you!

④ M ________ ________ ________ my dog? I can't seem to find him.
W He might be over there ________ ________ ________.

●●
England 영국, 잉글랜드 **pilot** 조종사

05 대화를 듣고, 두 사람이 무엇에 대해 이야기하고 있는지 고르세요.

M Oh, honey, isn't she beautiful?

W She ________ ________ ________, Terry.

M But she has your ________.

W So ________ ________ ________ ________ to be a dad?

M Wonderful! Thank goodness you're ________ ________. I'm the luckiest man in the world.

●●
Thank goodness ~ ~해서 고맙다, 고맙게도 ~하다
healthy 건강한 **lucky** 운이 좋은, 행운의

06 대화를 듣고, 현재 시각을 고르세요.

M Can't you ________ ________ ________ ________?

W Sorry, but these shoes are really ________. They hurt.

M You know, we're already late. We were supposed to go to school at 8:30. It's ________ ________ ________ ________ now.

W Okay. I'll try to walk faster.

uncomfortable 불편한 **You know** 있잖아, 저기

07 대화를 듣고, 여자가 놀란 이유를 고르세요.

W Bob, how are you? Who is this boy?

M This is ________ ________. He's eight years old.

W Wow, I can't believe it! Your son is ________ eight years old. It's been ________ ________ ________ I have seen your son.

M It's true. ________ ________, doesn't it?

son 아들

08 대화를 듣고, 남자가 여자에 대해 추측한 내용으로 알맞은 것을 고르세요.

M ________ did you ________ ________ by airplane?

W When I was 12.

M I assume you were ________ ________ ________.

W Not really. I was so ________.

travel 여행하다 **assume** (~을 사실이라고) 생각하다, 추측하다

09 대화를 듣고, 여자의 심정으로 알맞은 것을 고르세요.

M Can I help you cross the street? Your bags ________ ________.

W Yes, thank you, young man. I'm getting ________ ________ ________ ________ so many things.

M Not at all. It's ________ ________.

W I've ________ ________ a young man like you.

cross the street 길을 건너다 **heavy** 무거운
too ~ to ... 너무 ~해서 …할 수 없다 **carry** 들다, 나르다

10 다음을 듣고, 두 사람의 대화가 자연스러운 것을 고르세요.

① W I was ________ ________ ________ ________ you today.
M You did it, didn't you?

② M You are my dance partner. Please try harder.
W I'm ________ ________ ________ that I can.

③ M Excuse me. ________ we ________ ________?
W I'll see you again later.

④ M I will wait for you in front of your school at five.
W I ________ ________ for you for two hours.

busy 바쁜

DICTATION 16

11 다음을 듣고, David에 대한 내용으로 일치하지 않는 것을 고르세요.

My best friend is David. We've been friends for ________ ________ ________ ________ ________. We were in the ________ ________ in high school. We have a lot ________ ________. We ________ like movies, especially action movies. He's very ________ and ________. I am really happy to have a friend like him.

have ~ in common ~를 공통적으로 지니다 **especially** 특히 **generous** 관대한 **patient** 참을성 있는

12 대화를 듣고, 여자의 마지막 말의 의도로 가장 알맞은 것을 고르세요.

M What is the ________ ________ ________ ________ if your best friend has a ________ that ________ you?

W I think I would try to ________ ________. What do you think?

M I would ________ ________ ________ about it.

W Yeah, I think you're probably right.

habit 습관 **annoy** 짜증스럽게 하다 **ignore** 무시하다 **probably** 아마

13 대화를 듣고, 남자가 노숙자 쉼터에 어떤 도움을 줄 것인지 고르세요.

W Hello. City ________ for the ________.

M Hello. My name is Samuel Smith. I'd like to ________.

W Oh, that's very nice of you.

M I'd like to ________ ________ and help in the kitchen.

W Thank you for ________ ________ ________.

shelter 쉼터; 피난처 **the homeless** 노숙자, 집 없는 사람들 **volunteer** 자원봉사하다 **donate** 기부하다 **offer** 제의하다, 제공하다

14 대화를 듣고, 여자의 문제가 무엇인지 고르세요.

M Have you ________ your ________ ________ yet?

W No. My husband and I have been looking for them all week.

M You should ________ your ________ ________, who was playing with them.

W I wish I could. He is just two years old.

M I will ________ ________ ________ ________.

key 열쇠 **look for** ~를 찾다

15 대화를 듣고, 남자의 마지막 말에 이어질 여자의 말로 알맞은 것을 고르세요.

M Oh, hi, Esther. ________ ________ ________ ________? I haven't seen you since last week.

W I was in San Diego.

M Wow! ________ was it ________?

W It was very ________ and ________.

M How was the weather?

W <u>It was cool and dry the entire time I was there.</u>

charming 매력적인 **dry** 비가 오지 않는, (날이) 건조한

정답 및 해석 p. 81

A 다음을 듣고, 어휘와 우리말 뜻을 쓰세요.

❶ ______ ______　　❻ ______ ______

❷ ______ ______　　❼ ______ ______

❸ ______ ______　　❽ ______ ______

❹ ______ ______　　❾ ______ ______

❺ ______ ______　　❿ ______ ______

B 우리말을 참고하여 빈칸에 알맞은 단어를 쓰세요.

❶ He's very ______ and ______.
그는 매우 관대하고 참을성이 있다.

❷ I think I would try to ______ ______.
나는 그걸 무시하려고 할 것 같아.

❸ We ______ a lot ______ ______.
우리에게는 공통점이 많다.

❹ Can I help you ______ ______ ______?
제가 길 건너는 것을 도와드릴까요?

❺ We ______ ______ ______ go to school at 8:30.
우리는 8시 30분에 학교에 가기로 되어 있었어.

❻ I will ______ ______ ______ ______.
내가 행운을 빌어 줄게.

❼ I ______ it ______ ______ ______ your monitor this morning.
제가 오늘 아침에 그것을 당신의 모니터 위에 붙여 놨습니다.

TEST 17

MY SCORE

_____ / 15

01 다음을 듣고, 빈칸에 알맞은 것을 고르세요.

The baby ______________ asleep.

① lie down and fell
② lie down and fall
③ lay down and fell
④ lay down and fall

02 대화를 듣고, 남자가 여자에게 알려 준 행동으로 알맞은 것을 고르세요.

①

②
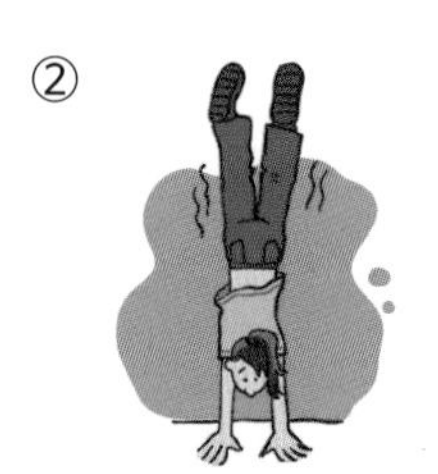
③

④

03 대화를 듣고, 그림에서 Jane이 누구인지 고르세요.

04 다음을 듣고, 그림의 상황에 알맞은 대화를 고르세요.

① ② ③ ④

05 다음을 듣고, 'I'가 무엇인지 가장 알맞은 것을 고르세요.

① 엘리베이터
② 롤러코스터
③ 자동판매기
④ 에스컬레이터

06 대화를 듣고, 남자가 여자에게서 받은 돈의 액수를 고르세요.

① $0 ② $4
③ $14 ④ $20

07 대화를 듣고, 여자가 스커트에서 마음에 들어 하지 않는 요소를 고르세요.

① 길이 ② 소재
③ 색상 ④ 디자인

08 대화를 듣고, 남자의 문제가 무엇인지 고르세요.

① 어지럽다.
② 토하고 싶어 한다.
③ 화장실에 자주 가야 한다.
④ 병원에 같이 갈 사람이 없다.

09 대화를 듣고, 여자의 심정으로 알맞은 것을 고르세요.

① fearful ② envious
③ satisfied ④ annoyed

10 다음을 듣고, 두 사람의 대화가 어색한 것을 고르세요.

① ② ③ ④

11 대화를 듣고, 남자가 찾고 있는 장소로 알맞은 곳을 고르세요.

① 우체국 ② 중앙로
③ 박물관 ④ 미술관

12 대화를 듣고, 대화 내용과 일치하는 것을 고르세요.

① 남자는 배낭여행을 갈 예정이다.
② 남자는 친구들과 여행을 다녀올 예정이다.
③ 남자는 3월에 여행을 떠날 예정이다.
④ 남자는 호주로 여행을 다녀왔다.

13 대화를 듣고, 여자가 남자에게 전화했을 때 남자가 하고 있던 일을 고르세요.

① 축구를 했다.
② 낮잠을 잤다.
③ 친구와 통화했다.
④ 친구의 이사를 도왔다.

14 대화를 듣고, 여자가 남자에게 조언한 일로 알맞은 것을 고르세요.

① 딸을 이해하도록 더 노력해야 한다.
② 딸과 함께 상담을 받으러 가야 한다.
③ 딸이 자제력을 키우도록 도와야 한다.
④ 딸과 함께 보내는 시간을 늘려야 한다.

15 대화를 듣고, 남자의 마지막 말에 이어질 여자의 말로 알맞은 것을 고르세요.

① Okay. Let's go for a walk.
② Then let's stay home and rest.
③ You'd better paint the wall now.
④ Let's paint the house with bright colors.

01 다음을 듣고, 빈칸에 알맞은 것을 고르세요.

The baby ________ ________ and ________ ________.

lay lie(눕다)의 과거형

02 대화를 듣고, 남자가 여자에게 알려 준 행동으로 알맞은 것을 고르세요.

M Do you still have a headache?
W Yes. It still hasn't ________ ________.
M Some doctors suggest that you should ________ ________ ________ to make your headache go away.
W What? Are you serious?
M Yeah, they say that it ________ ________ ________ ________ to your head.

suggest 제안하다 upside down 거꾸로 serious 농담이 아닌, 진심의

03 대화를 듣고, 그림에서 Jane이 누구인지 고르세요.

M Did you ________ ________ ________?
W No, I came with my friend Jane.
M Where is she?
W She is ________ with her friends down there.
M Oh, is that your friend with the ________, ________ ________ wearing a skirt?
W No, she has ________ ________ with a ________. She's wearing ________.

alone 혼자서 wavy 곱슬곱슬한 shorts 반바지

04 다음을 듣고, 그림의 상황에 알맞은 대화를 고르세요.

① W What's his name?
M His name is John.
② M Do you have ________ ________ ________, ma'am?
W Nothing, I guess.
③ W Does this bus go to City Hall?
M No, you ________ ________ ________ the one over there.
④ M ________ ________ ________ your handbag?
W Yes, and take my purse too, please.

declare 신고하다 City Hall 시청

05 다음을 듣고, 'I'가 무엇인지 가장 알맞은 것을 고르세요.

I am a ________ that you can ride in. I ________ people and goods ________ ________ ________ all day long. You just walk in and ________ ________ ________ to indicate where you want to go. Then, I go from ________ ________ to ________. I usually travel inside a tall building.

machine 기계 goods 물건, 상품 up and down 아래위로 all day long 하루 종일 push 누르다 indicate 표시하다, 나타내다 level (건물·땅의) 층 travel 이동하다

06 대화를 듣고, 남자가 여자에게서 받은 돈의 액수를 고르세요.

M ________ ________ do I ________ you?
W Well, it's 14 dollars for the trim and 4 dollars for the shave. The ________ is ________ dollars.

M Here's a ________.

W Thank you. And here's your change.

M No, ________ ________ ________. It's a ________.

W Thank you very much.

owe ~에게 지불할 의무가 있다, 빚지다 trim 이발 shave 면도
total 합계, 총액 change 잔돈, 거스름돈

07 대화를 듣고, 여자가 스커트에서 마음에 들어 하지 않는 요소를 고르세요.

W ________ ________ ________ ________ of this skirt?

M Oh, you look very cute in it. Don't you mind the length? It ________ ________ ________.

W I like everything ________ ________ ________.

M The color is perfect for you. The dark color ________ your white skin.

cute 귀여운 length 길이 match 어울리다

08 대화를 듣고, 남자의 문제가 무엇인지 고르세요.

W You look pale, Liam. What's up?

M I think I have ________ ________. I want to ________ ________.

W You'd better ________ ________ the bathroom. I'll let the teacher know you are sick.

M Thanks.

pale 창백한 food poisoning 식중독 throw up 토하다
head for ~에 가다, ~로 향하다

09 대화를 듣고, 여자의 심정으로 알맞은 것을 고르세요.

W Mike, did you ________ your ________ ________?

M I have no idea what you're talking about, Mom.

W You forgot? I asked you to ________ ________ ________ ________ and wash the dishes.

M Oops, I am so sorry. I didn't do them.

W I told you ________ ________ ________. What did you do today?

M I ________ most of the day ________.

household chore 집안일 have no idea 전혀 모르다
trash 쓰레기 most 대부분

10 다음을 듣고, 두 사람의 대화가 어색한 것을 고르세요.

① M You look very serious.
W I ________ ________.

② W I am ________ about my ________.
M Why don't you get some exercise every morning?

③ W I want to become a good basketball player.
M ________ ________ ________ ________ be a good player because you work hard.

④ W ________ ________ is ________ for you?
M Four o'clock in the afternoon would be fine.

get promoted 승진하다

11 대화를 듣고, 남자가 찾고 있는 장소로 알맞은 곳을 고르세요.

M Excuse me. I think ________ ________.
Is there an ________ ________ near here?
W Oh, yes. There's one on Main Street.
M On Main Street?
W Yes. It's ________ ________ the museum. You ________ ________ ________.
M Got it. Thanks for your help.

lost 길을 잃은 **art gallery** 미술관, 화랑

12 대화를 듣고, 대화 내용과 일치하는 것을 고르세요.

W What are your ________ ________?
M I'm going to ________ ________ ________.
W When are you leaving?
M I'll probably ________ ________ ________.
W Where are you going?
M I think I'll visit Australia, but I'm not sure.

backpack 배낭여행을 하다

13 대화를 듣고, 여자가 남자에게 전화했을 때 남자가 하고 있던 일을 고르세요.

W Peter, I've been ________ ________ ________ you. Where have you been?
M Oh, sorry. When did you call?
W I called you at 3 and 4 p.m.
M Oh, I was helping my friend to ________ ________ into his new apartment.
W Well, why didn't you ________ ________ ________?
M I'm so sorry. I was so tired that I ________ ________ ________.

stuff 물건, 것 **return a message** 메시지에 응답하다

14 대화를 듣고, 여자가 남자에게 조언한 일로 알맞은 것을 고르세요.

M I'm worried about my daughter. She's ________ ________ a rock group. She ________ her time and money going to all of their ________. What should I do?
W I know how hard it is, but you ________ ________ harder ________ ________ your daughter.
M I tried, but it's ________ my comprehension.

be crazy about ~에 푹 빠지다, 열광하다
be beyond one's comprehension 이해할 수 없다

15 대화를 듣고, 남자의 마지막 말에 이어질 여자의 말로 알맞은 것을 고르세요.

W Would you care to go for a walk?
M No, I'm ________ ________ ________ ________ anything.
W What have you done all day?
M I ________ ________ ________ all afternoon.
W Then let's stay home and rest.

care to ~하고 싶어 하다 **wall** 벽

정답 및 해석 p. 86

A 다음을 듣고, 어휘와 우리말 뜻을 쓰세요.

1. ________ ________
2. ________ ________
3. ________ ________
4. ________ ________
5. ________ ________
6. ________ ________
7. ________ ________
8. ________ ________
9. ________ ________
10. ________ ________

B 우리말을 참고하여 빈칸에 알맞은 단어를 쓰세요.

1. Please ________ ________ ________.
   잔돈은 가지세요.
2. I'm going to ________ ________ ________.
   나는 혼자서 배낭여행을 하러 갈 예정이야.
3. I ________ ________ ________ all afternoon.
   나는 오후 내내 벽에 페인트칠을 했어.
4. I like everything ________ ________ ________.
   나는 색상만 빼고는 다 맘에 들어.
5. I take people and goods up and down ________ ________ ________. 저는 하루 종일 사람과 물건을 태우고 오르내립니다.
6. The baby ________ ________ and ________ ________.
   아기가 누워서 잠들었다.
7. Some doctors ________ that you should ________ ________ ________. 일부 의사들은 여러분이 물구나무를 서야 한다고 제안한다.

TEST 18

MY SCORE

______ / 15

01 다음을 듣고, 빈칸에 알맞은 것을 고르세요.

______________ at six in the morning?

① Could you wake me up
② Would you wake me up
③ Would you woke me up
④ Should you wake me up

02 대화를 듣고, 여자가 설명하고 있는 사람을 고르세요.

① 
② 
③ 
④ 

03 대화를 듣고, 여자가 원하는 머리 모양으로 알맞은 것을 고르세요.

① 
② 
③
④ 

04 다음을 듣고, 그림의 상황에 알맞은 대화를 고르세요.

① ② ③ ④

05 다음을 듣고, 무엇에 관한 내용인지 고르세요.

① 온라인 쇼핑
② 인터넷 동호회
③ 영어 공부 방법
④ 영어 학습 사이트

06 대화를 듣고, 여자의 개가 몇 살인지 고르세요.

① 2개월 ② 2살
③ 10살 ④ 12살

07 대화를 듣고, 여자가 그동안 남자를 보지 못한 이유를 고르세요.

① 서로 다른 학년이라서
② 서로 다른 학교를 다녀서
③ 남자의 건강이 좋지 않아서
④ 남자가 가족과 여행을 다녀와서

정답 및 해석 p. 87

08 대화를 듣고, 남자의 문제가 무엇인지 고르세요.

① 자전거가 고장 났다.
② 자전거를 잃어버렸다.
③ 남자의 엄마가 다쳤다.
④ 자전거에서 떨어져 다쳤다.

09 대화를 듣고, 남자의 심정으로 알맞은 것을 고르세요.

① worried ② confused
③ surprised ④ embarrassed

10 다음을 듣고, 두 사람의 대화가 어색한 것을 고르세요.

① ② ③ ④

11 대화를 듣고, 남자와 여자의 장래 희망이 바르게 짝지어진 것을 고르세요.

	남자		여자
①	음악가	-	운동선수
②	운동선수	-	무용수
③	운동선수	-	음악가
④	마술사	-	음악가

12 다음을 듣고, 내용과 일치하지 않는 것을 고르세요.

① 남자는 어제 경주로 현장 학습을 갔다.
② 남자는 현장 학습을 몹시 기대하고 있었다.
③ 남자는 경주에서 사진을 찍었다.
④ 남자는 수영장이 있는 멋진 호텔에 묵었다.

13 대화를 듣고, 타조에 대한 내용으로 옳은 것을 고르세요.

① 타조의 눈과 뇌는 크기가 같다.
② 타조의 뇌는 타조의 눈보다 크다.
③ 타조의 눈은 타조의 뇌보다 크다.
④ 타조의 눈과 뇌의 크기는 타조마다 다르다.

14 대화를 듣고, 두 사람이 영어 선생님에 대해 어떻게 생각하고 있는지 고르세요.

① 학생들의 다양한 의견을 경청한다.
② 질문을 통해 학생들의 흥미를 유발한다.
③ 칭찬을 통해 학생들의 자신감을 높여 준다.
④ 학생들이 영어를 즐겁게 공부하도록 이끌어 준다.

15 대화를 듣고, 남자의 마지막 말에 이어질 여자의 말로 알맞은 것을 고르세요.

① Well-done, please.
② Anything to drink?
③ Yes. Let's have some cookies instead.
④ Sure. I'll write the recipe down for you.

01 다음을 듣고, 빈칸에 알맞은 것을 고르세요.

Would you ________ ________ ________ at six in the morning?

02 대화를 듣고, 여자가 설명하고 있는 사람을 고르세요.

W The guy in this magazine is so handsome. I love tall men.
M Let me see. Do you mean the one with the ________ ________ and the little ________?
W Yes. He looks really sharp ________ ________ ________, doesn't he?
M There are a few guys wearing suits.
W The one who has a ________ ________ ________.

sharp (복장이) 멋진, 맵시 있는 **striped** 줄무늬가 있는 **vest** 조끼

03 대화를 듣고, 여자가 원하는 머리 모양으로 알맞은 것을 고르세요.

M Welcome to Anny's Salon. ________ ________ ________ ________ your hair cut?
W I don't know. Do you have ________ ________?
M Sure. I ________ ________ ________ parted on the side.
W I don't like bangs. I had them before. I'd rather have a shoulder-length cut.
M Maybe you're right.

suggestion 의견, 제안 **bang** 가지런히 잘라 내린 앞머리 **part** 가르마를 타다

04 다음을 듣고, 그림의 상황에 알맞은 대화를 고르세요.

① W How would you like your hair?
M I want to ________ ________ ________.
② W Should I ________ ________ for you?
M Yes, please.
③ W ________ ________ or ________ ________?
M To go, please.
④ W Do you need any help?
M No, thanks. I'm ________ ________.

get a perm 파마를 하다

05 다음을 듣고, 무엇에 관한 내용인지 고르세요.

Would you like to improve your English skills? Visit our website and ________ ________ ________ a free trial today. There is a lot of ________ ________ on it. You can use this site to practice your English skills and to ________ ________ ________ of all ages from all over the world. Our ________ ________ is www.loveenglish.com.

improve 향상시키다 **sign up for** ~을 신청[가입]하다 **free trial** 무료 체험 **useful** 유용한 **information** 정보 **chat with** ~와 이야기를 나누다

06 대화를 듣고, 여자의 개가 몇 살인지 고르세요.

M Oh, is this your dog?
W Yes, his name is Buddy.
M He ________ ________ ________. How old is he?
W He is 12 years old, and he is ________ ________ ________.
M ________ ________ have you had him?
W We adopted him when he was 10 years old.

●●
calm 차분한 **adopt** 입양하다

07 대화를 듣고, 여자가 그동안 남자를 보지 못한 이유를 고르세요.

W Hi, Jack. ________ ________ ________ ________? I haven't seen you all school year.
M I've been sick for most of the year. So I will ________ ________ ________ the school year.
W Well, at least you ________ ________ now.
M That's right. Health is the most ________ thing.

●●
repeat 다시 경험하다, 되풀이하다

08 대화를 듣고, 남자의 문제가 무엇인지 고르세요.

W What happened to you, Billy?
M I ________ ________ my bicycle and ________ my ________. It's bleeding, too.
W Oh, my god! Let me see it. Does it hurt?
M It's ________ ________ ________, Mom. I think it hurts you more than it does me.

●●
fall off ~에서 떨어지다 **knee** 무릎 **bleed** 피가 나다

09 대화를 듣고, 남자의 심정으로 알맞은 것을 고르세요.

W Is that you, John?
M It is. How are you, Jane? I ________ ________ you ________ in this city.
W Yes, I've been here for two years.
M Me, too. ________ ________ ________ ________!

10 다음을 듣고, 두 사람의 대화가 어색한 것을 고르세요.

① W ________ are you so ________ these days?
M I am looking for a house.
② M Can I ________ ________ ________?
W Please tell him that his wife called.
③ W Are you sure that Jason and Sandra are getting married this month?
M ________ ________ ________ ________ from Jason.
④ W I'd love to go to a music concert.
M You have ________ ________ ________.

●●
take a message 메시지를 받아 놓다 **sure** 확신하는
get married 결혼하다

DICTATION 18

11 대화를 듣고, 남자와 여자의 장래 희망이 바르게 짝지어진 것을 고르세요.

W I want to ________ ________ ________.

M Cool! You are good at singing and playing the guitar, aren't you?

W Yes. I could sing and play the guitar ________ ________ ________.

M That would be a nice job! If you're going to be a musician, then I'll ________ ________ ________.

W Great! Then we will both be famous.

M I'll play basketball every day. We should ________ ________!

musician 음악가 **all the time** 항상, 줄곧 **athlete** 운동선수

12 다음을 듣고, 내용과 일치하지 않는 것을 고르세요.

I went on a ________ ________ to Gyeongju the day before yesterday. I had been ________ ________ ________ this school trip and really wanted to go there. There are many ________ ________ and ________ ________. I took pictures with my teacher and friends. We ________ at a nice hotel with a swimming pool. It was a wonderful trip.

the day before yesterday 그저께
look forward to ~을 몹시 기대하다 **historic site** 유적지

13 대화를 듣고, 타조에 대한 내용으로 옳은 것을 고르세요.

M "An ostrich's eye is ________ ________ its ________." That's weird. Do you think it's true or false?

W I think ________ ________. What do you think?

M I think it's false, too. Let's ________ ________ the encyclopedia. Let me see... Wow! It says ________ ________.

ostrich 타조 **brain** 뇌 **false** 거짓의 **encyclopedia** 백과사전

14 대화를 듣고, 두 사람이 영어 선생님에 대해 어떻게 생각하고 있는지 고르세요.

W I really like my new English teacher. He makes me ________ ________ ________.

M You're right. I think everyone loves his class. He even plays games when we ________ ________.

W ________ ________ I like him. It's so fun and ________ to be in his class.

enjoy 즐기다 **bored** 지루한

15 대화를 듣고, 남자의 마지막 말에 이어질 여자의 말로 알맞은 것을 고르세요.

M Thank you for dinner. Everything was delicious.

W I'm glad you liked it. ________ ________ ________ some ice cream?

M No, thank you. I'm full. Can you tell me ________ ________ ________ the onion soup? It was fantastic.

W Sure. I'll write the recipe down for you.

delicious 맛있는 **care for** ~을 원하다, 좋아하다 **recipe** 조리법

정답 및 해석 p. 91

A 다음을 듣고, 어휘와 우리말 뜻을 쓰세요.

1. ________ ________
2. ________ ________
3. ________ ________
4. ________ ________
5. ________ ________
6. ________ ________
7. ________ ________
8. ________ ________
9. ________ ________
10. ________ ________

B 우리말을 참고하여 빈칸에 알맞은 단어를 쓰세요.

1. There is a lot of ________ ________ on it.
   그것에 관한 유용한 정보가 많이 있습니다.
2. I ________ short ________ parted on the side.
   저는 짧게 잘라 내린 앞머리에 옆 가르마를 추천합니다.
3. Do you ________ the one with the short hair and the little ________?
   너는 짧은 머리에 약간 콧수염이 있는 사람을 말하는 거니?
4. You can ________ this site to ________ ________ people of all ages from all over the world.
   여러분은 전 세계에 있는 모든 연령대의 사람들과 이야기를 나누기 위해 이 사이트를 이용하실 수 있습니다.
5. You ________ ________ ________ ________.
   너는 잃을 것이 아무것도 없어.
6. There are many ________ ________ and ________ ________.
   많은 유적지들과 오래된 건물들이 있다.
7. I ________ ________ a(n) ________ ________ to Gyeongju the day before yesterday. 나는 그저께 경주로 현장 학습을 갔다.

TEST 19

MY SCORE

______ / 15

01 다음을 듣고, 빈칸에 알맞은 것을 고르세요.

I ______________ me a cup of coffee.

① will like to get
② would like to get
③ will like you to get
④ would like you to get

02 대화를 듣고, 여자가 취하고 있는 동작으로 알맞은 것을 고르세요.

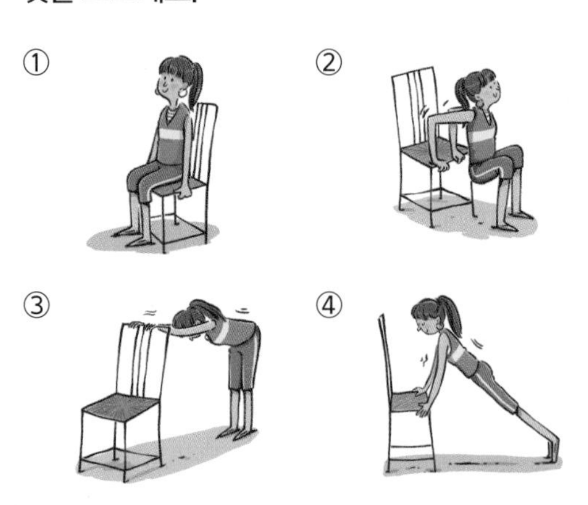

03 대화를 듣고, 남자의 휴대폰이 있는 위치로 알맞은 곳을 고르세요.

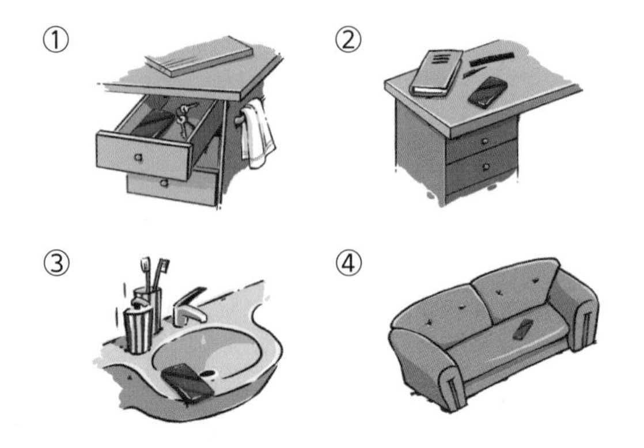

04 다음을 듣고, 그림의 상황에 알맞은 대화를 고르세요.

① ② ③ ④

05 대화를 듣고, 두 사람이 무엇에 대해 이야기하고 있는지 고르세요.

① 봉사 활동 ② 장래 희망
③ 과학 잡지 ④ 지구 온난화

06 다음을 듣고, 현재 엘리베이터 안에 타고 있는 사람의 수를 고르세요.

① 7 ② 8
③ 9 ④ 10

07 대화를 듣고, 남자가 한국어를 배우는 이유를 고르세요.

① 한국에서 취업하기를 원해서
② 한국인 친구들과 대화하고 싶어서
③ 한국어가 가장 배우기 쉬운 언어라서
④ 한국 드라마를 자막 없이 시청하고 싶어서

정답 및 해석 p. 92

08 대화를 듣고, 남자가 오늘 오후 3시에 할 일로 알맞은 것을 고르세요.

① 친구와 숙제하기
② 엄마와 숙제하기
③ 친구와 장 보러 가기
④ 엄마와 장 보러 가기

09 대화를 듣고, 여자의 심정으로 알맞은 것을 고르세요.

① excited ② worried
③ nervous ④ disappointed

10 다음을 듣고, 두 사람의 대화가 어색한 것을 고르세요.

① ② ③ ④

11 대화를 듣고, 두 사람이 만나기로 한 시각을 고르세요.

① 1시 45분 ② 2시 15분
③ 2시 30분 ④ 2시 45분

12 대화를 듣고, 대화 내용과 일치하지 않는 것을 고르세요.

① 여자의 생일이 곧 다가온다.
② 여자는 친구들과 함께 생일 파티를 할 것이다.
③ 여자는 치즈 케이크를 살 것이다.
④ 여자는 작년 생일에 초콜릿 케이크를 샀다.

13 대화를 듣고, 여자가 주문한 음식으로 언급되지 않은 것을 고르세요.

① 밀크 초콜릿
② 큰 사이즈 커피
③ 블루베리 머핀
④ 치즈 티 비스킷

14 다음을 듣고, 무엇에 관한 내용인지 고르세요.

① soccer ② baseball
③ swimming ④ basketball

15 대화를 듣고, 남자의 마지막 말에 이어질 여자의 말로 알맞은 것을 고르세요.

① You need to get up early.
② Get enough sleep tonight.
③ Get some help from your friend.
④ Why don't you do your homework now?

01 다음을 듣고, 빈칸에 알맞은 것을 고르세요.

I ________ ________ ________ ________ get me a cup of coffee.

would like ~하고 싶다

02 대화를 듣고, 여자가 취하고 있는 동작으로 알맞은 것을 고르세요.

W What's next?

M Now, while ________ ________ the chair behind you, ________ your straight arms and hold.

W Ouch! This hurts.

M ________ ________ ________! You can do it.

hold onto ~를 꽉 잡다[쥐다] bend 구부리다

03 대화를 듣고, 남자의 휴대폰이 있는 위치로 알맞은 곳을 고르세요.

M Amy, I ________ ________ ________ my phone to work this morning. Can you look for it?

W Sure, Dad. Where do you want me to look?

M It's probably ________ ________ ________ in the kitchen where the keys are.

W I don't see it. It is not on your desk either.

M Can you ________ ________ ________?

W Yes. Oh, it is ________ ________ ________ in the bathroom.

drawer 서랍

04 다음을 듣고, 그림의 상황에 알맞은 대화를 고르세요.

① W Excuse me. Do you know where the nearest subway station is?

M I'm sorry. I am ________ ________.

② W What time can you come to my office?

M I ________ ________ ________ at 2 p.m. tomorrow.

③ W Can you ________ ________ ________ ________?

M Here you are.

④ W When did you buy a new phone?

M I ________ ________ as a birthday gift yesterday.

nearest 가장 가까운 passport 여권

05 대화를 듣고, 두 사람이 무엇에 대해 이야기하고 있는지 고르세요.

M What do you want to be when you ________ ________?

W I want to become a scientist. I want to ________ about environmental issues like global warming and ________ ________ them.

M Wow, that's ________!

W Thanks.

grow up 크다, 성장하다 scientist 과학자 environmental 환경의 issue 문제 global warming 지구 온난화 solve 해결하다 amazing 굉장한, 놀라운

06 다음을 듣고, 현재 엘리베이터 안에 타고 있는 사람의 수를 고르세요.

Five people ________ ________ the elevator on the first floor. On the third floor, two get on, but one ________ ________. On the seventh floor, ________ gets on or off. Finally, on the ________ ________, two adults and one child get on. At this point, ________ ________ people are still on the elevator?

get on (탈것에) 타다 **get off** (타고 있던 것에서) 내리다
at this point 이 시점에서

07 대화를 듣고, 남자가 한국어를 배우는 이유를 고르세요.

W Do you speak Korean?
M A little bit. I am ________ Korean classes ________ ________ ________.
W Can I ask you why you are learning Korean?
M I ________ ________ ________ K-dramas, so I want to watch them ________ subtitles.

interested 관심이 있는 **subtitle** 자막

08 대화를 듣고, 남자가 오늘 오후 3시에 할 일로 알맞은 것을 고르세요.

W Do you think you will have some time to ________ ________ ________ ________ ________ today?
M Sure, Mom. What time do you want to go?
W How about 5 o'clock in the evening?
M I need to ________ ________ ________ at 5 p.m. to do our homework together. ________ ________ ________ ________ at 3 p.m.?
W Sounds good.

go grocery shopping 장 보러 가다 **classmate** 반 친구

09 대화를 듣고, 여자의 심정으로 알맞은 것을 고르세요.

M Hey, Emma! How are you today?
W ________ ________ ________.
M How come?
W I was supposed to meet up with my friend today, but she ________ at the last minute. I was really ________ ________ ________ seeing her.
M Oh, that's too bad.

cancel 취소하다 **at the last minute** 막판에, 마지막 순간에

10 다음을 듣고, 두 사람의 대화가 어색한 것을 고르세요.

① M How long did you ________ ________ ________ for?
W I don't want to be tired.
② W I have a big test today. ________ ________ ________!
M You will do a good job. Good luck.
③ M What time do you want me to ________ ________ ________?
W Any time this afternoon is good.
④ W Can I park here?
M Yes, but it is a paid parking lot. It is ________ ________ ________ ________.

paid 유료의 **parking lot** 주차장

11 대화를 듣고, 두 사람이 만나기로 한 시각을 고르세요.

M What time should we meet?

W How about meeting ________ ________ ________ ________ the movie starts?

M Okay. When does the movie start?

W At 2:15.

M Well, then let's meet ________ ________ ________.

half an hour 30분 theater 극장

12 대화를 듣고, 대화 내용과 일치하지 않는 것을 고르세요.

M Your birthday is ________ ________. Do you have ________ ________?

W I'm just getting a cake and having dinner with my family.

M That sounds great. ________ ________ of cake will you have?

W Cheesecake. I got a chocolate cake on my last birthday, but I want to ________ ________ ________ this year.

flavor 맛, 풍미

13 대화를 듣고, 여자가 주문한 음식으로 언급되지 않은 것을 고르세요.

W I'll have one large coffee, please.

M ________ ________ ________?

W ________ ________ ________ muffins or tea biscuits?

M We do! We have chocolate and blueberry muffins and plain and cheese tea biscuits.

W Great! ________ ________ ________ ________ one blueberry muffin and a cheese tea biscuit.

muffin 머핀 tea biscuit 티 비스킷(차 마실 때 먹는 비스킷) plain 일반의, 평범한

14 다음을 듣고, 무엇에 관한 내용인지 고르세요.

This is one of the ________ ________ ________ in the world. There are two teams of ________ ________ playing against each other. They have to try to ________ ________ ________ ________ each other's net. They're not allowed to ________ the ball with their hands.

popular 인기 있는 net 네트, 골대 be not allowed 허용되지 않는다 touch 건드리다, 만지다

15 대화를 듣고, 남자의 마지막 말에 이어질 여자의 말로 알맞은 것을 고르세요.

W Are you okay? You ________ ________.

M I'm fine. I'm just tired.

W Oh, ________ ________?

M I had so much homework last night, so I went to ________ ________.

W Get enough sleep tonight.

enough 충분한

REVIEW TEST

정답 및 해석 p. 96

A 다음을 듣고, 어휘와 우리말 뜻을 쓰세요.

1. ______ ______
2. ______ ______
3. ______ ______
4. ______ ______
5. ______ ______
6. ______ ______
7. ______ ______
8. ______ ______
9. ______ ______
10. ______ ______

B 우리말을 참고하여 빈칸에 알맞은 단어를 쓰세요.

1. ______ me ______!
   내게 행운을 빌어 줘!
2. Can you ______ me your ______?
   당신의 여권을 제게 보여 주시겠어요?
3. Why don't you go ______ ______ with me today?
   오늘 나랑 장 보러 가지 않을래?
4. I ______ to ______ my phone to work this morning.
   내가 오늘 아침에 깜빡하고 회사에 휴대폰을 안 가져 왔어.
5. I want to ______ ______ ______ this year.
   나는 올해에는 다른 것을 시도해 보고 싶다.
6. First, ______ ______ the chair ______ you.
   먼저, 당신의 뒤에 있는 의자를 꽉 잡으세요.
7. Do you know where the ______ ______ ______ is?
   가장 가까운 지하철역이 어디에 있는지 아세요?

TEST 20

MY SCORE
_______ / 15

01 다음을 듣고, 빈칸에 알맞은 것을 고르세요.

_______________ wait another week.

① I think I have to
② I thought I had to
③ I think we have to
④ I thought we had to

02 다음을 듣고, 남자가 구입한 물품이 <u>아닌</u> 것을 고르세요.

① 

② 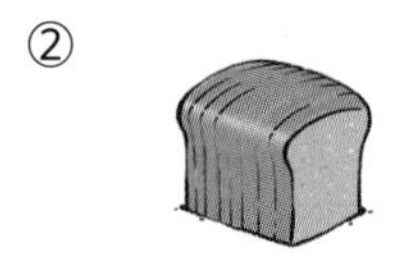
③ 

④ 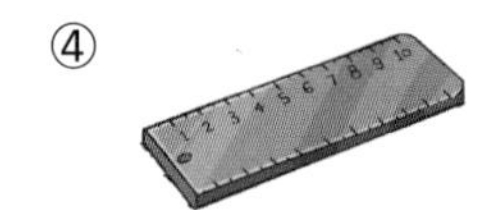

03 대화를 듣고, 그림에서 남자의 딸이 누구인지 고르세요.

04 다음을 듣고, 그림의 상황에 알맞은 대화를 고르세요.

① ② ③ ④

05 대화를 듣고, 두 사람이 무엇에 대해 이야기하고 있는지 고르세요.

① 냄비를 세척하는 법
② 닭고기 수프를 만드는 법
③ 신선한 야채를 고르는 법
④ 야채를 오래 보관하는 법

06 대화를 듣고, 피카소 전시회의 원래 입장료가 얼마인지 고르세요.

① $2 ② $5
③ $7 ④ $10

07 대화를 듣고, 여자가 놀란 이유를 고르세요.

① 동네에 있던 사진관이 사라져서
② 사진 속 남자가 아는 사람이어서
③ 아빠의 생신을 잊고 있었음을 깨달아서
④ 남자의 삼촌이 나이에 비해 젊어 보여서

정답 및 해석 p. 97

08 대화를 듣고, 남자가 생각하기에 영어를 배우는 가장 좋은 방법은 무엇인지 고르세요.

① 외국에서 지내는 것
② 원어민 친구를 사귀는 것
③ 온라인 영어 강좌를 듣는 것
④ 영어로 된 영화를 많이 보는 것

09 대화를 듣고, 여자의 심정으로 알맞은 것을 고르세요.

① upset ② thankful
③ delighted ④ frightened

10 다음을 듣고, 두 사람의 대화가 자연스러운 것을 고르세요.

① ② ③ ④

11 대화를 듣고, 남자가 자선 공연에서 무엇을 할 것인지 고르세요.

① 춤 ② 마술
③ 노래 ④ 바이올린 연주

12 대화를 듣고, 대화 내용과 일치하지 않는 것을 고르세요.

① 여자는 여름 방학 때 캐나다에 갈 것이다.
② 여자는 캐나다에서 삼촌을 만날 것이다.
③ 여자는 캐나다에서 관광을 할 것이다.
④ 여자는 여동생과 함께 캐나다에 갈 것이다.

13 대화를 듣고, 여자가 대화 직후에 할 일로 알맞은 것을 고르세요.

① 냉장고를 정리한다.
② 냉동실 문을 닫는다.
③ 아이스크림을 먹는다.
④ 남자에게 요거트를 갖다 준다.

14 대화를 듣고, Janice가 당한 사고에 대한 내용으로 옳은 것을 고르세요.

① Janice는 많이 다쳐서 입원했다.
② Janice는 자전거를 타다가 넘어졌다.
③ 자전거를 타던 사람이 Janice를 제때에 보지 못했다.
④ Janice는 음악을 들으며 길을 건너다가 차에 치였다.

15 대화를 듣고, 여자의 마지막 말에 이어질 남자의 말로 알맞은 것을 고르세요.

① That's a great idea!
② It gets cold in the winter.
③ You'll need it on this slope.
④ Put on a hat when you go outside.

01 다음을 듣고, 빈칸에 알맞은 것을 고르세요.

I ________ we ________ ________ wait another week.

wait 기다리다 **another** 또 하나의

02 다음을 듣고, 남자가 구입한 물품이 아닌 것을 고르세요.

My name is James. I ________ ________ my family buy things. Today, I went to the supermarket because my mom asked me to get some ________ and ________ for breakfast tomorrow. I also bought an ________ and ________ ________ for school at the stationery store. My sister said she ________ ________. So I got some for her as well.

eraser 지우개 **glue** 풀, 접착제 **stationery store** 문구점 **notebook** 공책 **as well** ~도, 또한

03 대화를 듣고, 그림에서 남자의 딸이 누구인지 고르세요.

W My daughter is ________ ________ ________ in the school concert. She's over there.

M She's a great player.

W Where's your daughter?

M She's ________ ________ to the guitar music.

W Who's the guitar player?

M She's my daughter's best friend, and she's also ________ ________ ________ ________ ________.

daughter 딸 **sing along to** ~에 맞춰 노래하다 **guitar** 기타

04 다음을 듣고, 그림의 상황에 알맞은 대화를 고르세요.

① M Excuse me. ________ ________ should I visit to buy children's clothes?

W You should go to the 5th floor.

② M Can I use your cell phone?

W Sorry, but I can't lend it to you.

③ W You're not ________ ________ ________ your cell phone in the library.

M I'm sorry. I'll take this call outside.

④ M Can I ________ ________ ________?

W Sure. Do you have a student ID card?

floor (건물의) 층 **student ID card** 학생증

05 대화를 듣고, 두 사람이 무엇에 대해 이야기하고 있는지 고르세요.

M I don't know ________ ________ ________ for dinner.

W How about having chicken soup? It's easy to make.

M I don't know ________ ________ ________ it.

W You just need a big pot, water, vegetables, and chicken.

M Tell me ________ ________ about how to make it.

W Cut up the vegetables and the chicken and ________ them to the ________ ________. Next, add some salt and soy sauce and boil it for about 20 minutes.

M That sounds easy. I should try it.

pot 냄비 **detail** 세부 사항 **add** 넣다, 첨가하다 **boiling** 끓는 **soy sauce** 간장

06 대화를 듣고, 피카소 전시회의 원래 입장료가 얼마인지 고르세요.

W Hello. I'd like to get a ticket for the Picasso exhibition.
M Do you have your student ID card? You can get a 50% discount with your card.
W Oh, that's great. Here it is!
M It ________ ________ ________.
Do you need a guide? It just costs ________ ________ ________.
W No, thanks.
M Okay. Enjoy the exhibition.

exhibition 전시회 **discount** 할인 **guide** 안내 책자

07 대화를 듣고, 여자가 놀란 이유를 고르세요.

M Kate, take a look at this picture.
W Well, who's this?
M This is my ________ that I ________ ________ ________ earlier.
W Oh, I see. How old is he?
M He's 50 years old.
W I can't believe it! He looks so ________ ________ ________ ________.

08 대화를 듣고, 남자가 생각하기에 영어를 배우는 가장 좋은 방법은 무엇인지 고르세요.

M What is the best way to learn English?
W It is to ________ ________ and to ________ in another country.
M Hmm, I agree. But going abroad takes a lot of money.
W Then what do you think the best way to learn English ________ ________ ________ is?
M I think watching a lot of ________ ________ is the best way. It doesn't cost much.

go abroad 외국에 가다 **country** 나라, 국가 **pay** (돈을) 지불하다 **cost** 비용이 들다

09 대화를 듣고, 여자의 심정으로 알맞은 것을 고르세요.

W I'll eat the cheesecake ________ ________ ________ ________.
M What are you talking about?
W I got a piece of cheesecake at a famous bakery yesterday. I ________ it in the ________.
M Oh, I'm so sorry. I had it this morning.
W What? How could you eat it?
M It looked so good, so I just ate it ________ ________.
W Don't ever touch my food without my permission.

piece 조각 **bakery** 빵집 **permission** 허락

10 다음을 듣고, 두 사람의 대화가 자연스러운 것을 고르세요.

① M What's wrong with your dog?
W She's been ________ ________ ________ ________.
② W ________ do you usually spend your ________ ________?
M I usually spend my weekends with my family.
③ M Mom, have you seen my red jacket?
W I don't want to wear that jacket.
④ M Have you ever played tennis before?
W I think that's a ________ ________.

11 대화를 듣고, 남자가 자선 공연에서 무엇을 할 것인지 고르세요.

M What are you going to do for the charity concert, Jenny?

W I'll play Mozart on the violin. What about you?

M I'm going to ________ ________ ________ with John.

W I heard that John is a great dancer. I want to see you dance with him.

M You can ________ ________ ________ it!

charity concert 자선 공연 perform (연주·연기 등을) 해 보이다, 공연하다

12 대화를 듣고, 대화 내용과 일치하지 않는 것을 고르세요.

W I'm planning to go to Canada ________ ________ ________.

M Really? What are you going to do there?

W I'll visit my uncle and ________ ________ ________ around the country.

M Wow! That sounds fun. Who are you going with?

W I was going with my sister, but she has to do something else. So I'm going ________ ________.

break (짧은) 휴가 sightseeing 관광 by oneself 혼자서

13 대화를 듣고, 여자가 대화 직후에 할 일로 알맞은 것을 고르세요.

M Honey, I bought some ice cream and ________ ________ ________ ________ ________ last night. Can you get the ice cream for me?

W Sure.

M Thank you.

W Oh, no! It ________ and looks like yogurt now.

M Was the freezer door open?

W Yeah, it was. I think it was ________ ________ ________.

freezer 냉동실 melt 녹다

14 대화를 듣고, Janice가 당한 사고에 대한 내용으로 옳은 것을 고르세요.

W Janice got in an accident yesterday.

M What happened to her?

W She was ________ ________ ________ while listening to music.

M Was she hit by a car?

W No. The person riding the bike didn't see her ________ ________ and hit her.

M Is she okay?

W Fortunately, Janice was ________ ________ ________ ________.

in time 제때에 fortunately 다행히도

15 대화를 듣고, 여자의 마지막 말에 이어질 남자의 말로 알맞은 것을 고르세요.

M Tina, look out the window.

W Oh! It's snowing a lot.

M ________ ________ ________ ________ ________ in the snow with me?

W Great! Let's go.

M I want to ________ ________ ________.

W That'll be nice, but how about having a ________ ________ first?

M That's a great idea!

snowman 눈사람 snowball fight 눈싸움

정답 및 해석 p. 102

A 다음을 듣고, 어휘와 우리말 뜻을 쓰세요.

1 ____________ ____________
6 ____________ ____________
2 ____________ ____________
7 ____________ ____________
3 ____________ ____________
8 ____________ ____________
4 ____________ ____________
9 ____________ ____________
5 ____________ ____________
10 ____________ ____________

B 우리말을 참고하여 빈칸에 알맞은 단어를 쓰세요.

1 My brother asked me to buy a(n) ____________ and a(n) ____________.
내 남동생은 내게 지우개와 공책을 사 달라고 부탁했다.

2 I'll visit my uncle and ____________ some ____________ around New York.
나는 삼촌을 방문하고 뉴욕 곳곳을 관광할 거야.

3 She's ____________ ____________ ____________ the guitar music.
그녀는 기타 연주에 맞춰 노래하고 있어요.

4 ____________ ____________ should I visit to buy children's ____________?
아동복을 사려면 몇 층으로 가야 하나요?

5 You can get a 50% ____________ with your student ____________ ____________. 당신은 학생증이 있으면 50퍼센트의 할인을 받을 수 있어요.

6 The best way to learn English is to ____________ ____________ and to live in another ____________. 영어를 배우는 가장 좋은 방법은 외국에 가서 다른 나라에서 사는 거야.

7 Add some ____________ and ____________ ____________ and ____________ it for about 20 minutes. 소금과 간장을 넣고 그것을 20분 정도 끓여.

NEW EDITION

기초를 탄탄히 다져주는
리스닝 프로그램

COOL LISTENING

정답 및 해석

Basic 3

DARAKWON

COOL LISTENING

정답 및 해석

Basic 3

TEST 01 p. 8

01 ③ 02 ① 03 ④ 04 ② 05 ④ 06 ③ 07 ① 08 ②
09 ④ 10 ④ 11 ④ 12 ② 13 ② 14 ③ 15 ②

	문제 및 정답	받아쓰기 및 녹음내용	해석
01	다음을 듣고, 빈칸에 알맞은 것을 고르세요. Do you ____________? ① want to go with me ② want to go with you ③ want me to go with you ④ want him to go with you	Do you want me to go with you?	내가 너와 함께 가기를 원하니?
02	대화를 듣고, 남자가 일요일에 한 일로 알맞은 것을 고르세요. ① ② ③ ④	W How was your weekend? Fun? M Yeah, I had a really good time with my family. W What did you do? M Well, on Saturday, I went to a concert. On Sunday, I went to a sauna. W Sounds nice.	여 주말 어땠어? 재미있었니? 남 응, 가족들이랑 정말 좋은 시간을 보냈어. 여 무얼 했는데? 남 음, 토요일에는 콘서트에 갔어. 일요일에는 사우나에 갔어. 여 좋았겠다. **weekend** 주말
03	다음을 듣고, 그림에서 Jim이 누구인지 고르세요. ① ② ③ ④	Two boys are playing tennis. A boy is serving a ball, and the other is receiving it. There are two boys and one girl on the bench. Jim is drinking water, and Jonathan is wiping his face with a towel. Sophia is watching the game and cheering for the players.	두 소년이 테니스를 치고 있다. 한 소년이 공을 서브하고 있고, 다른 소년은 그것을 받고 있다. 두 소년과 한 소녀가 벤치에 있다. Jim은 물을 마시고 있고, Jonathan은 수건으로 자신의 얼굴을 닦고 있다. Sophia는 경기를 보면서 선수들을 응원하고 있다. **wipe** 닦다 **towel** 수건 **cheer** 응원하다

04 다음을 듣고, 그림의 상황에 알맞은 대화를 고르세요.

① ✓② ③ ④

① M Ouch! My ankle!
W Oh, no! Are you okay?

② M Excuse me. You've just dropped a penny.
W Oh, thank you for letting me know.

③ M Have some more.
W No, thanks.

④ M Will you lend me some money?
W Sure. How much?

① 남 아야! 내 발목!
여 오, 이런! 괜찮아?

② 남 실례합니다. 방금 돈을 떨어뜨리셨는데요.
여 오, 알려 주셔서 감사해요.

③ 남 더 드세요.
여 고맙지만 사양할게요.

④ 남 돈 좀 빌려줄래요?
여 물론이죠. 얼마나요?

ankle 발목 **drop** 떨어뜨리다 **penny** 돈, 잔돈
lend 빌려주다

05 대화를 듣고, 여자가 요즘 직장에 걸어서 가는 이유를 고르세요.

① 직장이 가까이에 있어서
② 걸으면서 운동을 하려고
③ 교통비를 아끼기 위해서
✓④ 자신의 자동차가 고장 나서

W I've been walking to work lately.

M That must be very good exercise.

W Yes, but I do it because my car broke down! I'd rather drive.

M Do you need a ride?

W That's okay. I am on my way to pick up my car now.

여 요즘 나는 직장에 걸어 다니고 있어.

남 그건 아주 좋은 운동이 되겠구나.

여 그래, 하지만 내가 그렇게 하는 건 내 차가 고장 났기 때문이야! 난 차를 타고 다니는 것이 더 좋아.

남 태워 줄까?

여 괜찮아. 나는 지금 내 차를 가지러 가는 중이야.

lately 요즘, 최근에 **break down** 고장 나다
would rather (…하기 보다는 차라리) ~하고 싶다
on one's way to ~에 가는 중인

06 대화를 듣고, 남자가 구매할 옷의 종류와 가격을 고르세요.

① 빨간 셔츠 - $15
② 파란 셔츠 - $50
✓③ 빨간 스웨터 - $15
④ 파란 스웨터 - $50.15

M Can I see that sweater, please?

W Do you mean the red one? It's on sale.

M Yes, please. It's nice. How much is it?

W It's 15 dollars, including tax.

M That's cheap. I'll take it.

남 저 스웨터를 볼 수 있을까요?

여 빨간색 스웨터 말씀이세요? 그것은 할인 중이에요.

남 네, 그거 주세요. 멋지네요. 얼마인가요?

여 세금을 포함해서 15달러입니다.

남 싸네요. 그걸로 할게요.

on sale 할인 중인 **including** ~을 포함하여
tax 세금 **cheap** (값이) 싼

07 대화를 듣고, 남자가 축구 경기에 가지 못하는 이유를 고르세요.

✓① 몸이 아파서
② 숙제를 끝내지 못해서
③ 여동생을 돌봐야 해서
④ 입장권을 구하지 못해서

M I don't think I can go to the soccer game with you today.

W Why not? I really want to go.

M I don't feel well. I think I have a fever.

W What a pity! You should stay home.

남 난 오늘 너와 함께 축구 경기에 갈 수 없을 것 같아.

여 왜? 난 정말 가고 싶은데.

남 몸이 좋지 않아서. 나는 열이 있는 것 같아.

여 정말 안됐다. 너는 집에 있어야겠다.

fever 열 **pity** 안된 일, 애석한 일

08 대화를 듣고, 여자가 남자에게 해 준 조언이 아닌 것을 고르세요.

① 비타민 C를 섭취해라.
② 스트레스를 극복해라.
③ 충분한 휴식을 취해라.
④ 수분을 충분히 섭취해라.

M I think I caught a cold. I have the chills.
W You should drink plenty of liquids and take some vitamin C.
M Thank you for your advice. Recently, I have had a lot of stress because of my job.
W Well, then you need to get plenty of rest as well.

남 나 감기에 걸린 것 같아. 몸이 으슬으슬해.
여 수분을 충분히 섭취하고 비타민 C도 섭취해야 해.
남 충고 고마워. 요즘 일 때문에 스트레스를 많이 받았거든.
여 음, 그러면 휴식도 충분히 취해야겠다.

caught catch(병에 걸리다)의 과거형 **chill** 오한 **plenty of** 충분한, 많은 **liquid** 액체 **advice** 충고, 조언 **rest** 휴식

09 대화를 듣고, 남자의 심정으로 알맞은 것을 고르세요.

① angry ② fearful
③ ashamed ④ delighted

W How well did you do on the test?
M I got an A+. My teacher says it was the highest grade in the class.
W Good for you. I guess you studied really hard.
M Yes, I did. I can't wait to tell my parents.

여 너 시험 어떻게 봤니?
남 나 A+ 받았어. 우리 선생님 말씀으로는 우리 반에서 가장 높은 점수래.
여 잘됐다. 공부를 정말 열심히 했나 보구나.
남 응, 맞아. 나는 우리 부모님께 빨리 말씀드리고 싶어.

grade 점수 **can't wait to ~** 빨리 ~하고 싶다, ~하기를 기다릴 수 없다 **fearful** 두려운 **ashamed** 부끄러워하는 **delighted** 기뻐하는

10 다음을 듣고, 두 사람의 대화가 어색한 것을 고르세요.

① ② ③ ④

① W I can't wait for winter vacation.
M Any plans?
② W Can you turn the oven off?
M Sure.
③ W Don't you think that you need to get some rest?
M I wish I could.
④ M How come you didn't show up to Jamie's birthday party?
W I went there by subway.

① 여 난 겨울 방학이 너무 기다려져.
남 무슨 계획이라도 있어?
② 여 오븐 좀 꺼 주겠니?
남 알았어.
③ 여 너는 휴식을 좀 취해야 한다고 생각하지 않니?
남 나도 그럴 수 있으면 좋겠어.
④ 남 너는 왜 Jamie의 생일 파티에 오지 않았니?
여 난 거기에 지하철을 타고 갔어.

vacation 방학 **plan** 계획 **turn off** ~를 끄다 **wish** 소망하다 **how come** 왜, 어째서 **show up** 나타나다

11 대화를 듣고, 여자의 어릴 적 장래 희망으로 알맞은 것을 고르세요.

① lawyer
② teacher
③ firefighter
④ fashion designer

M When I was little, I wanted to be a firefighter. What did you want to be?
W A fashion designer. Now I'm not sure what I want to be. My mom has told me to be a teacher. My dad wants me to be a lawyer.
M Yeah, my dad wants me to be a lawyer, too.

남 내가 어렸을 때에는 소방관이 되고 싶었어. 넌 뭐가 되고 싶었니?
여 패션 디자이너. 지금은 내가 뭐가 되고 싶은지 모르겠어. 우리 엄마는 내게 선생님이 되라고 말씀하셔. 우리 아빠는 내가 변호사가 되길 원하셔.
남 그래, 우리 아빠도 내가 변호사가 되길 원하시지.

firefighter 소방관 **lawyer** 변호사

12 대화를 듣고, 대화 내용과 일치하는 것을 고르세요.

① 여자는 지난번에 반에서 일등을 했다.
② 여자는 지난번 시험을 잘 못 봤다.
③ 여자는 시험 기간 동안 아파서 공부를 못 했다.
④ 여자는 이번에 시험 공부를 충분히 못 해서 걱정하고 있다.

M Mary, isn't it around exam time? You are prepared, aren't you?

W Yes, Dad. Don't worry about it. I disappointed you the last time, but I won't let you down this time.

M That's good. I'm sure you'll do fine. Do your best.

남 Mary, 시험 기간이 다가오지 않니? 준비는 되어 있지, 그렇지 않니?

여 네, 아빠. 걱정하지 마세요. 지난번에는 실망시켜 드렸지만, 이번에는 실망시켜 드리지 않을게요.

남 좋아. 분명히 잘할 거야. 최선을 다하렴.

prepared 준비가 된 **disappoint** 실망시키다 **let down** ~를 실망시키다 **do one's best** 최선을 다하다

13 대화를 듣고, 여자가 지금 하고 있는 일로 알맞은 것을 고르세요.

① 이모에게 문자 메시지를 쓰고 있다.
② 삼촌에게 문자 메시지를 쓰고 있다.
③ 삼촌에게 보낼 선물을 포장하고 있다.
④ 이모에게 보낼 선물을 포장하고 있다.

M What are you doing?

W I'm sending a text message to my uncle.

M Why?

W He sent me a gift for my birthday. I want to thank him for it.

M You have a nice uncle.

남 뭐 하고 있니?

여 삼촌에게 문자 메시지를 보내고 있어.

남 왜?

여 삼촌이 내게 생일 선물을 보내 주셨거든. 감사하다고 말씀드리고 싶어서.

남 좋은 삼촌을 두었구나.

text message 문자 메시지 **gift** 선물

14 대화를 듣고, 남자가 여자를 위해 할 일로 알맞은 것을 고르세요.

① 컴퓨터를 사 줄 것이다.
② 컴퓨터를 고쳐 줄 것이다.
③ 컴퓨터 사용법을 가르쳐 줄 것이다.
④ 컴퓨터를 어디서 싸게 살 수 있는지 알려 줄 것이다.

W I don't know how to use a computer.

M It's pretty simple.

W I think it is so complicated.

M Well, let me teach you how to use it.

W Wow, that would be great.

여 난 컴퓨터를 어떻게 사용해야 할지 모르겠어.

남 아주 간단해.

여 내 생각에는 꽤 복잡한 것 같은데.

남 음, 내가 너에게 어떻게 사용하는지 가르쳐 줄게.

여 와, 그러면 정말 좋지.

use 사용하다 **pretty** 아주, 매우 **simple** 간단한 **complicated** 복잡한

15 대화를 듣고, 남자의 마지막 말에 이어질 여자의 말로 알맞은 것을 고르세요.

① Do it right now.
② Sure. I'll be glad to.
③ I hope to see you again.
④ Thank you for the invitation.

W Tom, we're having a farewell party for Mr. Kim next Saturday evening. We hope you can come, too.

M I'd like to, but I can't. My friends are coming over to my place that night.

W I see. That's too bad.

M Will you explain the situation to Mr. Kim for me?

W Sure. I'll be glad to.

여 Tom, 우린 다음 주 토요일 저녁에 김 선생님의 송별회를 할 거야. 너도 올 수 있으면 해.

남 가고 싶지만 그럴 수가 없어. 친구들이 그날 밤에 우리 집에 오기로 했거든.

여 알았어. 그것 참 아쉽다.

남 나 대신 김 선생님께 상황을 말씀 좀 드려 주겠니?

여 그래. 그렇게 할게.

① 지금 당장 그렇게 해.
③ 널 다시 만났으면 좋겠다.
④ 초대해 줘서 고마워.

farewell party 송별회 **explain** 설명하다
situation 상황

REVIEW TEST p. 13

A
❶ liquid, 액체 ❷ ankle, 발목 ❸ vacation, 방학
❹ firefighter, 소방관 ❺ explain, 설명하다 ❻ advice, 충고, 조언
❼ disappoint, 실망시키다 ❽ on sale, 할인 중인 ❾ show up, 나타나다 ❿ break down, 고장 나다

B
❶ including tax ❷ turn, off ❸ have a fever
❹ walking to work ❺ can't wait to ❻ on my way
❼ wiping his face, towel

TEST 02

p. 14

01 ① 02 ② 03 ② 04 ② 05 ① 06 ③ 07 ③ 08 ②
09 ① 10 ④ 11 ② 12 ③ 13 ③ 14 ② 15 ②

문제 및 정답	받아쓰기 및 녹음내용	해석

01

다음을 듣고, 빈칸에 알맞은 것을 고르세요.

He ____________ your apology.

① won't accept
② wasn't accept
③ wants to accept
④ wouldn't accept

He won't accept your apology.

그는 너의 사과를 받아들이지 않을 것이다.

accept 받아들이다 **apology** 사과

02

대화를 듣고, 두 사람이 만날 시각을 고르세요.

①

②

③

④

M Hi, Nancy. It's me again.
W Oh, hi. Did you forget something?
M Yeah. Are we meeting at seven or at eight?
W At eight.
M Ah, now I remember. Okay, see you tomorrow night.
W No, wait. It's eight in the morning, not eight at night!

남 안녕, Nancy. 또 나야.
여 오, 안녕. 뭐 잊은 거 있어?
남 응. 우리가 만나기로 한 시각이 7시야, 아니면 8시야?
여 8시야.
남 아, 이제 생각난다. 알았어, 내일 밤에 보자.
여 아니, 잠깐만. 밤 8시가 아니고, 아침 8시야!

again 또, 다시 **forget** 잊다, 망각하다 **remember** 생각나다, 기억하다

03

대화를 듣고, 그림에서 Kelly가 누구인지 고르세요.

M Who is that girl?
W Do you mean the girl sitting on the grass?
M No. I mean the girl with glasses. She is talking to the girl with short hair.
W Oh! I see. That's Kelly. She's a new student that just transferred to our school.

남 저 여자아이는 누구니?
여 풀밭에 앉아 있는 아이를 말하는 거야?
남 아니. 나는 안경 쓴 아이를 말한 거야. 그녀는 짧은 머리의 여자아이와 이야기하고 있어.
여 오! 알겠어. 그녀는 Kelly야. 그녀는 우리 학교로 전학 온 새로운 학생이야.

mean 의미하다, ~의 뜻으로 말하다 **grass** 풀밭, 잔디 **transfer** 전학하다

04

다음을 듣고, 그림의 상황에 알맞은 대화를 고르세요.

① ✓② ③ ④

① M I think it's broken.
W Oh, no! Not again.

② W Have some more.
M No, thanks. I'm full.

③ W Help yourself.
M Thanks a lot.

④ M Is there any more popcorn?
W Sorry. I ate it all.

① 남 그거 고장 난 것 같아.
여 오, 안돼! 또야.

② 여 좀 더 드세요.
남 고맙지만 사양하겠습니다. 저는 배가 불러요.

③ 여 마음껏 드세요.
남 대단히 고맙습니다.

④ 남 팝콘 더 없나요?
여 미안해요. 내가 다 먹어버렸어요.

broken 고장 난 **Help yourself.** 마음껏 드세요.

05

대화를 듣고, 고양이에 대한 남자의 태도로 알맞은 것을 고르세요.

✓① 꺼려한다 ② 좋아한다
③ 불쌍해한다 ④ 관심 없어 한다

W Look at the kittens, David.
M Do they bite?
W No, they're too little.
M Do they have fleas?
W No. Here you are. Hold her. She'll like it.
M Do I have to?

여 이 새끼 고양이들 좀 봐, David.
남 고양이들이 물까?
여 아냐, 너무 어리잖아.
남 벼룩이 있을까?
여 없어. 여기 있어. 고양이를 안아 봐. 고양이가 좋아할 거야.
남 내가 안아야만 돼?

kitten 새끼 고양이 **bite** 물다 **flea** 벼룩

06

대화를 듣고, 두 사람이 만날 장소와 시각을 고르세요.

① 학교 - 5시 15분
② 공원 - 4시 45분
✓③ 공원 - 5시 15분
④ 농구장 - 4시 45분

M How about playing basketball?
W Okay. That sounds good. Where do you want to play?
M Let's play in the park.
W What time should we meet?
M Let's meet at a quarter after five.

남 농구 하는 게 어때?
여 그래. 좋아. 어디에서 하고 싶은데?
남 공원에서 하자.
여 우리 몇 시에 만날까?
남 5시 15분에 만나자.

How about ~? ~하면 어떨까요?
quarter 15분, 4분의 1

07

대화를 듣고, 여자가 잠을 못 잔 이유를 고르세요.

① 몸이 아파서
② 아기가 아파서
✓③ 아기가 밤새 울어서
④ 일하느라 밤을 새워서

M You look so tired today. What's up?
W My baby cried all night, so I couldn't sleep.
M Being a mother must be tough.
W It's not easy. You get used to it though.

남 너는 오늘 매우 피곤해 보여. 무슨 일 있니?
여 내 아이가 밤새 울어서, 나는 잠을 잘 수가 없었거든.
남 엄마가 된다는 것은 힘들겠다.
여 쉽진 않지. 그렇지만 익숙해져.

tired 피곤한 **cry** 울다 **all night** 밤새
tough 힘든 **get used to** ~에 익숙해지다
though 그렇지만, 그래도

08 대화를 듣고, 대화 내용과 관련이 있는 속담을 고르세요.

① 우물 안 개구리
② 백문이 불여일견
③ 천 리 길도 한 걸음부터
④ 바늘 도둑이 소도둑 된다

W Can you tell me how to make a cake again?
M I gave you a recipe yesterday and explained it to you.
W I know. I tried to make one last night, but I couldn't do it.
M Then why don't you come over to my house? I will show you how to make one. It will be very easy if you see how I do it.

여 케이크 만드는 법을 다시 말해 줄 수 있어?
남 어제 내가 너한테 요리법을 주면서 설명해 주었잖아.
여 알아. 어젯밤에 케이크를 만들려고 시도했는데 못 만들었어.
남 그러면 너 우리 집에 들르는 게 어때? 내가 어떻게 만드는지 보여 줄게. 내가 어떻게 하는지를 보면 아주 쉬울 거야.

recipe 요리법

09 대화를 듣고, 여자의 성격으로 알맞은 것을 고르세요.

① kind ② selfish
③ modest ④ careless

W I brought something for you today.
M Wow! What is it?
W It is a sandwich I made.
M Thank you so much.

여 내가 오늘 널 위해 뭘 좀 가지고 왔어.
남 와! 뭔데?
여 내가 만든 샌드위치야.
남 정말 고마워.

selfish 이기적인 **modest** 겸손한
careless 부주의한

10 다음을 듣고, 두 사람의 대화가 자연스러운 것을 고르세요.

① ② ③ ④

① W How do you like your new shoes?
M Your shoes are very expensive.
② W How may I help you?
M You never know.
③ M I am glad that I was accepted by my favorite university.
W That's why you look upset now.
④ W I have a terrible headache.
M Why don't you take some aspirin?

① 여 네 새 신발은 맘에 들어?
남 네 신발은 너무 비싸.
② 여 무엇을 도와드릴까요?
남 결코 알 수 없는 일이에요.
③ 남 내가 가장 좋아하는 대학에 합격해서 난 기뻐.
여 그래서 네가 지금 화가 나 보이는 거로구나.
④ 여 난 두통이 아주 심해.
남 아스피린을 먹어 보는 게 어때?

accept (대학 등에) 받아들이다, 입학시키다
university 대학 **That's why ~** 그것이 ~한 이유이다 **upset** 화가 난, 속상한

11 대화를 듣고, 지진이 일어났을 때 남자가 무엇을 하고 있었는지 고르세요.

① 공부 ② 잠자기 ③ 영화 감상 ④ 집안 청소

W Where were you when the earthquake hit?
M I was at home.
W What were you doing?
M I was sleeping. What about you?
W I was watching a movie when the earthquake occurred. I was so scared.

여 지진이 났을 때 너는 어디에 있었니?
남 난 집에 있었어.
여 무얼 하고 있었는데?
남 자고 있었어. 너는?
여 난 지진이 일어났을 때 영화를 보고 있었어. 정말 겁났지.

earthquake 지진 **occur** 일어나다, 발생하다 **scared** 겁먹은, 무서워하는

12 대화를 듣고, 대화 내용과 일치하는 것을 고르세요.

① 여자는 검은 재킷을 입고 있다.
② 남자는 Tom과 친구 사이이다.
③ Tom은 여자의 학교에서 가장 인기 있다.
④ Tom은 여자의 남자 친구이다.

W Look at that boy wearing a black jacket!
M What about him?
W His name is Tom, and he's the most popular boy at my school.
M I wonder why he's so popular.
W Because he's smart, handsome, and kind.

여 검은 재킷을 입고 있는 저 남자애를 좀 봐!
남 그가 왜?
여 그의 이름은 Tom인데, 우리 학교에서 가장 인기 있는 애야.
남 그가 왜 그렇게 인기가 있는지 궁금하네.
여 왜냐면 그는 똑똑하고 잘생긴 데다가 친절하기까지 하거든.

popular 인기 있는

13 다음을 듣고, 여자가 학교에 도착하는 시간대를 고르세요.

① 7:05 a.m. - 7:10 a.m.
② 7:55 a.m. - 8:00 a.m.
③ 8:05 a.m. - 8:10 a.m.
④ 8:45 a.m. - 8:50 a.m.

My mom wakes me up at 7:10 a.m. I usually have cookies and milk for breakfast. The school bus picks me up in front of my house at 8 a.m. My school is about five minutes away by bus.

우리 엄마는 나를 오전 7시 10분에 깨워 주세요. 난 보통 아침으로 쿠키와 우유를 먹어요. 학교 버스는 우리 집 앞에서 오전 8시에 나를 태우고 가요. 학교는 버스로 약 5분 거리에 있어요.

wake up ~를 (잠에서) 깨우다 **pick up** ~를 (차에) 태우다

14 대화를 듣고, 두 사람이 대화하는 장소로 가장 알맞은 곳을 고르세요.

① 서점 ② 병원 ③ 약국 ④ 편의점

M Be honest with me. What's wrong with me?
W Have you been smoking lately?
M I've been smoking all my life.
W Well, you have lung cancer.
M Is it serious?
W Yes, it is. I'm sorry.

남 솔직히 말씀해 주세요. 제게 무슨 문제가 있는 거죠?
여 최근까지 담배를 피우셨나요?
남 전 평생 담배를 피웠는데요.
여 저, 환자분께서는 폐암에 걸리셨습니다.
남 심각한가요?
여 예, 심각합니다. 유감이군요.

honest 솔직한, 정직한 **lung** 폐 **cancer** 암 **serious** 심각한

15 대화를 듣고, 여자의 마지막 말에 이어질 남자의 말로 알맞은 것을 고르세요.

① It's half past eleven.
② It's a little expensive.
③ I'm happy that you like it.
④ I don't want to buy anything bright.

W I think this green T-shirt looks good on you.
M Well, I want to buy the navy blue one, Mom.
W I don't think it looks good on you.
M Mommy, please. I really like this color.
W Okay... How much is it?
M It's a little expensive.

여 이 초록색 티셔츠가 네게 어울리는 것 같구나.
남 음, 전 짙은 남색 티셔츠로 사고 싶어요, 엄마.
여 그건 네게 어울리는 것 같지 않은데.
남 엄마, 제발요. 전 이 색이 정말 좋아요.
여 그래… 얼마지?
남 그건 약간 비싸요.

① 11시 30분이에요.
③ 좋아하시니 기뻐요.
④ 밝은 것은 사고 싶지 않아요.

look good on ~에게 어울리다 **navy blue** 짙은 남색

REVIEW TEST p. 19

A
❶ cancer, 암 ❷ bite, 물다 ❸ apology, 사과 ❹ recipe, 요리법
❺ serious, 심각한 ❻ earthquake, 지진 ❼ forget, 잊다, 망각하다
❽ occur, 일어나다, 발생하다 ❾ get used to, ~에 익숙해지다 ❿ look good on, ~에게 어울리다

B
❶ look, tired ❷ quarter, five ❸ wonder why, popular
❹ Why don't you ❺ cried all night ❻ picks me up
❼ sitting on the grass

TEST 03 p. 20

01 ③ 02 ① 03 ② 04 ④ 05 ② 06 ② 07 ① 08 ②
09 ② 10 ③ 11 ④ 12 ① 13 ③ 14 ③ 15 ②

문제 및 정답	받아쓰기 및 녹음내용	해석

01

다음을 듣고, 빈칸에 알맞은 것을 고르세요.

_____________ see each other again until May.

① We are going to
② We were going to
③ We are not going to
④ We were not going to

We are not going to see each other again until May.

우리는 5월까지는 서로 다시 만나지 못할 것이다.

each other 서로

02

대화를 듣고, 남자가 운동을 시작하기 전의 몸무게를 고르세요.

①

②

③
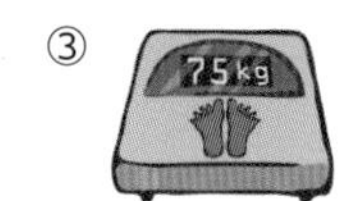

④

W So I heard you're working out these days.
M Yeah. I feel great.
W Have you lost weight?
M No. Believe it or not, I gained 3 kilos.
W You're kidding.
M No. It's all muscle though. Now I weigh 75 kilos.

여 그런데 내가 듣기로는 너 요즘 운동한다면서.
남 응. 컨디션이 굉장히 좋아.
여 너는 몸무게가 줄었니?
남 아니. 믿기 힘들겠지만, 3킬로가 늘었어.
여 말도 안 돼.
남 아냐. 그래도 이건 모두 근육이야. 지금 내 몸무게는 75킬로야.

work out 운동하다 **these days** 요즈음 **weight** 몸무게 **Believe it or not** 믿기 힘들겠지만 **gain** (체중이) 늘다 **muscle** 근육 **weigh** 체중[무게]이 ~이다

03

대화를 듣고, 그림에서 Jane이 누구인지 고르세요.

W Which girl is Jane? You're always talking about her.
M Oh, she's over there near the checkout counter.
W Do you mean the girl with long, straight hair?
M No, that's Sara. Jane is wearing a skirt and has shoulder-length hair.
W Oh, I see her now.

여 어떤 여자아이가 Jane이니? 넌 항상 그녀에 대해 말하잖아.
남 아, 그녀는 계산대 근처 저쪽에 있어.
여 긴 생머리를 한 여자아이를 말하는 거야?
남 아니, 그녀는 Sara야. Jane은 치마를 입고 있고 어깨 길이의 머리를 하고 있어.
여 오, 이제 알겠다.

over there 저쪽에 **checkout counter** 계산대 **straight** 곧은, 일직선의 **shoulder-length** 어깨 길이의

04 다음을 듣고, 그림의 상황에 알맞은 대화를 고르세요.

① ② ③ ④

① M Is this seat taken?
W Yes, it is taken.

② M How old are you?
W I'm almost 70 years old.

③ M Did you get the tickets?
W Yeah, and they're good seats, too. They're right up front.

④ M Ma'am? You can sit over here.
W How kind of you!

① 남 여기 자리 있습니까?
여 네, 있습니다.

② 남 연세가 어떻게 되세요?
여 난 거의 70살쯤 됐네.

③ 남 표 끊었니?
여 응, 그것도 좋은 자리로 말이야. 바로 맨 앞 자리야.

④ 남 아주머니? 이쪽에 앉으세요.
여 참 친절하시군요!

almost 거의 **up front** 맨 앞의
over here 이쪽으로

05 대화를 듣고, 여자가 얼마나 오랫동안 출장을 떠나 있을 것인지 고르세요.

① 일주일간 ② 주말 동안
③ 월요일 하루 ④ 금요일 하루

W Could you give me a ride to the airport tonight?
M Where are you going?
W I have a weekend business trip to Shanghai.
M When are you going to come back?
W I'll be back on Monday around one o'clock in the afternoon.

여 오늘 밤에 나를 공항까지 태워다 줄 수 있니?
남 너 어디 가는데?
여 나는 주말에 상하이로 출장을 가.
남 언제 돌아올 예정이니?
여 월요일 오후 1시쯤에 돌아올 거야.

airport 공항 **business trip** 출장
around ~쯤, 대략

06 다음을 듣고, 남자의 남동생이 남자에게 얼마를 빚지고 있는지 고르세요.

① \$30 ② \$55
③ \$75 ④ \$100

My brother borrowed 100 dollars from me, and the next day, he paid me back 75 dollars. Today, he suddenly asked me to lend him 30 more dollars.

내 남동생은 나에게서 100달러를 빌려 가서, 그다음 날 75달러를 돌려주었다. 오늘, 그 애는 갑자기 나에게 30달러를 더 빌려 달라고 부탁했다.

borrow 빌리다 **pay back** ~를 갚다, (빌린 것을) 돌려주다 **suddenly** 갑자기

07 대화를 듣고, 여자가 공부를 열심히 하는 이유를 고르세요.

① 의사가 되기 위해서
② 법대에 진학하기 위해서
③ 중간고사 성적을 만회하기 위해서
④ 공부한 것을 친구들에게 설명해 주기 위해서

M You're always in the library. Don't you ever play with your friends?
W Not really. I want to go to medical school to become a doctor. So I should study hard.
M Friends are important, too, you know.
W I should study as much as possible. I'm always thinking of my goal.

남 넌 항상 도서관에 있구나. 친구들이랑은 전혀 안 노니?
여 그러는 편이야. 난 의사가 되기 위해 의대에 가고 싶거든. 그래서 열심히 공부해야 해.
남 친구도 중요한 거야, 너도 알다시피.
여 난 최대한 많이 공부해야 해. 나는 항상 내 목표를 생각하고 있어.

library 도서관 **medical school** 의대
important 중요한 **possible** 가능한
goal 목표

08

대화를 듣고, 남자의 문제가 무엇인지 고르세요.

① 해물 요리를 싫어한다.
② 식중독에 걸린 것 같다.
③ 남자가 요리한 음식이 상했다.
④ 음식을 빨리 먹어 체한 것 같다.

W What's wrong, Bill? Are you all right?
M I think I ate some bad food. It might have been the seafood.
W Do you think you have food poisoning?
M Maybe. I started to feel ill right after I ate.

여 무슨 일이야, Bill? 너 괜찮은 거야?
남 난 상한 음식을 먹은 것 같아. 해물이 문제였던 것 같아.
여 네가 식중독에 걸렸다고 생각하니?
남 아마도. 먹은 후에 바로 아프기 시작했거든.

seafood 해물 **food poisoning** 식중독
ill 아픈

09

대화를 듣고, 여자의 심정으로 알맞은 것을 고르세요.

① upset ② nervous
③ satisfied ④ sorrowful

M Hey, Mary. Are you okay?
W I'm fine. Last month, I applied to go to university, and today, I will receive the results.
M I'm sure you will be accepted. You are very smart.
W Thank you for saying that. But I don't know what I will do if I am not.

남 이봐, Mary. 너 괜찮니?
여 괜찮아. 지난달에 대학에 가려고 지원했고, 오늘 그 결과를 받게 되거든.
남 분명 넌 합격할 거야. 넌 매우 똑똑하니까.
여 그렇게 말해 줘서 고마워. 그렇지만 합격하지 못하면 뭘 할지 모르겠어.

apply 지원하다 **receive** 받다 **result** 결과
be accepted 합격하다 **satisfied** 만족한
sorrowful 슬픈

10

다음을 듣고, 두 사람의 대화가 어색한 것을 고르세요.

① ② ③ ④

① W Can you tell me why you are upset now?
M You really don't know why?
② W What a beautiful season!
M Yes, summer is my favorite.
③ M Do you know who broke my window?
W I will tell him what to do.
④ W Have you read this book before?
M Yes, I have. Isn't it a wonderful book?

① 여 너 지금 왜 화가 나 있는지 나한테 말해 줄 수 있어?
남 네가 그 이유를 정말로 모른단 말이야?
② 여 정말 아름다운 계절이다!
남 그래, 여름은 내가 가장 좋아하는 계절이기도 해.
③ 남 누가 내 창문을 깼는지 아니?
여 내가 그에게 무엇을 해야 할지 말할게.
④ 여 이 책을 전에 읽어 본 적 있어?
남 응, 읽어 봤어. 정말 좋은 책이지 않니?

season 계절 **broke** break(깨다)의 과거형

11

대화를 듣고, 현재 시각을 고르세요.

① 2시 ② 3시
③ 5시 ④ 7시

M Jenny, you look stressed out.
W Well, I've been studying for tomorrow's test.
M How long have you been studying?
W Since about two o'clock.
M Wow! So you've been studying for five hours.
W Yeah, I feel very tired.

남 Jenny! 너 스트레스가 쌓인 것 같다.
여 음, 내일 시험을 위해 공부하는 중이야.
남 얼마나 오랫동안 공부했니?
여 대략 2시부터 했어.
남 와! 그럼 다섯 시간 동안 공부했구나.
여 맞아, 너무 피곤해.

stressed out 스트레스가 쌓인

12 대화를 듣고, 대화 내용과 일치하는 것을 고르세요.

① 남자는 두통 때문에 집에 가길 원한다.
② 남자는 이번 달에 조퇴를 한 번 했다.
③ 여자는 남자가 건강하다고 생각한다.
④ 여자는 남자에게 빨리 집에 가라고 한다.

M If you don't mind, I'd like to go home early.
W What's the matter?
M I have a headache.
W It's your third one already this month. You should take care of your health.

남 괜찮으시다면 전 일찍 집에 가고 싶어요.
여 무슨 문제가 있나요?
남 머리가 아파서요.
여 이번 달 들어 벌써 세 번째예요. 당신은 건강을 신경 쓰셔야겠어요.

mind (부정·의문·조건문에서) 신경 쓰다, 싫어하다
take care of ~을 신경 쓰다, 돌보다

13 대화를 듣고, 남자가 오늘 오후에 할 일로 알맞은 것을 고르세요.

① 청소 ② 숙제
③ 면접 ④ 미용실 방문

W You smell really bad. What's going on?
M I have been busy lately. I didn't even have time to take a shower.
W Don't you remember you have a job interview this afternoon?
M Oh, that's right. I guess the first thing I have to do is take a shower.
W Yes, you'd better do that.

여 네게서 엄청 안 좋은 냄새가 나. 무슨 일이야?
남 난 최근에 바빴거든. 나는 샤워할 시간조차 없었어.
여 너는 오늘 오후에 구직 면접을 봐야 하는 거 기억 안 나?
남 어, 맞다. 가장 먼저 샤워를 해야 할 것 같네.
여 응, 그러는 게 좋겠어.

smell ~한 냄새가 나다 **job interview** 구직 면접 **had better** ~하는 게 좋겠다

14 대화를 듣고, 여자가 학교 장기 자랑에서 무엇을 할 것인지 고르세요.

① 노래를 부른다.
② 성대모사를 한다.
③ 마술을 보여 준다.
④ 룸메이트와 춤을 춘다.

M Hey! Did you hear the news?
W What are you talking about?
M Our school is going to have a talent show!
W Wow, that's great! I'm going to do some magic in the talent show. Are you going to sing a song?
M No, I'm going to dance with my roommate. It'll be a good chance to practice dancing.

남 야! 너 그 소식 들었니?
여 무슨 얘길 하는 거야?
남 우리 학교에서 장기 자랑을 열 거래!
여 와, 잘됐다! 난 장기 자랑에서 마술을 할 거야. 넌 노래를 부를 거니?
남 아니, 난 룸메이트와 춤을 추려고 해. 춤 연습을 할 수 있는 좋은 기회가 될 거야.

talent show 장기 자랑 **magic** 마술
roommate 룸메이트 **chance** 기회
practice 연습하다

15 대화를 듣고, 남자의 마지막 말에 이어질 여자의 말로 알맞은 것을 고르세요.

① Take it easy.
② Sure. Why not?
③ Yes, they have.
④ I hope I see you again.

M It's time for English class, but I can't find my textbook.
W Did you look in your bag?
M Yes, I did. I think I left it at home. Will you share your book with me?
W Sure. Why not?

남 영어 수업 시간인데, 내 교과서를 찾을 수가 없네.
여 가방 안은 살펴봤니?
남 응, 그럼. 내 생각에는 집에 두고 온 것 같아. 나하고 책 같이 볼래?
여 그래. 안될 것 없지.

① 진정해.
③ 응, 그들은 그랬어.
④ 널 다시 만나기를 바라.

textbook 교과서 **share** 함께 쓰다, 공유하다

REVIEW TEST p. 25

A
❶ goal, 목표 ❷ receive, 받다 ❸ muscle, 근육 ❹ seafood, 해물
❺ borrow, 빌리다 ❻ possible, 가능한 ❼ share, 함께 쓰다, 공유하다
❽ work out, 운동하다 ❾ these days, 요즈음 ❿ pay back, ~를 갚다, (빌린 것을) 돌려주다

B
❶ lost weight ❷ food poisoning ❸ talent show
❹ take care of ❺ business trip to ❻ find my textbook
❼ remember, job interview

TEST 04

p. 26

01 ③ 02 ② 03 ③ 04 ③ 05 ④ 06 ③ 07 ① 08 ④
09 ② 10 ② 11 ② 12 ③ 13 ① 14 ② 15 ②

	문제 및 정답	받아쓰기 및 녹음내용	해석
01	다음을 듣고, 빈칸에 알맞은 것을 고르세요. _______ I opened the window? ① Do you mind if ② Would you mind ③ Would you mind if ④ Wouldn't you mind if	Would you mind if I opened the window?	제가 창문을 열어도 괜찮겠습니까?

02 다음을 듣고, 오늘에 해당하는 요일을 고르세요.

	Day of the Week	Things to Do
①	Monday	• Math homework
②	Tuesday	• English test • Baseball practice
③	Wednesday	• Go to a concert with my girlfriend
④	Thursday	• Baseball game

Today was the worst. I had a big English test that I'm sure I failed. And then at baseball practice, I sprained my ankle. I am afraid that I won't be able to play in the big game on Thursday. Tomorrow, I am going to go to a concert with my girlfriend. I hope I have a good time.

오늘은 최악의 날이었다. 중요한 영어 시험이 있었는데 나는 분명히 낙제했을 것이다. 그런 다음 나는 야구 연습에서 발목을 삐었다. 나는 목요일에 있는 중요한 경기에서 뛸 수 없을까 봐 걱정된다. 내일 나는 여자 친구와 함께 콘서트에 갈 것이다. 즐거운 시간을 보낸다면 좋겠다.

worst 최악의, 가장 나쁜 **fail** (시험에) 낙제하다, 떨어지다 **sprain** (발목 등을) 삐다[접지르다]

03 다음을 듣고, 어떤 동물에 관한 이야기인지 고르세요.

① ② ③ ④

Who can call them birds? They have wings, but they are too short for them to fly. However, they use their short wings for swimming. They walk upright like humans. They live in large groups near the water. They get their food from the water. They like to eat fish, shrimp, squid, and krill.

누가 그들을 새라고 부를 수 있겠는가? 그들에게는 날개가 있지만, 그것들은 너무 짧아서 그들이 날 수가 없다. 하지만, 그들은 짧은 날개를 수영하는 데 사용한다. 그들은 인간처럼 직립으로 걷는다. 그들은 물가에서 큰 무리를 이루고 산다. 그들은 물속에서 먹이를 얻는다. 그들은 물고기, 새우, 오징어, 크릴새우를 먹는 것을 좋아한다.

call 부르다, 칭하다 **wing** 날개
upright 직립의, 똑바른 **shrimp** 새우
squid 오징어 **krill** 크릴새우

04 다음을 듣고, 그림의 상황에 알맞은 대화를 고르세요.

① ② ③ ④ (✓③)

① M Excuse me, but where is the pharmacy?
W Go straight down this hall and turn left.

② W What's this made of?
M It's made of sticky rice and red beans.

③ W Do you have it in any different colors?
M Sorry. That's all we have.

④ W Mmm! What's that smell?
M Freshly baked strawberry cake. Do you want some?

① 남 실례합니다만, 약국은 어디에 있습니까?
여 이 복도를 쭉 내려가셔서 왼쪽으로 도세요.

② 여 이것은 무엇으로 만들어졌습니까?
남 이것은 찹쌀과 팥으로 만들어졌습니다.

③ 여 이것이 다른 색상으로도 있나요?
남 죄송합니다. 그것이 우리가 가진 전부입니다.

④ 여 음! 무슨 냄새지?
남 갓 구운 딸기 케이크야. 좀 먹을래?

pharmacy 약국 **hall** 복도; 넓은 방 **be made of** ~로 만들어지다 **sticky rice** 찹쌀 **red bean** 팥 **different** 다른

05 대화를 듣고, 여자가 남자에게 지적한 내용을 고르세요.

① 수프 그릇이 깨져 있다.
② 계산서를 늦게 가져왔다.
③ 수프의 값이 너무 비싸다.
④ 수프 속에 이물질이 들어 있다. (✓)

W Excuse me?
M Yes. What can I do for you?
W I think I saw something floating in my soup.
M I'm awfully sorry. Shall I get you a new cup of soup?
W No. Just give me the bill.

여 실례합니다.
남 네. 무엇을 도와드릴까요?
여 제 수프 속에 뭔가가 떠 있는 걸 본 것 같아요.
남 대단히 죄송합니다. 제가 새 수프를 갖다 드릴까요?
여 아뇨. 그냥 계산서만 제게 주세요.

float (물 위에) 뜨다, 떠오르다 **awfully** 대단히, 몹시 **bill** 계산서

06 대화를 듣고, 남자가 구입할 원피스의 사이즈를 고르세요.

① 5 ② 6
③ 7 (✓) ④ 8

M Well, I'm looking for a dress for my girlfriend.
W Do you know what size she wears?
M I don't know, but I would say that she's just about your size.
W Okay. I'm a size six, but I would recommend that you take the next bigger size just in case.
M That's nice. I'll take it.

남 음, 저는 여자 친구에게 줄 원피스를 찾고 있는데요.
여 그분이 무슨 사이즈를 입는지 아시나요?
남 잘 모르겠지만, 얼추 당신의 사이즈와 같을 겁니다.
여 알겠습니다. 제 사이즈는 6입니다만, 만일의 경우에 대비해서 한 사이즈 더 큰 것을 사라고 권해드리겠습니다.
남 그게 좋겠네요. 그걸 살게요.

recommend 권하다, 추천하다
just in case 만일의 경우에 대비하여

07 대화를 듣고, 여자가 시험에 다시 응시하지 않는 이유를 고르세요.

① 자신감이 없어서 (✓)
② 시험이 갑자기 어려워져서
③ 이미 원하는 점수를 받아서
④ 다른 일에 집중하고 싶어서

M Emily, why don't you take the English exam again?
W I took it twice already, and I haven't been able to get a better grade.
M Don't you think you should keep trying?
W No. I'm not confident that I can raise my grade.

남 Emily, 왜 영어 시험에 다시 응시하지 않니?
여 시험을 이미 두 번이나 봤는데, 더 좋은 점수를 받을 수가 없었어.
남 계속 시도해 봐야 한다고 생각하지 않니?
여 아니. 점수를 올릴 수 있겠다는 자신이 없어서 말이야.

already 이미 **confident** 자신감 있는, 확신하는 **raise** 올리다, 높이다

08 대화를 듣고, 남자가 이용할 교통수단으로 알맞은 것을 고르세요.

① taxi ② bus
③ subway ④ parents' car

M It's already 11 p.m., and I don't know how I'm going to get home at this late hour.
W Why don't you take a taxi?
M I don't have enough money. Do you think I can take the bus or subway?
W I think it's too late to take either. Why don't you ask your parents to pick you up?
M I guess that's the only solution.

남 벌써 밤 11시인데, 이 늦은 시각에 집에 어떻게 가야 할지 모르겠어.
여 택시를 타지 그러니?
남 돈이 충분치 않아. 내가 버스나 지하철을 탈 수 있을 거라고 생각하니?
여 둘 중 어느 것도 타기에는 너무 늦은 것 같아. 부모님께 태우러 와 달라고 부탁하지 그러니?
남 그게 유일한 해결책인 것 같다.

either (둘 중) 어느 쪽도 **guess** ~일 것 같다, ~라고 생각하다 **solution** 해결책

09 대화를 듣고, 여자의 태도로 알맞은 것을 고르세요.

① 용감하다 ② 겸손하다
③ 비판적이다 ④ 자신만만하다

M What a beautiful painting! Did you make this?
W Yes, I did. But it is not so great.
M The colors are wonderful. It is remarkable!
W Thanks. It is just something I did in my spare time.

남 정말 멋진 그림이다! 이거 네가 그린 거야?
여 응, 맞아. 하지만 그렇게 대단하지는 않아.
남 색깔이 아주 멋져. 대단하다!
여 고마워. 그냥 여가 시간에 그려 본 것일 뿐이야.

painting 그림 **remarkable** 대단한, 주목할 만한 **spare time** 여가 시간

10 다음을 듣고, 두 사람의 대화가 어색한 것을 고르세요.

① ② ③ ④

① W Do I have any other choices?
M I guess not.
② W Is there anything else I can help you with today?
M Help yourself, please.
③ M Do you mind if I turn the volume down?
W No, I think it's loud, too.
④ W I would like to become a lawyer.
M Why not? If you work hard, you can.

① 여 나에게 다른 선택의 여지가 있니?
남 없는 것 같아.
② 여 오늘 내가 도와줄 일이 또 있니?
남 마음껏 먹어.
③ 남 제가 음량을 줄여도 될까요?
여 네, 제가 생각하기에도 소리가 크네요.
④ 여 난 변호사가 되고 싶어.
남 왜 안되겠니? 열심히 노력하면 될 수 있어.

choice 선택 **turn down** (소리·온도 등을) 줄이다, 낮추다 **volume** 음량

11 대화를 듣고, 남자가 구입할 선물로 알맞은 것을 고르세요.

① 스카프
② 귀걸이
③ 태블릿 컴퓨터
④ 스마트폰 케이스

M It's my cousin Jane's birthday tomorrow, and I don't know what to get her.
W How about a smartphone case?
M No. I gave her one on her last birthday.
W Why don't you get her a tablet computer?
M What? That's too expensive.
W Then what about earrings?
M That's a good idea. I'll buy some.

남 내일이 내 사촌 Jane의 생일인데, 난 그녀에게 뭘 사 줘야 할지 모르겠어.
여 스마트폰 케이스는 어때?
남 안돼. 저번 생일 때 그녀에게 줬어.
여 태블릿 컴퓨터를 사 주는 건 어때?
남 뭐? 그건 너무 비싸.
여 그러면 귀걸이는 어때?
남 좋은 생각이다. 그걸 사야겠어.

cousin 사촌 **earrings** 귀걸이

12 다음을 듣고, 내용과 일치하는 것을 고르세요.

① Jenny에게는 남동생이 있다.
② Jenny는 방과 후에 숙제를 1시간 동안 한다.
③ Jenny는 숙제를 한 후에 친구들과 논다.
④ Jenny는 Sandy와 도서관에서 친구들을 기다린다.

I'm Jenny. I have a twin sister, Sandy. We usually do our homework at the library for three hours after school. After that, we play with our friends.

난 Jenny야. 내게는 쌍둥이 언니인 Sandy가 있어. 우리는 보통 방과 후에 도서관에서 3시간 동안 숙제를 해. 그런 다음에 우리는 친구들이랑 놀아.

twin 쌍둥이 **usually** 보통, 대개

13 대화를 듣고, 크리스마스에 여자에게 일어날 일로 알맞은 것을 고르세요.

① 뉴욕에 있는 오빠가 집에 온다.
② 뉴욕에 있는 오빠를 만나러 간다.
③ 뉴욕에 있는 오빠에게서 선물을 받는다.
④ 뉴욕에서 가족들과 함께 크리스마스를 보낸다.

W I got a call from my brother in New York. He says he's coming home for Christmas this year.
M How long has he been in New York?
W More than three years.
M You must be looking forward to seeing your brother.
W Yeah. I'm so excited.

여 뉴욕에 사는 오빠에게서 전화가 왔어. 올해 크리스마스 때 집에 올 거라고 말하더라.
남 너희 오빠가 뉴욕에 산 지 얼마나 됐니?
여 3년 넘었어.
남 너는 너희 오빠를 만나기를 몹시 기대하고 있겠구나.
여 그럼. 정말 기대돼.

look forward to ~을 몹시 기대하다
excited 기대되는, 들뜬

14 대화를 듣고, 남자가 또다시 늦을 경우 여자가 하게 될 행동을 고르세요.

① 남자를 낙제시킨다.
② 남자에게 벌점을 준다.
③ 남자에게 청소를 시킨다.
④ 남자의 부모님에게 알린다.

W You're late again, Sam!
M I'm sorry, Mrs. Lee. I missed the bus.
W If you're late again, I will take one point off your grade.
M Okay, I won't be late again.

여 넌 또 늦었어, Sam!
남 죄송합니다, 이 선생님. 버스를 놓쳤어요.
여 또 늦으면 네 성적에서 1점을 깎을 거야.
남 알겠습니다, 다시는 늦지 않을게요.

miss 놓치다

15 대화를 듣고, 여자의 마지막 말에 이어질 남자의 말로 알맞은 것을 고르세요.

① It's because I'm hungry.
② Okay, let's have some pizza.
③ That's great. Let's go for a walk.
④ Well, playing soccer is not a good idea.

M Let's go for a walk, Sora.
W I don't want to go outside.
M Then what do you want to do?
W Why don't we have something to eat?
M Okay, let's have some pizza.

남 소라야, 산책하러 가자.
여 난 밖에 나가고 싶지 않아.
남 그럼 무얼 하고 싶은데?
여 뭘 좀 먹는 게 어때?
남 좋아, 피자를 좀 먹자.

① 내가 배고프기 때문이야.
③ 좋아. 산책하러 가자.
④ 음, 축구를 하는 것은 좋은 생각이 아니야.

go for a walk 산책하러 가다

REVIEW TEST p. 31

A ❶ cousin, 사촌 ❷ already, 이미 ❸ solution, 해결책 ❹ pharmacy, 약국 ❺ squid, 오징어 ❻ float, (물 위에) 뜨다, 떠오르다 ❼ recommend, 권하다, 추천하다 ❽ remarkable, 대단한, 주목할 만한 ❾ spare time, 여가 시간 ❿ just in case, 만일의 경우에 대비하여

B ❶ made of ❷ twin sister ❸ too late, either ❹ sprained my ankle ❺ Would you mind ❻ looking forward to ❼ give me the bill

TEST 05

p. 32

01 ④ 02 ③ 03 ① 04 ③ 05 ③ 06 ① 07 ② 08 ②
09 ④ 10 ① 11 ④ 12 ④ 13 ① 14 ④ 15 ③

	문제 및 정답	받아쓰기 및 녹음내용	해석
01	다음을 듣고, 빈칸에 알맞은 것을 고르세요. I really ____________ hurt you. ① did want to ② did mean to ③ didn't want to ④ didn't mean to	I really didn't mean to hurt you.	나는 정말로 네게 상처 줄 의도는 없었어. **mean** 의도하다 **hurt** 상처 주다
02	대화를 듣고, 여자가 찾고 있는 버스 카드의 위치로 알맞은 곳을 고르세요. ① ② ③ ④	W Have you seen my bus pass? M Yeah. I saw it on the floor, so I picked it up. W Did you put it back into my purse? M No. It's in your organizer on your desk. W Thanks a lot. I thought I had lost it.	여 제 버스 카드를 보셨나요? 남 응. 그것이 바닥에 있는 것을 봐서, 내가 그걸 주웠어. 여 그걸 제 지갑에 다시 넣으셨나요? 남 아니. 그것은 네 책상 위에 있는 다이어리 안에 있어. 여 정말 감사해요. 저는 그걸 잃어버렸다고 생각했거든요. **floor** 바닥, 층 **pick up** ~을 집어 올리다 **purse** 지갑 **organizer** 다이어리
03	대화를 듣고, 그림에서 남자가 설명하고 있는 여자아이를 고르세요. ① ② ③ ④	M Look at her! She's my new classmate. W Who are you talking about? M The girl near the door. W Do you mean the girl with the books in her hands? M No, not that one. She is talking to my teacher now.	남 저 애를 봐! 그녀는 새로운 반 친구야. 여 누구를 말하는 거야? 남 문 근처에 있는 여자아이 말이야. 여 손에 책을 들고 있는 여자아이를 말하는 거니? 남 아니, 저 애는 아냐. 그녀는 지금 우리 선생님과 이야기하고 있어. **classmate** 반 친구, 급우

04 다음을 듣고, 그림의 상황에 알맞은 대화를 고르세요.

① ② ③ ④

① W Are you here for business or pleasure?
M Business.

② W Where are you going?
M I'm just strolling around the park.

③ W Do you have any luggage to check?
M Yes, I'd like to check this suitcase.

④ W Hi. I'm Carrie White.
M It's a pleasure to meet you. I've heard so much about you.

① 여 이곳에 사업차 오신 건가요, 아니면 관광차 오신 건가요?
남 사업차 왔습니다.

② 여 어디를 가는 중이니?
남 그냥 공원을 산책하는 중이야.

③ 여 부치실 수화물이 있습니까?
남 네, 이 여행 가방을 부치고 싶습니다.

④ 여 안녕하세요. 저는 Carrie White입니다.
남 만나서 반갑습니다. 당신에 대한 말씀을 정말 많이 들었습니다.

pleasure 오락; 기쁨 **stroll** 산책하다, 거닐다
luggage 수하물 **suitcase** 여행 가방

05 대화를 듣고, 남자에게 일어난 일로 알맞은 것을 고르세요.

① 공원에서 개에게 쫓겼다.
② 고양이에게 손을 물렸다.
③ 키우던 고양이가 집을 나갔다.
④ 키우던 고양이가 병에 걸렸다.

M Have you seen my cat?
W No, what's the matter with him?
M He ran away last night, and I've been looking all over for him.
W Really? Let me help you find him.
M Thanks. Let's go to the park and look for him.

남 내 고양이를 본 적 있니?
여 아니, 고양이에게 무슨 일이 있니?
남 고양이가 어젯밤에 집을 나가서, 난 고양이를 찾으려고 이곳저곳을 다니고 있어.
여 정말? 내가 찾는 걸 도와줄게.
남 고마워. 공원에 가서 고양이를 찾아보자.

run away 도망가다 **all over** 이곳저곳, 도처에

06 대화를 듣고, 방콕의 현재 시각을 고르세요.

① 7 a.m. ② 9 a.m.
③ 10 a.m. ④ 11 a.m.

M Do you know what time it is in Bangkok?
W It's 9 a.m. here in Seoul, so let's see...
M What's the time difference between Seoul and Bangkok?
W Well, Bangkok is two hours behind Seoul.
M Yeah. Well, I'll call my brother in an hour. He should be up by then.

남 방콕이 몇 시인지 아니?
여 이곳 서울이 오전 9시니까, 어디 보자…
남 서울과 방콕의 시차가 어떻게 되니?
여 음, 방콕이 서울보다 2시간이 늦어.
남 그래. 그럼, 난 남동생한테 한 시간 뒤에 전화해야겠다. 그 애가 그때쯤에는 일어날 테니까.

Let's see. 글쎄., 어디 보자. **difference** 차이
by then 그때쯤에는

07 대화를 듣고, 여자가 불을 켜 두라고 하는 이유를 고르세요.

① 책을 읽기 위해서
② 어둠을 무서워해서
③ 손전등을 고치기 위해서
④ 남자와 이야기를 하기 위해서

W Please leave the light on.
M Why? Do you want to read a book?
W No. I am still scared of the dark. You know that.
M Okay, I'll leave the light on.

여 제발 불 좀 켜 둬.
남 왜? 책을 읽고 싶어서?
여 아니. 나는 여전히 어둠이 두려워. 너도 알잖아.
남 알았어, 불을 켜 두도록 할게.

leave (어떤 상태·장소에) 두다, 놓다
be scared of ~을 두려워하다

08 대화를 듣고, 대화 내용과 일치하지 않는 것을 고르세요.

① 남자는 일 때문에 스트레스를 받고 있다.
② 남자는 일자리를 구하는 데 어려움을 겪고 있다.
③ 남자는 스트레스가 건강을 해친다는 것을 알고 있다.
④ 남자는 쉴 시간이 별로 없다.

W How's work going, Sam?
M My work situation is very stressful. It is really affecting my health.
W You should get some rest. Stress can hurt you, you know.
M I know you're right. It's just hard to find the time.

여 일은 어떻게 돼 가, Sam?
남 내 업무 상황이 매우 스트레스를 줘. 정말 내 건강까지 안 좋다니까.
여 넌 휴식을 좀 취해야 해. 너도 알다시피, 스트레스가 널 상하게 할 수도 있어.
남 네 말이 맞다는 건 나도 알아. 다만 시간을 내기가 어려울 뿐이지.

stressful 스트레스가 많은 **affect** 영향을 미치다

09 대화를 듣고, 남자의 태도로 알맞은 것을 고르세요.

① unfair ② greedy
③ careless ④ confident

W You have been training for this race for a long time.
M Yes, that's true. The race is in a few days.
W How well do you think you will do?
M I'm sure I will win. I have worked so hard.

여 당신은 이 경주를 위해서 오랫동안 훈련해 왔습니다.
남 네, 맞습니다. 경주가 며칠 안 남았어요.
여 얼마나 잘할 거라 생각하십니까?
남 분명히 제가 이길 겁니다. 아주 열심히 훈련했거든요.

train 훈련하다 **race** 경주 **win** 이기다
unfair 부당한 **greedy** 욕심 많은

10 다음을 듣고, 두 사람의 대화가 자연스러운 것을 고르세요.

① ② ③ ④

① W What would you like for lunch?
M I'm not very hungry now. A cup of tea would be fine.
② M Hi. May I speak to Steven?
W Well, then can I leave a message?
③ M I have a surprise for you.
W You have no idea how much I appreciate you.
④ M Is your younger sister taller than you?
W I've never argued with my sister.

① 여 점심으로 무얼 먹고 싶니?
남 난 지금 배가 그다지 고프지 않아. 차 한 잔이면 돼.
② 남 여보세요. Steven이랑 통화할 수 있을까요?
여 음, 그러면 제가 메시지를 남겨도 되겠습니까?
③ 남 널 깜짝 놀라게 해 줄 일이 있어.
여 내가 네게 얼마나 많이 고마워하는지 넌 모를 거야.
④ 남 네 여동생이 너보다 키가 더 크니?
여 난 내 여동생과 한 번도 말싸움한 적이 없어.

leave a message 메시지를 남기다
surprise 놀라운 일 **appreciate** 고마워하다, 감사하다 **argue** 말싸움하다

11 대화를 듣고, 여자가 대화 직후에 할 일로 알맞은 것을 고르세요.

① 테이블을 뒤뜰로 옮긴다.
② 집들이 요리를 준비한다.
③ 집들이 선물을 사러 간다.
④ 남자에게 친구들을 소개해 준다.

W Hi, Bob. Come in. I'm so glad that you could make it.
M Thank you for inviting me. Here, I brought a little housewarming gift.
W Oh, you shouldn't have! Thanks a lot.
M It's nothing big. Am I the first to arrive?
W No, everyone else is in the backyard. I'll introduce my friends to you.

여 안녕, Bob. 들어와. 네가 와 줘서 정말 기뻐.
남 초대해 줘서 고마워. 여기, 작은 집들이 선물을 가져왔어.
여 오, 안 그래도 됐는데! 정말 고마워.
남 별 거 아닌걸. 내가 가장 먼저 온 거야?
여 아니, 다른 사람들은 모두 뒤뜰에 있어. 네게 내 친구들을 소개해 줄게.

make it (모임 등에) 참석하다 **invite** 초대하다 **housewarming** 집들이 **arrive** 도착하다 **backyard** 뒤뜰 **introduce** 소개하다

12 대화를 듣고, 대화 내용과 일치하지 않는 것을 고르세요.

① 여자는 Liam Wilson을 좋아한다.
② 남자는 Stephen Park를 좋아한다.
③ 여자는 Stephen Park를 알고 있다.
④ 남자는 농구를 직접 하는 것을 더 좋아한다.

M What athlete do you like?
W I like the soccer player Liam Wilson. How about you?
M I like the basketball player Stephen Park.
W I know him, too. Do you like playing basketball?
M No, I like watching it more than playing it.

남 어떤 운동선수를 좋아하니?
여 난 축구 선수 Liam Wilson을 좋아해. 너는 어떠니?
남 난 농구 선수 Stephen Park를 좋아해.
여 나도 그를 알아. 넌 농구 하는 걸 좋아하니?
남 아니, 난 농구를 하는 것보다 보는 것을 더 좋아해.

athlete 운동선수

13 대화를 듣고, 남자가 여자에게 조언한 일로 알맞은 것을 고르세요.

① 영어로 생각한다.
② 영어로 많이 대화한다.
③ 영어책을 많이 읽는다.
④ 영어로 글을 많이 써 본다.

W I have a lot of trouble speaking English.
M Well, I think I can tell you why.
W Go ahead.
M I notice that you seem to be thinking in Korean and then translating it into English. You should try to think in English.
W Okay. I'll give it a try.

여 난 영어 말하기에 많은 어려움이 있어.
남 음, 왜 그런지 내가 말해 줄 수 있을 것 같아.
여 말해 봐.
남 내가 보기에 넌 한국말로 생각하고 그 다음에 영어로 옮기는 것 같아. 영어로 생각하도록 노력해 봐.
여 알겠어. 한번 해 볼게.

have trouble (in) -ing ~하는 데 어려움을 겪다 **notice** 알아차리다 **translate** 번역하다 **give ~ a try** ~를 한번 해 보다, 시도하다

14 대화를 듣고, 여자의 외모 중에서 달라진 점이 아닌 것을 고르세요.

① 살을 뺐음
② 머리를 길렀음
③ 머리 색깔이 밝아짐
④ 안경을 새것으로 바꿨음

M Jenny, it's good to see you again! You look great.
W Thanks. I've changed a lot, haven't I?
M Yeah, your hair is much longer and lighter. And you don't wear glasses anymore.
W I wear contact lenses now, and I've lost some weight.
M Wow, now you are a totally different person.

남 Jenny, 다시 만나서 반가워! 아주 좋아 보인다.
여 고마워. 나 많이 변했지, 그렇지 않니?
남 그래, 머리가 훨씬 더 길었고 밝아졌네. 그리고 안경은 더 이상 안 쓰네.
여 지금은 콘택트렌즈를 끼고, 체중이 좀 줄었어.
남 와, 넌 지금 완전 다른 사람이야.

change 변하다 **light** (색이) 밝은, 연한 **lose weight** 체중이 줄다 **totally** 완전히 **person** 사람

15 대화를 듣고, 남자의 마지막 말에 이어질 여자의 말로 알맞은 것을 고르세요.

① Congratulations!
② Okay, I'll buy them.
③ Sounds interesting.
④ Yes, I'd like to. Thank you.

M Did you hear that we're going to go on a field trip?
W No, where are we going?
M I heard we're going to the aquarium.
W Sounds interesting.

남 우리가 현장 학습을 가게 될 거라는 말 들었니?
여 아니, 어디로 가는데?
남 수족관으로 갈 거라고 들었어.
여 재미있겠는데.

① 축하해!
② 알았어, 그걸 살게.
④ 응, 좋지. 고마워.

field trip 현장 학습 **aquarium** 수족관

REVIEW TEST p. 37

A ❶ luggage, 수하물 ❷ aquarium, 수족관 ❸ suitcase, 여행 가방 ❹ notice, 알아차리다 ❺ translate, 번역하다 ❻ affect, 영향을 미치다 ❼ pleasure, 오락; 기쁨 ❽ run away, 도망가다 ❾ field trip, 현장 학습 ❿ all over, 이곳저곳, 도처에

B ❶ situation, stressful ❷ leave a message ❸ am, scared of ❹ mean to hurt ❺ how much, appreciate ❻ time difference between ❼ bus pass, floor

TEST 06

p. 38

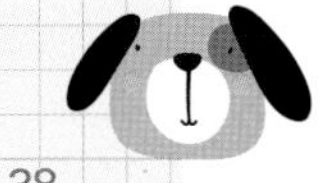

01 ② 02 ④ 03 ② 04 ④ 05 ① 06 ③ 07 ③ 08 ①
09 ③ 10 ④ 11 ② 12 ② 13 ② 14 ① 15 ③

	문제 및 정답	받아쓰기 및 녹음내용	해석

01

다음을 듣고, 빈칸에 알맞은 것을 고르세요.

My sister __________ a few weeks ago.

① buys it ② bought it
③ brought it ④ buys them

My sister bought it a few weeks ago.

내 여동생은 그것을 몇 주 전에 샀다.

bought buy(사다)의 과거형
a few weeks ago 몇 주 전에

02

대화를 듣고, Julia가 타고 오는 비행기를 고르세요.

	Flight Number	Arrival Time	From	Status
①	051	9:00	London	Delayed
②	494	9:20	Tokyo	On Time
③	505	9:35	Seoul	On Time
④	550	9:50	Osaka	Arrived

M What is Julia's flight number?
W I can't remember. It's five hundred… something.
M Anyway, she's coming from Korea, right?
W No, actually, she's coming from Japan.
M I thought she lived in Seoul.
W She does, but she went to Osaka to see her friend.

남 Julia의 비행 편이 뭐지?
여 기억이 안 나. 500… 몇 번인데.
남 여하튼, 한국에서 오고 있는 거 맞지?
여 아니, 실은, 그녀는 일본에서 오고 있어.
남 난 그녀가 서울에서 사는 줄 알았는데.
여 맞아, 하지만 그녀는 친구를 만나려고 오사카에 갔었거든.

flight 비행 편 **actually** 실은, 실제로는

03

대화를 듣고, 그림에서 여자의 이모가 누구인지 고르세요.

① ② ③ ④

W Oh, my gosh! There's my aunt with a man.
M Really? Which one is she? There are so many people in this store.
W She has short hair and is wearing a skirt.
M Is she the woman holding the man's hand?
W Yes, you're right. Excuse me. I should say hello to her.

여 아, 이런! 저기에 어떤 남자랑 우리 이모가 계셔.
남 정말? 그분이 누군데? 이 가게에는 너무 많은 사람들이 있어.
여 짧은 머리에 치마를 입고 계셔.
남 남자의 손을 잡고 있는 사람 말이니?
여 어, 맞아. 잠깐만. 이모께 인사 드려야겠다.

My gosh! 이런! **aunt** 이모, 고모 **hold** 잡다

04 다음을 듣고, 그림의 상황에 알맞은 대화를 고르세요.

① ② ③ ④

① M Those look heavy. Can I give you a hand?
W Yes, thank you.

② M Yes! I win!
W Good game. I'll beat you the next time though.

③ W Could you save these two seats for me, please?
M Sure.

④ W The line starts back there.
M Oh, I'm sorry.

① 남 그것들은 무거워 보이는데. 제가 당신을 도와드릴까요?
여 네, 감사합니다.

② 남 좋았어! 내가 이겼어!
여 훌륭한 경기야. 하지만 다음번엔 내가 널 이길 거야.

③ 여 이 두 자리를 좀 맡아 주시겠어요?
남 물론이죠.

④ 여 줄은 저기 뒤에서 시작이에요.
남 오, 죄송합니다.

beat (시합에서) 이기다 **save** 맡다; 보호하다

05 대화를 듣고, 대화 내용과 일치하는 것을 고르세요.

① 여자는 집들이에 사람들을 초대했다.
② 남자는 여자의 집이 예상보다 더 작다고 느낀다.
③ 남자는 여자의 집에 예정보다 늦게 도착했다.
④ 남자는 직접 만든 선물을 여자에게 주었다.

W Hi, Mac. Come on in. Welcome to my house.
M Wow, it's bigger than what I thought. Am I early?
W Yes, a little. Others are on the way. Make yourself at home.
M I bought a little something for your new place.
W Oh, thanks. You shouldn't have.

여 안녕, Mac. 들어와. 우리 집에 온 걸 환영해.
남 와, 내가 생각했던 것보다 더 크네. 내가 일찍 온 거야?
여 어, 조금. 다른 사람들은 오는 중이야. 편히 있어.
남 너의 새집을 위해 자그마한 것을 사 왔어.
여 오, 고마워. 그러지 않아도 되는데.

Make yourself at home. 편하게 계세요.

06 대화를 듣고, 탑이 세워진 연도를 고르세요.

① 1800 ② 1888
③ 1889 ④ 1898

M Do you know when that tower was completed?
W That would be in the late 1800s. Hold on... That would be in 1898.
M Wrong answer. It's 1889.
W Okay, that was a confusing one. I have to study some more.

남 저 탑이 언제 완공됐는지 아니?
여 그것은 1800년대 말일 거야. 잠깐만… 그것은 1898년에 완공됐을 거야.
남 틀렸어. 1889년이야.
여 알았어, 혼동되는 문제였네. 좀 더 공부해야겠어.

tower 탑 **complete** 완성[완공]하다 **Hold on.** 잠깐만., 기다려 봐. **confusing** 혼동되는

07 대화를 듣고, 남자가 기운이 없는 이유를 고르세요.

① 밤새 일해서
② 동생과 싸워서
③ 잘 먹지를 않아서
④ 운동을 하지 않아서

M I have been feeling weak these days.
W Really? Do you eat well and exercise?
M Well, I go swimming every morning, but I don't eat well at all.
W If you start eating better, you will feel a change in your health.

남 요즘 기운이 없어요.
여 그래요? 식사를 잘 하고 운동도 하나요?
남 음, 매일 아침 수영하러 가지만 잘 먹지는 않아요.
여 당신이 더 잘 먹기 시작하면, 건강의 변화를 느낄 거예요.

weak 기운이 없는, 약한 **change** 변화 **health** 건강

08 대화를 듣고, 대화 내용과 관련이 있는 속담을 고르세요.

① 피는 못 속인다.
② 소 잃고 외양간 고친다.
③ 배보다 배꼽이 더 크다.
④ 웃는 얼굴에 침 못 뱉는다.

W Your jokes are so funny. You are humorous like your father.
M Do you really think so?
W It's so obvious. You really resemble your father.
M In fact, that's what people say.

여 네 농담은 정말 웃겨. 너는 너희 아버지처럼 재미있구나.
남 정말로 그렇게 생각하니?
여 아주 확실히. 너는 정말로 너희 아버지를 닮았어.
남 사실, 다른 사람들도 그렇게 말해.

joke 농담 **humorous** 재미있는, 유머러스한 **obvious** 분명한 **resemble** 닮다

09 대화를 듣고, 여자의 심정으로 알맞은 것을 고르세요.

① 슬픔 ② 부러움
③ 절박함 ④ 자랑스러움

W John, will you help me study for the test right now?
M But the test is in one hour.
W I know. I wanted to wake up early and study this morning, but I overslept. Please help me!
M Okay. Let's open our books.

여 John, 시험 공부하는 거 지금 당장 도와주겠니?
남 그렇지만 시험이 한 시간밖에 안 남았는데.
여 알아. 나는 오늘 아침에 일찍 일어나서 공부하고 싶었지만 늦잠을 자버렸어. 제발 나 좀 도와줘!
남 알았어. 책 펴자.

wake up 일어나다 **overslept** oversleep(늦잠자다)의 과거형

10 다음을 듣고, 두 사람의 대화가 어색한 것을 고르세요.

① ② ③ ④

① M I will give you a ride home.
W Thank you.
② W Is there a post office near here?
M Yes, there is a post office across from Korea Bank.
③ M What's wrong?
W My cat is missing.
④ M Where does your mother work?
W She hopes to work at a hotel.

① 남 내가 널 집까지 차로 태워다 줄게.
여 고마워.
② 여 이 근처에 우체국이 있나요?
남 네, 한국은행 맞은 편에 우체국이 있어요.
③ 남 무슨 일이야?
여 내 고양이가 없어졌어.
④ 남 너희 어머니는 어디서 일하시니?
여 그녀는 호텔에서 일하길 바라셔.

missing 없어진, 실종된

11 대화를 듣고, 두 사람이 무엇에 대해 이야기하고 있는지 고르세요.

① 동물원에서 죽은 사자
② 동물원에서 탈출한 사자
③ 동물원에 새로 들어온 사자
④ 동물원에서 사람을 다치게 한 사자

M What's everybody talking about?
W A lion has escaped from the zoo!
M You are kidding!
W I thought everybody knew that.
M I didn't know that. I'm so scared.

남 모두 무엇에 대해 이야기하고 있니?
여 사자가 동물원에서 탈출했대!
남 농담하는구나!
여 모두가 그걸 안다고 생각했는데.
남 난 몰랐어. 정말 겁난다.

escape 탈출하다, 달아나다 **zoo** 동물원
kid 농담하다, 놀리다

12 대화를 듣고, 대화 내용과 일치하지 않는 것을 고르세요.

① 남자는 지금 보고 있는 영화를 마음에 들어 하지 않는다.
② 두 사람은 채널을 바꾸기로 했다.
③ 야구 경기는 6시에 시작한다.
④ 남자는 야구 경기를 보고 싶어 한다.

M I don't like this movie. Will you change the channel?
W It will be over soon, Bill. Just be patient.
M But the baseball game starts at 6:00. I want to see it.

남 난 이 영화가 싫어. 채널을 좀 바꿔 줄래?
여 금방 끝날 거야, Bill. 좀 참아 봐.
남 하지만 야구 경기가 6시에 시작해. 난 그게 보고 싶어.

be over 끝나다 **patient** 참을성 있는

13 대화를 듣고, 남자가 방과 후에 하는 일과 횟수를 고르세요.

① 테니스 - 주 2회
② 테니스 - 주 3회
③ 컴퓨터 게임 - 주 2회
④ 컴퓨터 게임 - 주 3회

M What do you usually do after school?
W I usually play computer games with my friends at an Internet café. What about you?
M I play tennis with my friends.
W How often do you play?
M Three times a week. It's really exciting.

남 방과 후에는 보통 뭘 하니?
여 난 보통 PC방에서 친구들과 컴퓨터 게임을 해. 너는?
남 난 친구들이랑 테니스를 쳐.
여 얼마나 자주 치는데?
남 일주일에 세 번. 정말 재미있어.

exciting 재미있는, 흥미진진한

14 대화를 듣고, 지난달에 여자의 개에게 일어난 일로 알맞은 것을 고르세요.

① 자동차에 치였다.
② 장난감 자동차를 삼켰다.
③ 음식을 잘못 먹어 아팠다.
④ 자동차에서 뛰어내리다 다리를 다쳤다.

M Your dog is acting a little weird.
W I know. He's hurt.
M What happened?
W He was hit by a car last month.
M What a poor dog!

남 너희 개는 약간 이상한 행동을 하는구나.
여 나도 알아. 그 녀석은 아프거든.
남 무슨 일이 있었는데?
여 지난달에 차에 치였어.
남 정말 불쌍하구나!

act 행동하다 **weird** 이상한
happen 일어나다, 발생하다 **hit** 치다

15 대화를 듣고, 남자의 마지막 말에 이어질 여자의 말로 알맞은 것을 고르세요.

① This is Jane speaking.
② Sure. Try these, please.
③ Be careful the next time.
④ Thank you for cleaning my window.

W Who broke my window?
M Ah... I... did it.
W Oh, you kicked a soccer ball through my window.
M I am terribly sorry. It was an accident.
W Be careful the next time.

여 내 창문을 누가 깼니?
남 저… 제가… 그랬어요.
여 아, 네가 내 창문으로 축구공을 찼구나.
남 정말 죄송해요. 사고였어요.
여 다음번에는 조심해라.

① Jane입니다.
② 물론이지. 이걸 입어 보렴.
④ 내 창문을 닦아 주다니 고맙구나.

kick (발로) 차다 **terribly** 대단히, 굉장히
accident 사고

REVIEW TEST p. 43

A
❶ flight, 비행 편 ❷ weird, 이상한 ❸ accident, 사고 ❹ obvious, 분명한
❺ patient, 참을성 있는 ❻ confusing, 혼동되는 ❼ missing, 없어진, 실종된
❽ complete, 완성[완공]하다 ❾ escape, 탈출하다, 달아나다 ❿ happen, 일어나다, 발생하다

B
❶ humorous like ❷ Make yourself, home ❸ resemble your mother
❹ give, a hand ❺ feel, change, health ❻ give, a ride home
❼ wake up early, overslept

TEST 07 p. 44

01 ② 02 ① 03 ① 04 ① 05 ④ 06 ④ 07 ① 08 ③
09 ② 10 ② 11 ③ 12 ④ 13 ① 14 ① 15 ④

	문제 및 정답	받아쓰기 및 녹음내용	해석
01	다음을 듣고, 빈칸에 알맞은 것을 고르세요. You ____________ to him earlier. ① shall have apologized ② should have apologized ③ shall not have apologized ④ shouldn't have apologized	You should have apologized to him earlier.	넌 그에게 더 일찍 사과했어야만 했다. **apologize** 사과하다 **earlier** 더 일찍
02	대화를 듣고, 여자가 가리키는 표지판으로 알맞은 것을 고르세요. ① ② SPEED LIMIT 60 ③ NO PASSING ④	W Hey, you must not park your car here. M Really? I did not know that, officer. Why is that? W Can you see the sign over there? It says so. M Oh, I didn't see that sign. Sorry. I missed it.	여 저기요, 당신은 차를 여기에 주차하시면 안 됩니다. 남 정말이요? 몰랐습니다, 경관님. 왜 그런 거죠? 여 저기 있는 표지판이 보이시나요? 그렇게 표시되어 있습니다. 남 아, 제가 저 표지판을 못 봤네요. 죄송합니다. 제가 그걸 놓쳤어요. **park** 주차하다 **officer** 경찰관 **sign** 표지판
03	대화를 듣고, 남자의 직업이 무엇인지 고르세요. ① ② ③ ④	W Excuse me. Are you William Miller, the famous director? M Yes, I am. Do I know you? W No. I am a fan of yours. I like you very much. I have seen most of your movies. M Have you? Thanks a lot. It's nice to meet you. W Can I have your autograph?	여 실례합니다. 당신이 유명한 감독인 William Miller입니까? 남 네, 전데요. 저를 아십니까? 여 아뇨. 저는 당신의 팬입니다. 당신을 정말 좋아합니다. 전 당신의 영화를 대부분 봤어요. 남 그래요? 정말 고맙습니다. 만나서 반갑습니다. 여 제가 당신의 사인을 받을 수 있을까요? **director** 감독 **autograph** 사인, 서명

04 다음을 듣고, 그림의 상황에 알맞은 대화를 고르세요.

✓① ② ③ ④

① M How much would you like?
W Fill it up, please.

② W Could you check the stereo in my car? It's not working.
M All right, let me take a look.

③ M What kind of car are you looking for?
W I'm looking for a compact car.

④ W I'd like to get a refund for this.
M Do you have a receipt?

① 남 얼마나 넣어드릴까요?
여 가득 채워 주세요.

② 여 제 차에 있는 스테레오 좀 점검해 주시겠어요? 작동이 안 돼요.
남 알겠습니다, 제가 한번 볼게요.

③ 남 어떤 종류의 차를 찾고 계십니까?
여 저는 소형차를 찾고 있어요.

④ 여 저는 이것을 환불 받고 싶습니다.
남 영수증을 갖고 계시나요?

fill up ~을 가득 채우다 **work** (기계·장치 등이) 작동되다 **take a look** 살펴보다 **compact car** 소형차 **refund** 환불 **receipt** 영수증

05 대화를 듣고, 두 사람이 무엇에 대해 이야기하고 있는지 고르세요.

① 여자의 가족
② 어린이날 선물
③ 여자의 친구들
✓④ 수집된 장난감들

M I really like all of the different toys you have here.
W They've been collected by my dad for a long time.
M Well, you've really taken good care of them.
W Yes. They're valuable treasures to my family, too.
M Can I touch this?

남 난 여기에 있는 여러 가지 장난감들 모두가 정말로 맘에 들어.
여 그것들은 오랫동안 우리 아빠가 수집하신 거야.
남 그래, 넌 그것들을 정말 잘 보관해 왔구나.
여 응. 그것들은 우리 가족에게도 가치 있는 보물이거든.
남 내가 이걸 만져 봐도 될까?

different 여러 가지의 **collect** 수집하다 **valuable** 가치 있는 **treasure** 보물

06 다음을 듣고, 주소를 바꾸기 위해 눌러야 할 번호가 무엇인지 고르세요.

① 0 ② 1
③ 2 ✓④ 3

You've reached BK Bank. If you need to report a stolen or missing card, please press one. For accounts, please press two. If you wish to change your address, please press three. If you wish to speak to someone in customer service, please press zero now.

BK은행 서비스입니다. 도난 혹은 분실 카드를 신고하시려면 1번을 눌러 주세요. 예금 거래는 2번을 눌러 주세요. 주소 변경을 원하신다면 3번을 눌러 주세요. 고객 서비스의 상담원과의 통화를 원하시면, 지금 0번을 눌러 주세요.

reach 연락을 취하다, ~에 이르다 **report** 신고하다 **press** 누르다 **account** 거래; (예금) 계좌 **customer service** 고객 서비스

07 대화를 듣고, 여자가 백화점에 가는 이유를 고르세요.

✓① 옷을 사기 위해
② 친구를 만나기 위해
③ 취업 면접을 보기 위해
④ 백화점에 취직이 되어서

M Where are you going?
W Hi, John. I'm going to the department store. I have nothing to wear for my job interview tomorrow.
M The interview must be very important for you.
W Yes, it is. I really want this job.

남 어디 가는 중이니?
여 안녕, John. 난 백화점에 가는 중이야. 내일 취업 면접 때 입을 옷이 없어서.
남 그 면접이 네게는 정말 중요하겠구나.
여 응, 맞아. 난 이 일을 정말 하고 싶어.

department store 백화점

08 대화를 듣고, 남자의 문제가 무엇인지 고르세요.

① 변비 ② 건망증
③ 불면증 ④ 우울증

W Alex, you look terrible. What's wrong?
M I haven't slept in days. I don't know why.
W Have you seen a doctor about it?
M Not yet, but I have a doctor's appointment today.

여 Alex, 너 너무 안돼 보인다. 무슨 일 있어?
남 난 며칠 동안 잠을 못 잤어. 이유를 모르겠어.
여 너는 그것에 대해 진찰을 받아 보았니?
남 아직 못 받았지만, 오늘 병원 예약이 되어 있어.

appointment (병원·미용실 등의) 예약

09 대화를 듣고, 여자의 태도로 알맞은 것을 고르세요.

① 엄격하다 ② 사려 깊다
③ 겸손하다 ④ 불친절하다

W Did you hear about Young Hee's mother?
M No, what happened?
W She is very sick in the hospital. I really want to visit her.
M Good idea. You are a good friend of Young Hee.

여 너 영희의 어머니에 관한 소식 들었니?
남 아니, 무슨 일이 생긴 거야?
여 그분께선 많이 아파서 병원에 계셔. 난 정말로 병문안을 가고 싶어.
남 좋은 생각이다. 넌 영희의 좋은 친구로구나.

10 다음을 듣고, 두 사람의 대화가 어색한 것을 고르세요.

① ② ③ ④

① W Can you show me where Gangnam Station is?
M Just turn left at this corner, and you will see the subway station.
② W How was your trip?
M I didn't want to go there.
③ M What do you think of the movie we saw yesterday?
W I think it was a great movie.
④ M Where do you want this chair?
W Can you put it next to the window?

① 여 강남역이 어디에 있는지 알려 주시겠어요?
남 이 모퉁이에서 왼쪽으로 돌면, 지하철역이 보일 거예요.
② 여 여행은 어땠어?
남 난 거기에 가고 싶지 않았어.
③ 남 어제 우리가 본 영화에 대해 어떻게 생각해?
여 정말 멋진 영화였다고 생각해.
④ 남 이 의자를 어디에 놓을까요?
여 창문 옆에 놔 주시겠어요?

station 역 **next to** ~옆에

11 대화를 듣고, 남자가 복권에 당첨되면 하고자 하는 일로 알맞은 것을 고르세요.

① 집을 산다.
② 저금을 한다.
③ 세계를 여행한다.
④ 가난한 사람들을 도와준다.

W What would you do if you won the lottery?
M I would travel around the world. What about you?
W I would help poor people who really need money.
M That's thoughtful.

여 너는 복권에 당첨되면 무얼 할 거니?
남 난 세계 여행을 다닐 거야. 너는?
여 난 정말 돈이 필요한 가난한 사람들을 도울 거야.
남 넌 사려가 깊구나.

win the lottery 복권에 당첨되다
thoughtful 사려 깊은

12 대화를 듣고, 대화 내용과 일치하지 않는 것을 고르세요.

① 남자는 일주일에 한 번 패스트푸드 식당에 간다.
② 남자는 일요일에 여동생과 함께 패스트푸드 식당에 간다.
③ 남자는 패스트푸드를 좋아한다.
④ 남자는 패스트푸드와 건강은 아무런 관계가 없다고 생각한다.

W How often do you eat at fast-food restaurants?
M Once a week. I go there on Sundays with my younger sister.
W Do you like fast food?
M Yes, I do. But I try not to eat it often because it's not good for my health.

여 넌 얼마나 자주 패스트푸드 식당에서 음식을 먹니?
남 일주일에 한 번. 난 일요일에 여동생과 함께 거기에 가.
여 패스트푸드를 좋아하니?
남 응, 좋아해. 하지만 건강에 좋지 않기 때문에 그것을 자주는 먹지 않으려고 노력해.

13 대화를 듣고, 여자가 대화 직후에 할 일로 알맞은 것을 고르세요.

① Peter에게 전화한다.
② Michael에게 전화한다.
③ Peter에게 지갑을 사 준다.
④ Michael의 지갑을 찾아 준다.

W Michael, I just found this wallet. Is it yours?
M No, it isn't. But Peter lost his yesterday. It might be his.
W Really? I'll call him right away.
M He will be really happy.

여 Michael, 방금 이 지갑을 발견했어. 이거 네 거지?
남 아니, 내 거 아냐. 하지만 Peter가 어제 지갑을 잃어버렸는데. 이건 그의 지갑일 거야.
여 정말? 지금 그에게 전화해 봐야겠다.
남 그가 정말 좋아하겠다.

wallet 지갑 **lost** lose(잃어버리다)의 과거형

14 대화를 듣고, 남자가 방과 후에 할 일로 알맞은 것을 고르세요.

① 숙제를 한다.
② 도서관에 간다.
③ 여자와 체스를 둔다.
④ 엄마에게 전화를 한다.

W Do you want to play chess after school?
M I'm sorry, but I can't play chess with you. I have a lot of homework to do. Maybe next time.
W Okay. Call me when you're free.

여 방과 후에 체스 게임 할래?
남 미안하지만 너랑 체스를 둘 수 없어. 난 해야 할 숙제가 많거든. 다음번에 하자.
여 그래. 시간 날 때 연락해.

play chess 체스 게임을 하다

15	대화를 듣고, 남자의 마지막 말에 이어질 여자의 말로 알맞은 것을 고르세요. ① Thanks. I'd love to. ② That would be great. ③ It was nothing special. ④ Oh, I'm sorry to hear that.	W How was your weekend? M Actually, it was terrible. W How come? M Well, my mom bought me a new smartphone on Saturday, but I left it on a bus the next day. So my mom was really angry. W Oh, I'm sorry to hear that.	여 주말에 어떻게 보냈니? 남 실은 끔찍했어. 여 왜? 남 글쎄, 토요일에 엄마가 나에게 새 스마트폰을 사 주셨는데, 그 다음날 그걸 버스에 두고 내렸어. 그래서 엄마가 굉장히 화가 나셨지. 여 저런, 안됐구나. ① 고마워. 나야 좋지. ② 그러면 좋겠다. ③ 특별한 건 아니었어.

REVIEW TEST p. 49

A ❶ wallet, 지갑 ❷ press, 누르다 ❸ treasure, 보물 ❹ receipt, 영수증 ❺ autograph, 사인, 서명 ❻ valuable, 가치 있는 ❼ thoughtful, 사려 깊은 ❽ collect, 수집하다 ❾ take a look, 살펴보다 ❿ fill up, ~을 가득 채우다

B ❶ famous director ❷ get a refund ❸ must not park ❹ seen a doctor ❺ won the lottery ❻ nothing to wear ❼ turn left, subway station

TEST 08 p. 50

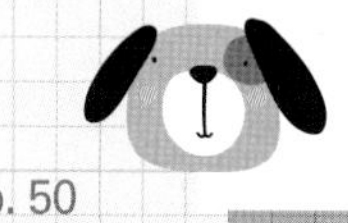

01 ② 02 ④ 03 ③ 04 ④ 05 ② 06 ③ 07 ② 08 ③
09 ① 10 ① 11 ② 12 ③ 13 ③ 14 ③ 15 ④

	문제 및 정답	받아쓰기 및 녹음내용	해석
01	다음을 듣고, 빈칸에 알맞은 것을 고르세요. Do you want the food for here ______? ① or go ② or to go ③ order now ④ and to go	Do you want the food for here or to go?	음식을 여기서 드실 건가요, 아니면 가지고 가실 건가요?
02	대화를 듣고, 여자가 구입할 담요로 알맞은 것을 고르세요. ① ② ③ ④	M How may I help you, ma'am? W I'm looking for a blanket. M There are a lot to choose from. How about this striped one? W It looks great. I'll go for it.	남 무엇을 도와드릴까요, 손님? 여 저는 담요를 찾고 있는데요. 남 고르실 만한 것이 많아요. 이 줄무늬가 있는 담요는 어떠세요? 여 아주 근사하네요. 그걸로 할게요. **blanket** 담요 **choose** 고르다, 선택하다 **striped** 줄무늬가 있는 **go for** ~을 택하다
03	대화를 듣고, 그림에서 남자의 여동생이 누구인지 고르세요. ① ② ③ ④	W Where is your sister in the choir? M She is in the third row. W There are many girls in that row. M She's the one with long hair. She has a ponytail. W Oh, she has a nice smile.	여 이 합창단에서 네 여동생은 어디에 있니? 남 그 애는 세 번째 줄에 있어. 여 그 줄에는 여자아이들이 많이 있는데. 남 그 애는 긴 머리를 한 아이야. 뒤로 묶은 머리를 하고 있어. 여 오, 그녀는 멋진 미소를 지녔구나. **choir** 합창단 **row** 줄, 열 **ponytail** 뒤로 묶은 머리

04 다음을 듣고, 그림의 상황에 알맞은 대화를 고르세요.

① ② ③ ④✓

① W Where can I find the toothpaste?
M It is in aisle two.

② W This is too big for me. Do you have a smaller size with the same design?
M Let me check.

③ W I'd like to make a photocopy.
M Sure. How many pages do you want?

④ W Is this your first time skiing?
M Yes. I'm a little nervous.

① 여 치약을 어디에서 찾을 수 있나요?
남 2번 통로에 있습니다.

② 여 이건 저한테 너무 큰데요. 같은 디자인으로 더 작은 사이즈가 있나요?
남 확인해 볼게요.

③ 여 복사를 하고 싶은데요.
남 네. 몇 장 해 드릴까요?

④ 여 스키 타 보는 거 이번이 처음인가요?
남 네. 약간 긴장되네요.

toothpaste 치약 **aisle** 통로
make a photocopy 복사를 하다
nervous 긴장되는

05 대화를 듣고, 여자가 남자에게 부탁한 일로 알맞은 것을 고르세요.

① 세차하기
②✓ 돈 빌려주기
③ 자동차 수리하기
④ 자동차 태워 주기

M Can you give me a ride home?
W Sure, I have to stop and get gas though.
M That's okay.
W Oh, I'm sorry. May I borrow some money for gas? I'll pay you back tomorrow.
M Sure, but I only have 10 dollars.

남 집까지 나 좀 차로 태워다 줄래?
여 물론이지, 그렇지만 잠깐 멈춰서 기름을 넣어야 해.
남 괜찮아.
여 저, 미안한데. 기름 넣게 돈 좀 빌려도 될까? 내가 내일 갚을게.
남 물론이지, 그런데 난 10달러밖에 없어.

gas 기름, 휘발유; 기체

06 대화를 듣고, 남자가 지불해야 할 총 금액을 고르세요.

① $1.50 ② $7.00
③✓ $8.50 ④ $10.00

M How much are these earrings?
W They're 7 dollars. Are they a gift for someone?
M Yes. It's my girlfriend's birthday this weekend.
W Oh, she'll love them. You know, for an extra dollar and 50 cents, we can gift-wrap them plus give you a birthday card.
M Yes, that's good. Here's a 10.

남 이 귀걸이는 얼마인가요?
여 7달러입니다. 누군가에게 줄 선물인가요?
남 네. 이번 주말이 제 여자 친구의 생일이거든요.
여 오, 그분은 이걸 아주 맘에 들어 하실 거예요. 아시겠지만 추가로 1달러 50센트를 더 내시면 선물 포장을 해 드리며 생일 카드도 드린답니다.
남 네, 좋네요. 여기 10달러요.

extra 추가의, 여분의 **gift-wrap** 선물용으로 포장하다

07 대화를 듣고, 여자가 책을 보고 싶어 하지 않는 이유를 고르세요.

① 시험을 망쳐서
②✓ 책 읽기에 싫증이 나서
③ 다른 계획을 가지고 있어서
④ 책 읽기에 오랜 시간이 걸려서

W School is finally over for the year. What are you going to do now?
M I just want to relax. I don't want to look at another book again.
W Me neither. I'm tired of reading and studying. Any plans?
M None. I don't want any plans either.

여 이번 학기가 드디어 끝났네. 이제 뭐 할 거니?
남 난 그냥 쉬고 싶어. 책은 또다시 보고 싶지 않아.
여 나도 그래. 나는 책 읽고 공부하는 것에 싫증 났어. 다른 계획이라도 있니?
남 아니. 다른 계획도 원하지 않아.

finally 드디어, 마침내 **relax** 쉬다, 휴식하다
neither ~도 아니다 **be tired of** ~에 싫증 나다

08 대화를 듣고, 남자가 등교하는 방법으로 알맞은 것을 고르세요.

① by car ② by bus
③ on foot ④ by bicycle

W Is it true that you walk to school every day?
M Yes, it's true. I do it for exercise.
W How long does it take to get to school?
M Almost an hour. It's good for my health.

여 네가 매일 학교에 걸어서 온다는 게 사실이야?
남 응, 사실이야. 운동하려고 걸어서 와.
여 학교에 오는 데 시간이 얼마나 걸리니?
남 거의 한 시간 걸려. 건강에 좋아.

exercise 운동 **take** (시간이) 걸리다

09 대화를 듣고, 여자의 심정으로 알맞은 것을 고르세요.

① guilty
② bored
③ jealous
④ disappointed

W Do you know Joe's phone number?
M No, why?
W The other day I told him that he was arrogant, and now I feel bad.
M I understand. Sometimes we say things we don't mean.
W I really want to apologize to him.

여 너는 Joe의 전화번호를 알고 있니?
남 아니, 왜?
여 며칠 전에 내가 그 애한테 오만하다고 말했는데, 지금 기분이 안 좋아서.
남 이해해. 가끔 우리는 의도하지 않은 말들을 하곤 하니까.
여 나는 정말로 그에게 사과하고 싶어.

the other day 며칠 전에 **arrogant** 오만한
understand 이해하다 **guilty** 죄책감이 드는
jealous 질투하는

10 다음을 듣고, 두 사람의 대화가 자연스러운 것을 고르세요.

① ② ③ ④

① M What is the most important thing in your life?
W For me, my family is the most important thing.

② W Have you ever tried seafood?
M I used to live in Seoul.

③ M Can you pass me the pen when you're done?
W I think I will be ready in half an hour.

④ M You must be exhausted.
W It only takes 10 minutes to take a shower.

① 남 네 인생에서 가장 중요한 것이 뭐니?
여 내게는 가족이 가장 소중한 거야.

② 여 해물을 먹어 본 적 있니?
남 난 서울에서 살았었어.

③ 남 네가 다 쓴 다음에 그 펜 좀 내게 건네줄래?
여 난 30분 후면 준비가 될 것 같아.

④ 남 너 피곤하겠구나.
여 샤워하는 데 10분밖에 안 걸려.

seafood 해물 **used to** ~하곤 했다
pass 건네주다 **be done** 다하다, 끝나다
in half an hour 30분 후에
exhausted 피곤한, 녹초가 된

11 대화를 듣고, 남자가 점심에 먹었던 음식으로 알맞은 것을 고르세요.

① 도넛, 주스 ② 도넛, 우유
③ 케이크, 주스 ④ 케이크, 우유

M Is there anything to eat? I can't wait until dinner.

W There is some cake and juice in the refrigerator.

M Great! I'll have some.

W Didn't you have lunch?

M Yeah, but I only had some doughnuts and milk because I didn't have enough time.

남 뭐 먹을 것 있나요? 저녁 식사 시간까지 기다릴 수가 없어요.

여 냉장고에 케이크하고 주스가 있단다.

남 잘됐네요! 좀 먹을게요.

여 점심 먹지 않았니?

남 네, 하지만 시간이 별로 없어서 도넛 조금하고 우유만 먹었어요.

refrigerator 냉장고 **enough** 충분한

12 대화를 듣고, 대화 내용과 일치하는 것을 고르세요.

① 남자는 에펠탑 사진을 찍고 있다.
② 여자는 파리에서 친구를 만날 예정이다.
③ 두 사람은 파리에서 무엇을 할 것인지 이야기하고 있다.
④ 두 사람은 프랑스어를 공부하고 있다.

M We are finally here in Paris.

W Now I'll get to see the famous Eiffel Tower!

M I want to see Notre Dame de Paris. I'm so excited!

W Me, too. There's no time to waste. Let's hurry.

남 우리가 드디어 파리에 왔구나.

여 이제 그 유명한 에펠탑을 보게 되겠구나!

남 난 노트르담 대성당을 보고 싶어. 너무 신난다!

여 나도. 낭비하고 있을 시간이 없어. 서두르자.

famous 유명한 **waste** 낭비하다
hurry 서두르다

13 대화를 듣고, 남자가 찾고 있는 것이 무엇인지 고르세요.

① 양말 ② 안경
③ 모자 ④ 스마트폰

W What are you looking for?

M My room is so messy that I can't find anything. I'm looking for my cap.

W Don't worry. You'll find it somewhere. Check under your bed.

M I found it! It is under the bed.

여 무얼 찾고 있니?

남 제 방이 너무 어질러져서 아무것도 못 찾겠어요. 제 모자를 찾고 있거든요.

여 걱정 마. 어디에선가 찾게 될 거야. 네 침대 아래를 살펴봐.

남 찾았어요! 침대 아래에 있네요.

messy 어질러진

14 대화를 듣고, 콘서트가 시작하는 시각을 고르세요.

① 6시 30분 ② 7시
③ 7시 30분 ④ 8시

M Hurry up, Mina. We'll be late for the concert.

W Okay. I'm almost done. What time is it?

M It's 6:30.

W When does the concert start?

M It'll begin in one hour.

남 서둘러, 미나야. 우리 콘서트에 늦겠다.

여 알았어. 거의 다 됐어. 몇 시야?

남 6시 30분이야.

여 콘서트가 언제 시작하지?

남 한 시간 후에 시작할 거야.

15 대화를 듣고, 남자의 마지막 말에 이어질 여자의 말로 알맞은 것을 고르세요.

① Sorry. I can't.
② There you are!
③ You're welcome.
④ I'll keep that in mind.

M You did so well on your final exam.
W Thanks, Dad.
M Doing well at school is very important.
W I'll keep that in mind.

남 넌 기말시험을 꽤 잘 봤더라.
여 고마워요, 아빠.
남 학교 공부를 잘하는 것은 매우 중요하단다.
여 명심할게요.

① 죄송해요. 저는 안 되겠어요.
② 여기 있어요!
③ 천만에요.

final exam 기말시험

REVIEW TEST p. 55

A ❶ choir, 합창단 ❷ choose, 고르다, 선택하다 ❸ messy, 어질러진 ❹ arrogant, 오만한 ❺ finally, 드디어, 마침내 ❻ refrigerator, 냉장고 ❼ extra, 추가의, 여분의 ❽ gas, 기름, 휘발유; 기체 ❾ exhausted, 피곤한, 녹초가 된 ❿ the other day, 며칠 전에

B ❶ the third row ❷ this striped blanket ❸ apologize to him ❹ I'm tired of ❺ How long, take ❻ for here, to go ❼ pass me the pen

TEST 09 p. 56

01 ④ 02 ③ 03 ③ 04 ④ 05 ④ 06 ③ 07 ④ 08 ④
09 ③ 10 ① 11 ① 12 ② 13 ③ 14 ③ 15 ③

	문제 및 정답	받아쓰기 및 녹음내용	해석
01	다음을 듣고, 빈칸에 알맞은 것을 고르세요. There is ________ this computer. ① something with ② something right with ③ some things to write ④ something wrong with	There is something wrong with this computer.	이 컴퓨터에는 뭔가 이상이 있다.
02	대화를 듣고, 남자가 하는 여가 활동으로 알맞은 것을 고르세요. ①  ②  ③  ④ 	W Sam, do you like exercising? M No, I don't like it at all. W What do you like to do in your free time? M I like cooking for myself. W Really? I like cooking, too.	여 Sam, 너는 운동하는 것을 좋아하니? 남 아니, 전혀 좋아하지 않아. 여 넌 여가 시간에 무얼 하는 걸 좋아하는데? 남 난 직접 요리하는 것을 좋아해. 여 정말? 나도 요리하는 거 좋아해. **free time** 여가 시간
03	대화를 듣고, 그림에서 Kate가 누구인지 고르세요.  	M Kate, what's this? W This is an old picture of me. Can you find me? M Is this you wearing a short skirt and holding a black bag? W Are you kidding? I wasn't that short. M But the taller women both have blonde hair, and you're not blonde. W Well, I used to dye my hair blonde. See? That's me in the long skirt, wearing my little glasses.	남 Kate, 이게 뭐니? 여 내 옛날 사진이야. 날 찾을 수 있겠니? 남 짧은 치마를 입고 검은 가방을 들고 있는 애가 너야? 여 농담하니? 난 저렇게 작지 않았어. 남 하지만 키 큰 여자는 모두 금발 머리인데, 넌 금발이 아니잖아. 여 음, 나는 머리카락을 금발로 염색하곤 했어. 봐. 긴 치마를 입고 작은 안경을 쓴 게 나야. **both** 둘 다 **blonde** 금발의 **dye** 염색하다

04 다음을 듣고, 그림의 상황에 알맞은 대화를 고르세요.

① ② ③ ④

① M What kind of car are you looking for?
W Do you have any 2022 models?

② M So how's your shoulder?
W I can't move my arm normally.

③ M I have a few more shirts that need cleaning.
W Anything else?

④ M So how does it feel?
W It feels a little tight on the waist and hips.

① 남 당신은 어떤 종류의 자동차를 찾고 있습니까?
여 2022년도 모델이 있나요?

② 남 그래서 네 어깨는 어때?
여 내 팔을 정상적으로 움직일 수가 없어.

③ 남 빨아야 할 몇 장의 셔츠가 더 있어요.
여 다른 건 더 없나요?

④ 남 어떤 것 같아요?
여 허리와 엉덩이가 약간 꽉 끼는 느낌이 들어요.

normally 정상적으로 **tight** 꽉 끼는
waist 허리 **hip** 엉덩이

05 대화를 듣고, 현재의 날씨가 얼마나 오랫동안 지속될지 고르세요.

① 오늘까지 ② 금요일까지
③ 이번 달까지 ④ 이번 주말까지

M Is this weather supposed to last all week?

W Yes. According to the weather forecast, it will snow until this weekend.

M I don't know if I can take any more of this snow.

W I guess it could be worse.

M I hope this snow goes away soon.

남 이 날씨가 일주일 내내 지속되는 거니?

여 응. 일기 예보에 따르면, 이번 주말까지 눈이 올 거래.

남 내가 이 눈을 더 이상 참아낼 수 있을지 모르겠다.

여 더 악화될 수도 있다고 봐.

남 난 이 눈이 곧 그치길 바라.

be supposed to ~일 것이라고 생각되다 [추정되다] **last** 지속되다 **according to** ~에 따르면 **weather forecast** 일기 예보

06 대화를 듣고, 여자가 구입하려고 하는 바지의 사이즈를 고르세요.

① 24 ② 26
③ 28 ④ 30

W I can't believe this! Sweety, look at the sizes: 20, 22, 24... They're all so small!

M I think you're not that big. I guess you could wear a size 24.

W Are you kidding? I couldn't even wear a size 26.

M Well, what size do you wear?

W It depends on the pants, but usually a 28.

여 이걸 믿을 수가 없어! 자기야, 이 사이즈를 봐. 20, 22, 24… 모두 다 너무 작아!

남 내 생각에 자기는 그렇게 크지 않아. 난 자기가 사이즈 24를 입을 수 있다고 보는데.

여 농담하는 거지? 난 사이즈 26도 입지 못하는데.

남 흠, 어떤 사이즈를 입는데?

여 바지에 따라 다르지만, 보통은 28을 입어.

believe 믿다 **even** ~조차(도)
depend on ~에 따라 다르다, ~에 달려 있다

07 대화를 듣고, 여자가 남자를 음식점에 데려간 이유를 고르세요.

① 생일을 축하해 주기 위해서
② 시험을 잘 보라고 격려하기 위해서
③ 피자를 사 주겠다는 약속을 지키기 위해서
④ 방을 깨끗이 정돈한 것에 대해 칭찬하기 위해서

W Pick any meal you want, Max. Today is your day.

M Can I do that? What's the occasion?

W You did a great job of keeping your room clean and tidy this week as you promised. You deserve it.

M Thanks, Mom. I love pizza, but today I'll get a hamburger.

여 Max, 네가 원하는 아무 음식이나 고르렴. 오늘은 너의 날이야.

남 그래도 돼요? 오늘 무슨 날이에요?

여 약속했던 대로 네가 이번 주에 네 방을 깨끗하고 깔끔하게 잘 정돈했잖니. 이 정도 대접은 받아야지.

남 감사해요, 엄마. 전 피자를 정말 좋아하지만, 오늘은 햄버거를 먹을래요.

pick 고르다 **occasion** 때, 경우 **tidy** 깔끔한
promise 약속하다 **deserve** ~를 받을 만하다

08 대화를 듣고, 남자가 이용하는 교통수단으로 알맞은 것을 고르세요.

① car ② bus
③ bicycle ④ subway

M Guess what? I moved from the countryside to the city.
W Oh, good for you. Do you still go to work by car?
M No. I just sold it. I use the subway.
W That must be very convenient.

남 있잖아. 나는 시골에서 도시로 이사했어.
여 오, 잘됐다. 여전히 차로 출근하니?
남 아니. 차는 그냥 팔았어. 난 지하철을 이용해.
여 매우 편리하겠구나.

countryside 시골 **sold** sell(팔다)의 과거형
convenient 편리한

09 대화를 듣고, 남자의 심정으로 알맞은 것을 고르세요.

① proud ② scared
③ jealous ④ confident

M I can't stand that guy. He always gets the highest grades, and he is the most popular student at school.
W That's no reason to dislike him.
M He is so perfect in every way. It kills me!
W Don't waste your time thinking of him.

남 저 애를 참을 수가 없어. 그는 항상 최고 점수를 받고, 학교에서 가장 인기 있는 학생이잖아.
여 그게 그 애를 싫어할 만한 이유는 아니잖아.
남 그는 모든 면에서 너무 완벽해. 내가 미치겠다니까!
여 그 애를 생각하느라 네 시간을 낭비하지는 마.

stand 참다, 견디다 **dislike** 싫어하다
perfect 완벽한

10 다음을 듣고, 두 사람의 대화가 어색한 것을 고르세요.

① ② ③ ④

① W My grandmother bought me a new computer.
M The computer is old and slow.

② W Have you ever been to France?
M No, I haven't. Have you?

③ M Who are those people over there?
W They seem to be tourists from Japan.

④ W Can you do me a favor?
M Okay. What is it?

① 여 할머니가 나에게 새 컴퓨터를 사 주셨어.
남 그 컴퓨터는 오래되었고 느려.
② 여 프랑스에 가 본 적 있니?
남 아니, 없어. 넌?
③ 남 저기 있는 저 사람들은 누구야?
여 일본에서 온 관광객들 같아.
④ 여 부탁 하나 해도 되니?
남 응. 뭔데?

tourist 관광객 **favor** 부탁, 호의

11 대화를 듣고, 두 사람이 대화 직후에 할 일로 알맞은 것을 고르세요.

① 공원에 간다.
② 자동차를 주차한다.
③ 여행 계획을 세운다.
④ 내일의 날씨를 알아본다.

M Jane, isn't it a beautiful day today?
W Yeah, it sure is. It's just like spring!
M Let's go to the park. There will be a lot of people there since it's such a lovely day.
W Good idea! Let's not miss the opportunity.

남 Jane, 오늘 날씨 아름답지 않니?
여 맞아, 정말 그래. 딱 봄 같다!
남 우리 공원에 가자. 이렇게 날씨가 좋아서 그곳엔 사람들이 많을 거야.
여 좋은 생각이야! 기회를 놓치지 말자.

lovely 아주 좋은; 사랑스러운
opportunity 기회

12 대화를 듣고, 대화 내용과 일치하지 않는 것을 고르세요.

① 여자는 공포 영화를 좋아한다.
② 남자는 여자의 의견에 동의하지 않는다.
③ 남자는 코미디 영화를 좋아한다.
④ 남자는 옛날 영화를 좋아한다.

M What kinds of movies do you like?
W I think horror movies are great. Don't you think so?
M I guess so, but I like comedies more.
W Do you prefer new movies to old movies?
M No, I prefer old movies.

남 어떤 종류의 영화를 좋아하니?
여 난 공포 영화가 재밌다고 생각해. 그렇게 생각하지 않니?
남 나도 그렇게 생각하지만, 난 코미디 영화가 더 좋아.
여 넌 옛날 영화보다 새로 나온 영화를 더 좋아하니?
남 아니, 난 옛날 영화가 더 좋아.

horror 공포 **comedy** 코미디
prefer A to B A를 B보다 더 좋아하다

13 대화를 듣고, 두 사람이 만나기로 한 요일과 시각을 고르세요.

① 화요일 - 6시
② 화요일 - 7시 30분
③ 목요일 - 6시
④ 목요일 - 7시 30분

W Let's meet at 7:30 p.m. on Tuesday.
M Sorry, but I can't. I have to look after my cousins.
W How about at 6 p.m. on Thursday?
M I can make it. See you then.

여 우리 화요일 7시 30분에 만나자.
남 미안하지만 그럴 수 없어. 난 사촌 동생들을 돌봐야 하거든.
여 목요일 6시는 어떠니?
남 만날 수 있어. 그때 보자.

look after ~를 돌보다

14 대화를 듣고, 여자가 현재 누구와 같이 살고 있는지 고르세요.

① 언니 ② 오빠
③ 여동생 ④ 남동생

M What kind of house do you live in?
W I live in an apartment.
M Who do you live with?
W I used to live with my younger sister and brother, but my brother moved out. Now I live with my sister.

남 어떤 종류의 집에서 살고 있나요?
여 전 아파트에서 살아요.
남 누구랑 같이 사나요?
여 여동생과 남동생이랑 같이 살았지만, 남동생이 이사를 나갔어요. 지금은 여동생이랑 같이 살아요.

apartment 아파트 **move out** 이사를 나가다

15 대화를 듣고, 여자의 마지막 말에 이어질 남자의 말로 알맞은 것을 고르세요.

① What's up?
② I will tell her about it.
③ I will clean it this evening.
④ Don't worry. I will go with you.

W Your cousin Tom is coming to stay this weekend.
M Where is he going to stay?
W He's going to stay in your room.
M That's fine.
W But your room is always messy. Can you clean it?
M I will clean it this evening.

여 네 사촌 Tom이 이번 주말에 와서 머물기로 했단다.
남 Tom이 어디서 머물 건데요?
여 네 방에서 머물 거야.
남 좋아요.
여 하지만 네 방은 항상 어질러져 있잖니. 방을 치울 수 있겠니?
남 오늘 저녁에 치울게요.

① 무슨 일이에요?
② 그녀에게 그것에 관해 말할게요.
④ 걱정 마세요. 제가 함께 가 드릴게요.

REVIEW TEST p. 61

A ❶ tidy, 깔끔한 ❷ tourist, 관광객 ❸ horror, 공포 ❹ favor, 부탁, 호의
❺ lovely, 아주 좋은; 사랑스러운 ❻ occasion, 때, 경우 ❼ opportunity, 기회
❽ convenient, 편리한 ❾ deserve, ~를 받을 만하다 ❿ depend on, ~에 따라 다르다, ~에 달려 있다

B ❶ perfect, every ❷ move, normally ❸ dye, blonde
❹ countryside, city ❺ tight, waist, hips ❻ What kind of car
❼ According to, weather forecast

TEST 10 p. 62

01 ② 02 ② 03 ④ 04 ③ 05 ② 06 ④ 07 ② 08 ④
09 ④ 10 ③ 11 ④ 12 ② 13 ④ 14 ② 15 ③

	문제 및 정답	받아쓰기 및 녹음내용	해석
01	다음을 듣고, 빈칸에 알맞은 것을 고르세요. It's very ________ help me. ① kind to ② kind of you to ③ kind of you for ④ kindergarten to	It's very kind of you to help me.	절 도와주시다니 정말 친절하시군요.
02	대화를 듣고, 남자가 Jimmy를 위해 준비한 선물로 알맞은 것을 고르세요. ① ② ③ ④	M Are you going to Jimmy's birthday party? W Of course I am. M Can you do me a favor? W Sure. What can I do for you? M I cannot go to his party. Can you give this mug to Jimmy?	남 너 Jimmy의 생일 파티에 갈 거니? 여 당연하지. 남 내 부탁 좀 들어 줄래? 여 물론이지. 무엇을 도와줄까? 남 난 그의 파티에 갈 수가 없어. 이 머그컵을 Jimmy에게 줄 수 있겠니? mug 머그컵
03	대화를 듣고, 그림에서 여자가 말하고 있는 범인을 고르세요. ① ② ③ ④	M Of those six men, who do you think the thief is? W Well... I think it's the guy with the beard in the middle. M Are you sure? W Not really. Umm... Ah, it's him! It's that short guy with the m(o)ustache and beard. He also has a ponytail. M Thanks for your help.	남 저기 있는 6명의 남자들 중에서, 당신은 누가 도둑이라고 생각하나요? 여 글쎄요… 전 중간에 있는 턱수염을 가진 남자라고 생각해요. 남 확신하나요? 여 그렇진 않아요. 음… 아, 저 사람이에요! 콧수염과 턱수염을 가진 저 키 작은 남자 말이에요. 또 그는 뒤로 묶은 머리를 하고 있어요. 남 도와주셔서 감사합니다. thief 도둑 beard 턱수염 middle 중간, 중앙 m(o)ustache 콧수염

04 다음을 듣고, 그림의 상황에 알맞은 대화를 고르세요.

① ② ③ ④

① W Thanks. I'm so thirsty.
M My pleasure. Enjoy.

② W I need a dozen red roses, please.
M Would you like to send a card with them?

③ W Hey, you spilled the water all over me!
M Oh, no! I'm sorry. Here, I have some paper napkins.

④ W Ouch! That hurts!
M How could it hurt? I haven't even given you the shot yet.

① 여 고맙습니다. 전 목이 아주 말라요.
남 별말씀을요. 드세요.

② 여 전 열두 송이의 빨간 장미가 필요해요.
남 장미와 함께 카드도 보내시겠습니까?

③ 여 이봐요, 물을 모두 제게 엎질렀잖아요!
남 오, 이런! 죄송합니다. 여기요, 종이 냅킨이 몇 장 있어요.

④ 여 아야! 아파요!
남 어떻게 아플 수가 있죠? 전 아직 당신에게 주사도 놓지 않았는데요.

thirsty 목마른 **dozen** 12개, 1다스
spill 엎지르다, 쏟다 **shot** 주사

05 대화를 듣고, 두 사람이 무엇에 대해 이야기하고 있는지 고르세요.

① 공부 계획 ② 건강 관리
③ 여행 계획 ④ 운동 효과

M So how do you keep in shape?

W I work out four or five times a week. And I have been on a very strict diet.

M Really? That's not an easy thing to do.

W Well, it's not that hard. You need a good schedule, and you need to develop good eating habits.

M I don't exercise at all. Maybe I should begin.

남 그러면 너는 어떻게 건강을 유지하니?

여 나는 일주일에 네다섯 번 운동해. 그리고 매우 엄격한 식이 요법을 해.

남 정말? 그렇게 하는 건 쉽지 않은데.

여 글쎄, 그렇게 어렵지는 않아. 넌 좋은 계획이 필요하고, 좋은 식습관을 익혀야 해.

남 난 운동을 전혀 하지 않아. 나도 시작할까 봐.

keep in shape 건강을 유지하다
strict 엄격한, 엄밀한 **develop** (습관 따위를) 익히다 **eating habit** 식습관

06 대화를 듣고, 여자의 나이를 고르세요.

① 24 ② 25
③ 28 ④ 29

M So how old is your boyfriend? I heard that there's quite a big age difference.

W Yeah, there's a 4-year difference.

M Is he 4 years older?

W You won't believe it, but it's actually the other way around.

M Really? So he's 25?

남 그럼 네 남자 친구는 몇 살이니? 내가 듣기로는 나이 차이가 꽤 크다고 그러던데.

여 맞아, 4살 차이가 나.

남 그가 4살 연상이라고?

여 믿지 못하겠지만, 실제로 그 반대야.

남 정말? 그럼 그가 25살이야?

quite 꽤, 상당히 **the other way around** 반대로, 거꾸로

07 대화를 듣고, 남자가 강아지를 키우게 된 이유를 고르세요.

① 남자가 외로워서
② 강아지가 외로워 보여서
③ 강아지가 매우 귀여워서
④ 할머니 대신 강아지를 돌봐야 해서

M Guess what? I just got a little puppy.

W Really?

M I saw it in the shop, and it looked lonely. I had to get it.

W I think you'll take good care of it.

남 있잖아. 나 작은 강아지 한 마리를 데려왔어.

여 정말?

남 가게 안에 있는 강아지를 봤는데 외로워 보이는 거야. 데려오지 않을 수 없었어.

여 네가 그 강아지를 잘 보살필 것 같아.

Guess what? 있잖아. **puppy** 강아지
look ~하게 보이다 **lonely** 외로운

08	**대화를 듣고, 여자의 문제가 무엇인지 고르세요.** ① 두통 ② 감기 ③ 춘곤증 ④ 알레르기	W I like springtime except for one thing. M What is that? W I have allergies this time of year. My eyes become red, and I sneeze a lot. M I'm sorry to hear that.	여 난 한 가지만 빼면 봄을 좋아해. 남 그게 뭔데? 여 난 1년 중 이때만 되면 알레르기가 생겨. 눈이 충혈되고 재채기를 많이 해. 남 안됐다. **except for** ~를 제외하고 **allergy** 알레르기 **sneeze** 재채기하다
09	**대화를 듣고, 남자의 심정으로 알맞은 것을 고르세요.** ① lonely ② bored ③ envious ④ surprised	M What is that? W It's for you. It's a gift. M But how did you know it was my birthday? I can't believe it! W I just knew. Happy birthday. I hope you like it.	남 그거 뭐야? 여 널 위한 거야. 선물이야. 남 그렇지만 내 생일인 거 어떻게 알았니? 믿을 수가 없어! 여 그냥 알고 있었어. 생일 축하해. 네가 그걸 맘에 들어 하면 좋겠다. **envious** 부러워하는 **surprised** 놀란
10	**다음을 듣고, 두 사람의 대화가 어색한 것을 고르세요.** ① ② ③ ④	① W Hi. I would like to check this book out. M Sure. Do you have a library card? ② M How often do you go to the gym? W I go there at least twice a week. ③ W Did you do your homework? M Try it again. ④ M Do you have any plans for this winter vacation? W I am going to learn how to skate.	① 여 안녕하세요. 이 책을 대출하고 싶은데요. 남 알겠습니다. 도서관 카드 갖고 계신가요? ② 남 체육관에 얼마나 자주 가니? 여 나는 적어도 일주일에 두 번은 그곳에 가. ③ 여 너 숙제 했니? 남 그걸 다시 시도해 봐. ④ 남 이번 겨울 방학에 무슨 계획이라도 있어? 여 난 스케이트 타는 법을 배울 거야. **check out** ~를 대출하다 **gym** 체육관 **at least** 적어도, 최소한 **how to** ~하는 방법

11 대화를 듣고, 남자가 파티에 입고 갈 옷으로 알맞은 것을 고르세요.

① 청바지와 흰색 셔츠
② 청바지와 가죽 재킷
③ 검정색 바지와 흰색 셔츠
④ 검정색 바지와 가죽 재킷

M I don't know what to wear to my girlfriend's birthday party.
W Well, how about jeans and a white shirt?
M No, I want to look nicer.
W Okay, then what about your black pants and a leather jacket?
M That sounds better.

남 여자 친구의 생일 파티에 무얼 입고 가야 할지 모르겠어.
여 음, 청바지에 흰색 셔츠를 입고 가는 게 어때?
남 안돼, 더 멋지게 보이고 싶거든.
여 알겠어, 그럼 네 검정색 바지와 가죽 재킷을 입고 가는 건 어때?
남 그게 더 낫겠다.

leather jacket 가죽 재킷

12 대화를 듣고, 대화 내용과 일치하지 않는 것을 고르세요.

① 현재 날씨는 좋다.
② 여자는 추운 날씨를 좋아한다.
③ 남자는 추운 날씨를 좋아한다.
④ 남자는 눈을 좋아한다.

W The weather is beautiful. I feel much happier on sunny days than on cold days.
M I'm not like you at all.
W Really? Then what kind of weather do you like?
M I prefer cold weather, and I love the snow.

여 날씨가 아름다워. 난 추운 날보다 화창한 날에 기분이 훨씬 더 좋아.
남 난 너와는 전혀 달라.
여 정말? 그럼 넌 어떤 종류의 날씨가 좋은데?
남 난 추운 날씨가 더 좋고, 눈을 아주 좋아해.

much (비교급을 수식하여) 훨씬

13 대화를 듣고, 여자가 사 와야 할 물품으로 알맞은 것을 고르세요.

① 꽃, 소금, 달걀, 버터
② 꽃, 설탕, 달걀, 버터
③ 밀가루, 소금, 달걀, 버터
④ 밀가루, 설탕, 달걀, 버터

M Can you do me a favor?
W Sure, Dad. What do you want me to do?
M Would you buy some flour and sugar on your way home?
W No problem. Do you need anything else?
M Yes, I need some eggs and butter, too.

남 내 부탁 좀 들어줄래?
여 물론이죠, 아빠. 제가 무얼 할까요?
남 집에 오는 길에 밀가루와 설탕 좀 사 올래?
여 문제 없어요. 또 필요한 거 없으세요?
남 맞아, 달걀하고 버터도 필요하구나.

flour 밀가루

14 대화를 듣고, 남자가 대화 직후에 할 일로 알맞은 것을 고르세요.

① 식당에 간다.
② 저녁을 먹는다.
③ 쿠키를 먹는다.
④ 엄마를 도와준다.

W Paul, dinner is ready.
M Oh, Mom, I'm full because I just ate something. Can I just have a cookie instead?
W Paul, no dinner, no cookie!
M Okay. So what's on the menu today?

여 Paul, 저녁 다 됐다.
남 아, 엄마, 전 방금 뭘 먹어서 배가 불러요. 대신 쿠키나 먹어도 될까요?
여 Paul, 저녁을 먹지 않으면 쿠키도 없다!
남 알겠어요. 그럼 오늘 메뉴가 뭐예요?

instead 대신에 **menu** 메뉴

15 **대화를 듣고, 남자의 마지막 말에 이어질 여자의 말로 알맞은 것을 고르세요.**

① I don't like it.
② That sounds like fun.
③ Oh, that must have hurt.
④ I don't think I would enjoy that.

W What's wrong with your leg?
M I slipped on a banana peel on the subway.
W Then what happened?
M I sprained my ankle.
W Oh, that must have hurt.

여 다리에 무슨 문제가 있나요?
남 저는 지하철에서 바나나 껍질을 밟고 미끄러졌어요.
여 그래서 어떻게 됐나요?
남 발목을 삐었어요.
여 아, 아팠겠군요.

① 저는 그것이 마음에 안 들어요.
② 재미있겠군요.
④ 제가 그걸 즐길 것 같지는 않군요.

slip 미끄러지다 **peel** 껍질

REVIEW TEST p. 67

A ❶ thief, 도둑 ❷ beard, 턱수염 ❸ thirsty, 목마른 ❹ sneeze, 재채기하다 ❺ middle, 중간, 중앙 ❻ m(o)ustache, 콧수염 ❼ strict, 엄격한, 엄밀한 ❽ spill, 엎지르다, 쏟다 ❾ except for, ~를 제외하고 ❿ keep in shape, 건강을 유지하다

B ❶ work out ❷ flour, sugar ❸ at least twice ❹ good eating habits ❺ slipped on, peel ❻ do me a favor ❼ black pants, leather jacket

TEST 11 p. 68

01 ④ 02 ③ 03 ④ 04 ③ 05 ② 06 ② 07 ② 08 ④
09 ③ 10 ④ 11 ③ 12 ④ 13 ③ 14 ④ 15 ③

문제 및 정답	받아쓰기 및 녹음내용	해석

01

문제 및 정답

다음을 듣고, 빈칸에 알맞은 것을 고르세요.

He ______________ home.

① want to stay
② wants to stay
③ want you to stay
④ wants you to stay ✓

받아쓰기 및 녹음내용

He wants you to stay home.

해석

그는 네가 집에 머무르기를 원한다.

stay 머무르다

02

문제 및 정답

대화를 듣고, 여자가 해야 할 일이 아닌 것을 고르세요.

①

②

③ ✓

④

받아쓰기 및 녹음내용

M Could you return these books to the library?

W Oh, sorry, but I'm busy today.

M Well, why are you so busy?

W My room is very messy, so I am planning on cleaning it and then writing a report. After that, I am going to the gym for some exercise.

M I did not know that. I'll do it tomorrow.

해석

남 이 책들을 도서관에 반납해 줄래?

여 아, 미안하지만, 오늘은 내가 바빠.

남 음, 너는 왜 그렇게 바쁜데?

여 내 방이 너무 지저분해서, 방을 청소하고 그런 다음에 보고서를 쓸 계획이거든. 그 후에는 운동을 하러 체육관에 갈 거야.

남 그런 줄 몰랐어. 내일 내가 할게.

return 반납하다 **report** 보고서, 과제물

03

문제 및 정답

대화를 듣고, 남자가 빌려 와야 할 물건으로 알맞은 것을 고르세요.

①

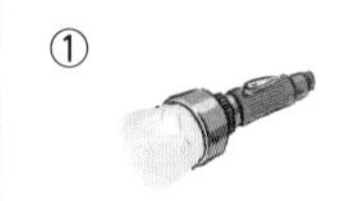

②

③ ④ ✓

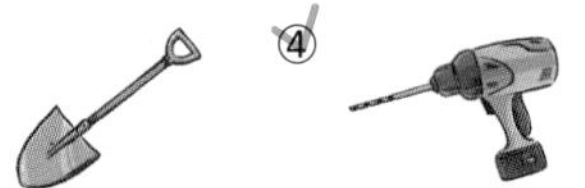

받아쓰기 및 녹음내용

W Why are you in such a hurry, Harry?

M Oh, it's you, Kyndra.

W What's up? Where are you going?

M I am on my way to your house.

W What for?

M My dad asked me to borrow a drill from your parents because we have a small problem with the ceiling.

해석

여 왜 그렇게 급하니, Harry?

남 오, 너구나, Kyndra.

여 잘 지내지? 너 어디 가는데?

남 난 너희 집에 가는 중인데.

여 왜?

남 우리 집 천장에 작은 문제가 생겨서, 우리 아빠가 너희 부모님으로부터 드릴을 빌려 오라고 하셨거든.

in a hurry 급한, 서두르는 **ceiling** 천장

04 다음을 듣고, 그림의 상황에 알맞은 대화를 고르세요.

① ② ③ ④

① M May I take your order, ma'am?
W Well, I'm expecting company now.

② M What's the weather like outside?
W It's raining cats and dogs.

③ M Excuse me. Where's the nearest subway station?
W Sorry. I'm a stranger here too.

④ W Excuse me. Where can I find the dairy section?
M It's in aisle 21.

① 남 주문을 받아도 되겠습니까, 손님?
여 저, 제가 지금 일행을 기다리고 있어서요.

② 남 바깥 날씨는 어때?
여 비가 억수 같이 쏟아지고 있어.

③ 남 실례합니다. 가장 가까운 지하철역이 어디에 있습니까?
여 죄송해요. 저도 이곳이 처음이에요.

④ 여 실례합니다. 유제품 코너를 어디에서 찾을 수 있나요?
남 21번 통로에 있습니다.

expect 기다리다 **company** 일행, 동료 **It's raining cats and dogs.** 비가 억수 같이 쏟아지다. **I'm a stranger here.** 저는 이곳이 처음입니다. **dairy** 유제품 **section** 코너, 구역 **aisle** 통로

05 다음을 듣고, 무엇에 관한 내용인지 고르세요.

① 화재 대피 훈련
② 지하철역 안내
③ 버스 노선 안내
④ 백화점 할인 판매

This stop is Sindorim, Sindorim Station. The exit doors for this stop are on your left. You can transfer to the green line, line number two. Passengers getting off, please watch your step. This train is for Incheon.

이번 역은 신도림, 신도림역입니다. 이번 역에서 내리실 문은 왼쪽입니다. 녹색 노선인 2호선으로 환승하실 수 있습니다. 내리시는 승객 분들께서는 발밑을 조심하시기 바랍니다. 이 열차는 인천행입니다.

exit door 출입문 **transfer to** ~로 환승하다[갈아타다] **passenger** 승객 **watch one's step** 발밑을 조심하다

06 대화를 듣고, 현재 시각을 고르세요.

① 6시 ② 6시 30분
③ 7시 ④ 7시 30분

M I just noticed that your friend's flight will be delayed by half an hour.
W So what time will he be arriving exactly?
M Well, since it's 6:30 now, he should be arriving at 7 o'clock.
W Why don't we get some coffee or snacks?
M That sounds good.

남 지금 막 알았는데 네 친구가 탄 비행기가 30분 지연될 거래.
여 그래서 그는 정확히 몇 시에 도착하게 되는데?
남 글쎄, 지금이 6시 30분이니까, 그는 7시에 도착하게 될 거야.
여 우리 커피나 간식 좀 먹을까?
남 좋은 생각이야.

delay 지연시키다 **exactly** 정확히

07 대화를 듣고, 남자가 당황해하는 이유를 고르세요.

① 시계를 잃어버려서
② 아내와의 약속 시간에 늦어서
③ 여자가 시간을 잘못 알려 주어서
④ 약속 장소를 착각했음을 깨달아서

M Excuse me, ma'am. Do you have the time?
W I do. It's eight o'clock.
M Eight o'clock? Oh, dear. I was supposed to pick up my wife downtown an hour ago.
W I hope you have a good excuse.

남 실례합니다, 부인. 몇 시인지 아시나요?
여 네. 8시예요.
남 8시요? 아, 이런. 저는 한 시간 전에 시내에서 제 아내를 차에 태우기로 되어 있었어요.
여 당신에게 적절한 변명이 있기를 바라요.

have the time 몇 시인지 알다 **downtown** 시내에 **excuse** 변명

08 대화를 듣고, 여자의 여행 계획으로 알맞은 것을 고르세요.

① 여행을 혼자 갈 것이다.
② 프랑스만 여행을 할 것이다.
③ 유럽을 비행기로만 여행할 것이다.
④ 비행기와 기차로 여행을 할 것이다.

W We're planning a family trip to Europe this year.
M Good for you. How do you plan to travel?
W We're going to fly to France and then take a train across Europe.
M That sounds so exciting. Take a lot of pictures.

여 올해 유럽으로 가족 여행을 가기로 계획하고 있어.
남 좋겠다. 어떻게 여행을 할 계획이야?
여 프랑스까지 비행기를 타고 가서 기차를 타고 유럽을 여행하려고 해.
남 정말 재미있겠다. 사진 많이 찍어.

across ~를 횡단하여

09 대화를 듣고, 여자의 심정으로 알맞은 것을 고르세요.

① proud ② excited
③ worried ④ shocked

M Why do you have tears in your eyes?
W Today is my daughter's first day of school. I hope she is all right today.
M She'll be okay. It's natural for a mother to feel this way.
W I know. I just have to get used to it. I have never left her alone before.

남 왜 눈에 눈물이 고여 있어요?
여 오늘이 제 딸의 학교 입학식이거든요. 오늘 제 딸이 잘하면 좋겠어요.
남 괜찮을 거예요. 엄마가 그렇게 느끼는 것은 당연한 거지요.
여 알아요. 그냥 그것에 익숙해져야겠어요. 전에는 한 번도 딸아이를 따로 둔 적이 없었거든요.

tear 눈물 **natural** 당연한, 자연스러운
shocked 충격을 받은

10 다음을 듣고, 두 사람의 대화가 어색한 것을 고르세요.

① ② ③ ④

① M Is it raining outside?
W Yes, so please take an umbrella with you.
② W You look so sick.
M Yes, I have a bad cold.
③ M How often do you call your grandmother?
W I call her once a week.
④ M Where did I put my keys?
W I think you should forget about them.

① 남 밖에 비 오니?
여 응, 그러니까 우산 꼭 가지고 가.
② 여 너 많이 아파 보인다.
남 응, 지독한 감기에 걸렸어.
③ 남 할머니께 얼마나 자주 전화 드리니?
여 일주일에 한 번 전화 드려.
④ 남 내가 열쇠를 어디에 두었지?
여 내 생각에 너는 그것들에 대해 잊어버려야 해.

once a week 일주일에 한 번

11 대화를 듣고, 남자가 여자에게 부탁한 일로 알맞은 것을 고르세요.

① 우유 구입하기
② 음료 주문하기
③ 아기 돌봐 주기
④ 가방 맡아 주기

M Could I ask you for a favor?
W What is it?
M Could you take care of my baby for a few minutes? I need to buy some milk for him.
W All right. I will be happy to take care of your baby.
M Thanks. I appreciate it.

남 부탁 하나 해도 될까요?
여 뭔데요?
남 제 아이를 잠시만 돌봐 주시겠어요? 아이에게 먹일 우유를 사야 해서요.
여 물론이죠. 기꺼이 봐 드리죠.
남 고마워요. 감사합니다.

for a few minutes 잠시 동안
appreciate 감사하다

12 대화를 듣고, 대화 내용과 일치하지 않는 것을 고르세요.

① 남자는 한 달 동안 농구를 할 수 없다.
② 남자는 다리를 다쳤다.
③ 여자는 남자에게 다른 일을 찾아 볼 것을 제안했다.
④ 두 사람은 농구 경기를 관람할 것이다.

W Peter, you look down today.
M The doctor told me not to play basketball for a month since I hurt my leg.
W That's too bad. What about trying to find other things that you can do while sitting?
M But I'll miss playing basketball so much.

여 Peter, 오늘은 힘이 없어 보이네.
남 내가 다리를 다쳐서 의사 선생님이 한 달 동안 농구를 하지 말라고 말씀하셨어.
여 정말 안됐구나. 앉아서 할 수 있는 다른 일들을 찾아 보는 게 어때?
남 하지만 난 농구를 너무 하고 싶을 거야.

look down 힘이 없어 보이다 **while** ~와 동시에, ~하는 동안에 **miss** 그리워하다

13 대화를 듣고, 여자가 대화 직후에 할 일로 알맞은 것을 고르세요.

① 변기를 새로 산다.
② 화장실을 청소한다.
③ 배관공에게 전화한다.
④ 변기를 뜯어내서 고친다.

M What are you doing?
W I'm trying to fix the toilet.
M What's wrong with it?
W It won't flush.
M I see. Do you think you can fix it?
W Hmm... I'm afraid I can't. I'll call a plumber.

남 뭐 하고 있니?
여 나는 변기를 고치려 하고 있어.
남 변기에 무슨 문제가 있니?
여 물이 안 내려가.
남 그렇구나. 고칠 수 있을 것 같니?
여 흠… 고칠 수 없을 것 같아. 배관공에게 전화해야겠어.

fix 고치다, 수리하다 **toilet** 변기, 화장실 **flush** (화장실의) 물이 내려가다 **plumber** 배관공

14 대화를 듣고, 남자가 젊어 보이는 비결로 알맞은 것을 고르세요.

① 운동을 충분히 한다.
② 규칙적인 생활을 한다.
③ 충분한 휴식을 취한다.
④ 항상 긍정적으로 지내려고 노력한다.

W Mr. Park, may I ask your age?
M I'm 74 years old.
W Really? You seem much younger. Do you exercise a lot? What's your secret?
M I don't exercise a lot, but I try to be positive all the time.

여 박 선생님, 나이가 어떻게 되세요?
남 전 74살입니다.
여 정말요? 훨씬 더 젊어 보이시는데요. 운동을 많이 하시나요? 비결이 뭐죠?
남 저는 운동을 많이 하지는 않지만, 항상 긍정적이려고 노력해요.

seem ~처럼 보이다 **secret** 비결; 비밀
positive 긍정적인

15 대화를 듣고, 남자의 마지막 말에 이어질 여자의 말로 알맞은 것을 고르세요.

① That's too bad.
② What are you doing?
③ I'm happy to hear that.
④ I'm really proud of you.

W Hello. I'm Mrs. Kim.
M Oh, Jina's mother! Nice to meet you.
W Nice to meet you, too. How is Jina doing at school this year?
M She's doing very well. Her grades are excellent. You should be proud of her.
W I'm happy to hear that.

여 안녕하세요. 전 Mrs. Kim입니다.
남 아, 지나 어머니! 만나서 반가워요.
여 저도 만나서 반갑네요. 지나가 올해에는 학교에서 어떻게 지내나요?
남 그녀는 매우 잘 지내고 있어요. 성적이 우수해요. 지나가 자랑스러우실 거예요.
여 그 말을 들으니 기쁘네요.

① 그것 참 안됐네요.
② 무얼 하고 계세요?
④ 저는 당신이 정말 자랑스러워요.

grade 성적 **excellent** 우수한
proud 자랑스러운

REVIEW TEST p. 73

A ❶ aisle, 통로 ❷ ceiling, 천장 ❸ plumber, 배관공 ❹ exactly, 정확히 ❺ stay, 머무르다 ❻ downtown, 시내에 ❼ appreciate, 감사하다 ❽ delay, 지연시키다 ❾ secret, 비결; 비밀 ❿ in a hurry, 급한, 서두르는

B ❶ transfer to ❷ be positive ❸ once a week ❹ fix the toilet ❺ find, dairy section ❻ raining cats and dogs ❼ Passengers, watch your step

TEST 12 p. 74

01 ③ 02 ④ 03 ④ 04 ③ 05 ④ 06 ④ 07 ④ 08 ①
09 ③ 10 ① 11 ① 12 ② 13 ④ 14 ③ 15 ①

	문제 및 정답	받아쓰기 및 녹음내용	해석
01	다음을 듣고, 빈칸에 알맞은 것을 고르세요. Kate ____________ the race. ① believes to win ② believes you to win ③ believes you will win ④ believes your winning	Kate believes you will win the race.	Kate는 네가 경주에서 이길 것이라고 믿는다.
02	대화를 듣고, 남자가 취해야 할 동작으로 알맞은 것을 고르세요. ① ② ③ ④	M What's the best way to build up my stomach muscles? W Well, first you should lie on your back, not on your stomach. M Okay. Next? W Keep your back straight and lift both of your legs. M Am I doing it right? W No, put your hands behind your head.	남 제 복근을 강화시킬 가장 좋은 방법이 뭔가요? 여 음, 우선 엎드리지 말고 반듯하게 누워야 해요. 남 알겠어요. 그다음은요? 여 등을 곧게 유지시키고, 두 다리를 모두 들어 올리세요. 남 제가 맞게 하고 있나요? 여 아뇨, 손을 머리 뒤에 놓으세요. **build up** ~를 강화[증강]하다 **stomach** 복부, 배 **muscle** 근육 **lie on one's back** 반듯하게 눕다 **lie on one's stomach** 엎드리다 **lift** 들어 올리다
03	대화를 듣고, 남자의 그림으로 알맞은 것을 고르세요. ① ② ③ ④	W Wow, what a nice drawing! M Thanks. It's my favorite picture. W Please tell me about your painting. M There is a girl sitting on a bench and three birds in front of the bench. There is also a dog taking a nap on her lap.	여 와, 정말 멋진 그림이군요! 남 고마워요. 제가 가장 좋아하는 그림이에요. 여 당신의 그림에 대해서 말씀 좀 해 주세요. 남 벤치에 소녀가 앉아 있고, 벤치 앞에는 세 마리의 새가 있어요. 또한 소녀의 무릎 위에서 강아지 한 마리가 낮잠을 자고 있어요. **drawing**(= **picture**, **painting**) 그림 **in front of** ~ 앞에 **take a nap** 낮잠을 자다

04 다음을 듣고, 그림의 상황에 알맞지 않은 대화를 고르세요.

① ② ③ ④

① W How do you feel today?
M I think I'm feeling better than yesterday.

② W The doctor says you're getting better.
M But when are they going to let me go home?

③ W Can I show you to your seat?
M Thank you. That would be lovely.

④ W I hope you get well soon.
M Thank you for visiting me.

① 여 오늘은 몸 상태가 어때?
남 어제보다 더 나은 것 같아.

② 여 의사가 말하기를 네 상태가 좋아지고 있대.
남 하지만 병원에서 언제쯤 나를 퇴원시켜 줄까?

③ 여 좌석을 찾아 드릴까요?
남 감사합니다. 그래 주시면 좋지요.

④ 여 네 상태가 곧 좋아지길 바라.
남 와 줘서 고마워.

get better 좋아지다, 호전되다

05 대화를 듣고, 두 사람이 무엇에 대해 이야기하고 있는지 고르세요.

① 최신 기사
② 잡지 구입
③ 사진 촬영 기술
④ 잡지의 표지 모델 선정

W I think Ashley should be on the cover this month.
M I don't think so. She is already on too many magazine covers.
W So you want a new face? A different model?
M Yeah, you're right. I'll get you some pictures of new models.
W Sure.

여 전 Ashley가 이번 달 표지를 해야 한다고 생각해요.
남 전 그렇게 생각하지 않아요. 그녀는 이미 너무나 많은 잡지의 표지 모델이에요.
여 그럼 새로운 얼굴을 원하세요? 다른 모델을요?
남 네, 맞아요. 제가 새로운 모델 사진 좀 가져다 드릴게요.
여 알겠어요.

cover 표지 **magazine** 잡지

06 대화를 듣고, 여자의 나이를 고르세요.

① 12 ② 21
③ 23 ④ 25

M So, Julie, how old are you?
W Can you guess how old I am?
M Um... 21.
W Thanks. I am older than that.
M I would say 25, but you look younger than that.
W Bingo. I'm 25. How about you?

남 그래, Julie, 네 나이가 몇이니?
여 내가 몇 살인지 알아맞혀 볼래?
남 음… 21살.
여 고마워. 난 그보다 나이가 많아.
남 아마도 25살, 하지만 넌 그보다 더 어려 보여.
여 맞췄어. 난 25살이야. 너는?

young 어린, 젊은 **Bingo** 맞았다, 이겼다

07 대화를 듣고, 남자의 아기가 우는 이유를 고르세요.

① 충치가 생겨서
② 치과를 무서워해서
③ 남자가 이를 건드려서
④ 처음으로 이가 나려고 해서

W Is your baby okay? She is crying a lot.
M She is teething.
W Teething? What is that?
M That means she's getting her first teeth. It can hurt sometimes and make her cry.

여 아기가 괜찮은 거예요? 엄청 우네요.
남 젖니가 나려 해서요.
여 젖니가 나다니요? 그게 뭐예요?
남 처음으로 이가 나고 있다는 말이에요. 가끔 아플 수가 있어서 아기가 우는 거예요.

cry 울다 **a lot** 많이 **teethe** 이가 나다

08 대화를 듣고, 여자의 마지막 말의 의도로 가장 알맞은 것을 고르세요.

① 격려 ② 칭찬
③ 허락 ④ 충고

M Oh, no. It's almost my turn to present my report.

W You will do great!

M What if I forget the script? What if the class laughs at me? What if I don't do well?

W Don't worry. Everything will be fine.

남 오, 이런. 이제 거의 내가 보고서를 발표할 차례야.

여 넌 잘할 거야!

남 내용을 까먹으면 어쩌지? 반 아이들이 날 비웃으면 어쩌지? 내가 잘 못하면 어쩌지?

여 걱정 마. 모든 게 괜찮을 거야.

turn 차례 **present** 발표하다 **script** 내용; 대본, 스크립트 **laugh at** ~를 비웃다

09 대화를 듣고, 남자의 심정으로 알맞은 것을 고르세요.

① scared ② amused
③ annoyed ④ ashamed

M Mom, Andrew has torn my homework!

W It happens. He is just three years old.

M But he is always trying to ruin everything I do. I'm going crazy!

W I understand how you feel. I'll help you do your homework over again.

남 엄마, Andrew가 내 숙제를 찢어 놓았어요!

여 그럴 수도 있지. 겨우 세 살이잖니.

남 그렇지만 그 애는 항상 제가 하는 모든 것을 망치려고 하잖아요. 미치겠어요!

여 네 기분 이해해. 네가 숙제를 다시 하는 걸 도와줄게.

torn tear(찢다)의 과거분사형 **ruin** 망치다 **crazy** 미친 **amused** 즐거워하는

10 다음을 듣고, 두 사람의 대화가 어색한 것을 고르세요.

① ② ③ ④

① M When did you come to Canada?
W I visited Canada three times.

② W How would you like your steak?
M Well-done, please.

③ M Let's eat out.
W Sounds good.

④ W Would you like some water?
M Yes, please. I am so thirsty.

① 남 캐나다에 언제 왔어요?
여 저는 캐나다를 세 번 방문했어요.

② 여 스테이크를 어떻게 해 드릴까요?
남 완전히 익혀 주세요.

③ 남 우리 외식하자.
여 좋은 생각이야.

④ 여 물 좀 드릴까요?
남 네, 주세요. 너무 목마르네요.

well-done 완전히 익힌 **eat out** 외식하다

11	**대화를 듣고, Julia가 언제쯤 돌아올지 고르세요.** ✓① 몇 분 후에 ② 몇십 분 후에 ③ 몇 시간 후에 ④ 내일 오전 중에	M May I speak to Julia? W I'm afraid she isn't here right now. M I see. Will she be back soon? W Yes, she will be back in a few minutes. M Okay, thanks. I'll call back later.	남 Julia 좀 바꿔 주시겠어요? 여 죄송합니다만 지금 여기에 없습니다. 남 알겠습니다. 금방 올까요? 여 예, 몇 분 후에 올 거예요. 남 알겠습니다, 감사합니다. 나중에 다시 전화할게요. **be back** 돌아오다 **call back** 다시 전화하다
12	**대화를 듣고, 대화 내용과 일치하지 <u>않는</u> 것을 고르세요.** ① 밖에 바람이 불고 있다. ✓② 여자는 세탁물을 밖에 그대로 두었다. ③ 여자의 옷이 땅바닥에 떨어졌다. ④ 폭풍이 몰려올 것이라 예상된다.	M I can't believe how windy it is outside. W I know. I had to take in my laundry. All my clothes were on the ground. M They say a storm is coming. W I'll never get my laundry done.	남 밖에 바람이 얼마나 많이 부는지 믿기지가 않아. 여 나도 알아. 나는 세탁물을 들여와야 했어. 내 옷이 전부 땅바닥에 떨어져 있었거든. 남 폭풍이 온다더라. 여 빨래를 못 하겠구나. **laundry** 세탁물, 세탁 **ground** 땅바닥 **storm** 폭풍
13	**대화를 듣고, 남자가 이번 주말에 할 일로 알맞은 것을 고르세요.** ① 공항에서 일한다. ② 일본으로 여행을 떠난다. ③ 공항에서 친구를 만난다. ✓④ 공항으로 여동생을 마중 나간다.	M I'm really sorry, but I won't be able to work this weekend. W Oh, why not? M I have to pick up my sister at the airport. She's coming back from Japan. W No problem. It's okay.	남 정말 죄송하지만, 이번 주말에는 일할 수가 없겠어요. 여 오, 왜죠? 남 저는 공항으로 여동생을 태우러 가야 해서요. 여동생이 일본에서 돌아올 거예요. 여 그렇게 하세요. 괜찮습니다.
14	**대화를 듣고, 여자가 현재 배우고 있는 언어로 알맞은 것을 고르세요.** ① 영어 ② 독일어 ✓③ 스페인어 ④ 일본어	W I enjoy learning new languages. M Learning new languages? That sounds interesting. How many languages can you speak? W I can speak English and Japanese fluently, and I'm learning two more languages at the moment. M Two more? Which ones? W I've been studying Chinese and Spanish since last year.	여 난 새 언어를 배우는 게 좋더라. 남 새로운 언어를 배운다고? 재미있겠다. 너는 얼마나 많은 언어로 말할 수 있니? 여 난 영어와 일본어를 유창하게 하고, 지금은 두 개의 언어를 더 배우고 있어. 남 두 개나 더? 어떤 건데? 여 나는 작년부터 중국어와 스페인어를 공부하고 있어. **language** 언어 **interesting** 재미있는, 흥미로운 **Japanese** 일본어 **fluently** 유창하게 **at the moment** 지금 **Chinese** 중국어 **Spanish** 스페인어

15 대화를 듣고, 여자의 마지막 말에 이어질 남자의 말로 알맞은 것을 고르세요.

① My cousins.
② I live with my family.
③ My uncle did it with his friends.
④ Teddy went there with his girlfriend.

W Where did you go on vacation?
M I went to the Teddy Bear Museum in Jeju.
W That sounds like fun. How was it?
M It was fantastic. I saw so many teddy bears.
W Who did you go with?
M My cousins.

여 너는 휴가를 어디로 갔니?
남 난 제주에 있는 Teddy Bear 박물관에 갔었어.
여 재미있었겠다. 어땠니?
남 굉장히 좋았어. 정말로 많은 테디 베어를 봤어.
여 누구와 같이 갔어?
남 사촌들과 갔어.

② 나는 가족과 함께 살아.
③ 우리 삼촌이 친구들과 함께 그렇게 했어.
④ Teddy는 여자 친구와 함께 그곳에 갔어.

museum 박물관 **fantastic** 굉장히 좋은

REVIEW TEST p. 79

A ❶ storm, 폭풍 ❷ ruin, 망치다 ❸ language, 언어 ❹ magazine, 잡지 ❺ stomach, 복부, 배 ❻ laundry, 세탁물, 세탁 ❼ fluently, 유창하게 ❽ lift, 들어 올리다 ❾ laugh at, ~를 비웃다 ❿ take a nap, 낮잠을 자다

B ❶ go on vacation ❷ torn my homework ❸ on the ground ❹ win the race ❺ pick up, airport ❻ Chinese, Spanish since ❼ build up my muscles

TEST 13

p. 80

01 ② 02 ③ 03 ③ 04 ④ 05 ④ 06 ② 07 ② 08 ①
09 ③ 10 ③ 11 ② 12 ④ 13 ② 14 ③ 15 ①

문제 및 정답	받아쓰기 및 녹음내용	해석

01

다음을 듣고, 빈칸에 알맞은 것을 고르세요.

Can you get me some salt?

____

① Will you do it?
② We're out of it. ✓
③ We run out of it.
④ Will you run to it?

Can you get me some salt? We're out of it.

소금 좀 사다 줄 수 있어? 다 떨어졌거든.

salt 소금 **be out of** ~이 떨어지다

02

대화를 듣고, 여자의 예전 몸무게를 고르세요.

① 

② 

③ ✓ 

④ 

M Oh, Cindy, I'm so worried about you.
W Don't worry. I'll be all right.
M But look at you! You've lost so much weight since you got sick.
W Yeah, I lost 5kg. I only weigh 49kg now.
M I hope you gain the weight back soon.

남 오, Cindy, 난 네가 너무 걱정돼.
여 걱정하지 마. 난 괜찮을 거야.
남 하지만 널 봐! 넌 아픈 이후로 몸무게가 상당히 많이 줄었어.
여 맞아, 난 5kg 줄었어. 지금 겨우 49kg밖에 안 나가.
남 난 네가 곧 원래의 몸무게로 다시 돌아가길 바라.

weigh 체중[무게]이 ~이다 **gain** 늘리다, 증가하다

03

대화를 듣고, 그림에서 여자가 찾는 사람이 누구인지 고르세요.

M Who are you looking for in this classroom?
W My sister Jenny. She left her homework at home. Where is she now?
M Uh, let me look. Oh, there she is! She's behind the boy who is sleeping. She is writing something now.
W Yes, that is right. Would you please tell her I am here?
M Sure. Please wait here.

남 너는 이 교실에서 누구를 찾고 있는 거니?
여 제 여동생 Jenny요. 그 애는 집에 숙제를 놓고 갔어요. 지금 어디에 있나요?
남 음, 내가 찾아 볼게. 오, 저기 있다! 자고 있는 남자아이 뒤에 있네. 지금 뭔가를 쓰고 있는데.
여 네, 맞아요. 제가 여기에 있다고 알려 주시겠어요?
남 그래. 여기서 기다리렴.

behind ~의 뒤에

04 다음을 듣고, 그림의 상황에 알맞은 대화를 고르세요.

① ② ③ ④

① M Hi. I have a reservation for 7:30.
W What is your name, sir?

② M What do you want for lunch?
W I will have a sandwich and apple juice.

③ M What's your favorite food?
W I like steak a lot.

④ M I'll have a hamburger and a large order of French fries.
W Would you like anything to drink?

① 남 안녕하세요. 전 7시 30분에 예약했습니다.
여 성함이 어떻게 되세요, 손님?

② 남 넌 점심으로 무얼 먹고 싶니?
여 난 샌드위치와 사과 주스를 먹을 거야.

③ 남 네가 가장 좋아하는 음식은 뭐니?
여 난 스테이크를 무척 좋아해.

④ 남 햄버거와 큰 사이즈의 감자 튀김을 주세요.
여 음료를 드시겠습니까?

reservation 예약 **order** (요리의) 한 접시

05 다음을 듣고, 무엇에 관한 내용인지 고르세요.

① arm ② foot
③ nose ④ tongue

This is a very important part of the human body. We use it when we speak, when we eat, and when we swallow. Children sometimes stick it out when they dislike someone or something. Without it, we wouldn't be able to lick an ice cream cone or taste our favorite foods.

이것은 사람의 신체에서 매우 중요한 부분이다. 우리는 말할 때, 먹을 때, 그리고 삼킬 때 이것을 사용한다. 때때로 어린이들은 누군가나 어떤 것이 싫을 때 이것을 내민다. 이것이 없으면 우리는 아이스크림 콘을 핥거나 우리가 가장 좋아하는 음식을 맛볼 수 없을 것이다.

swallow 삼키다 **stick out** ~를 (불쑥) 내밀다
lick 핥다 **taste** 맛보다

06 대화를 듣고, 남자가 여자의 집에 가기로 한 시각을 고르세요.

① 5시 ② 6시
③ 7시 ④ 8시

W Hi, Edward. I'm having a party at my house on Friday, and I hope you can come.
M Sounds great! What time?
W Well, it begins at 7 p.m., but since you're my best friend... Could you come about an hour early to help me?
M Sure. What are friends for? I'll see you then.

여 안녕, Edward. 난 금요일에 집에서 파티를 할 건데, 네가 와 줬으면 해.
남 좋아! 몇 시야?
여 음, 오후 7시에 시작할 거지만, 넌 나의 가장 친한 친구니까… 한 시간 정도 일찍 와서 나 좀 도와줄 수 있겠니?
남 물론이지. 친구 좋다는 게 뭐야? 그때 보자.

since ~이므로, ~ 때문에
What are friends for? 친구 좋다는 게 뭐야?

07 대화를 듣고, 여자가 기분이 좋아진 이유를 고르세요.

① 목욕을 해서
② 집이 깨끗해져서
③ 친구랑 화해를 해서
④ 주말에 놀러 갔다 와서

M Hey, Lucy! What did you do on the weekend?
W I spent two days cleaning my house. It was so dirty.
M How does it look now?
W It looks great now. I feel a lot better.

남 안녕, Lucy! 주말에 뭐 했니?
여 집안 청소하는 데 이틀이나 걸렸어. 정말 지저분했거든.
남 지금은 집이 어때 보여?
여 지금은 아주 좋아 보여. 기분이 훨씬 더 나아졌어.

spent spend((시간을) 보내다, 소비하다)의 과거형
dirty 지저분한, 더러운 **a lot** (비교급을 수식하여) 훨씬

08 대화를 듣고, 남자의 문제가 무엇인지 고르세요.

① 연습 중에 다쳤다.
② 훈련받을 시간이 없다.
③ 시합이 며칠 남지 않았다.
④ 슬럼프에 빠져 무기력을 느낀다.

W You're walking with a limp. What happened?

M I pulled a muscle during track and field practice yesterday.

W How long will it take to get better?

M I should be fine in a few days.

여 너 절뚝거리며 걷고 있네. 무슨 일 있었니?
남 나는 어제 육상 경기 연습을 하다가 근육을 접질렸어.
여 회복되는 데 얼마나 걸릴까?
남 며칠이면 좋아질 거야.

walk with a limp 절뚝거리며 걷다
pull a muscle 근육을 접질리다
track and field 육상 경기

09 대화를 듣고, 남자의 성격으로 알맞은 것을 고르세요.

① 예민하다
② 정직하다
③ 사려 깊다
④ 즉흥적이다

M I heard Laura is sick. Is there anything I can do for her?

W She likes flowers. How about them?

M I'll get her some flowers then. I hope they make her feel better.

W I'm sure they will.

남 Laura가 아프다고 들었어. 그녀를 위해서 내가 할 수 있는 일이 있니?
여 그녀는 꽃을 좋아해. 그건 어때?
남 그럼 그녀에게 꽃을 사 줘야겠다. 그걸로 그녀의 기분이 더 나아지면 좋겠다.
여 분명히 그럴 거야.

get 사다 **make** ~하게 만들다

10 다음을 듣고, 두 사람의 대화가 자연스러운 것을 고르세요.

① ② ③ ④

① M Don't you have any cheaper ones?
W What else do you want?

② M What's on TV now?
W No, I can't. I will watch TV tomorrow.

③ M How do the pants fit?
W They are too short.

④ M Let's go swimming today!
W He's coming soon.

① 남 더 싼 것들은 없어요?
여 또 원하는 것이 있나요?

② 남 지금 TV에서 무얼 하니?
여 아니, 할 수 없어. 난 내일 TV를 볼 거야.

③ 남 바지가 맞으시나요?
여 너무 짧아요.

④ 남 오늘 수영하러 가자!
여 곧 그가 올 거야.

fit (모양·크기가) 맞다

11 대화를 듣고, 여자가 영화를 보던 중에 한 일로 알맞은 것을 고르세요.

① 졸았다 ② 울었다
③ 웃었다 ④ 화장실에 갔다

M What did you think about the movie?

W It was so sad that I cried a lot.

M I thought it was boring. I almost fell asleep. You like sad movies, don't you?

W Not particularly. I like all kinds of movies.

남 그 영화에 대해 어떻게 생각하시나요?
여 너무 슬퍼서 엄청 울었어요.
남 나는 그 영화가 지루하다고 생각했어요. 전 하마터면 잘 뻔했어요. 당신은 슬픈 영화를 좋아하시나 봐요, 그렇지 않나요?
여 특별히 그런 건 아니에요. 전 모든 종류의 영화를 좋아해요.

boring 지루한 **fall asleep** 잠들다
particularly 특별히 **kind** 종류

12 대화를 듣고, 대화 내용과 일치하는 것을 고르세요.

① 서울행 마지막 버스가 이미 떠났다.
② 여자는 서울에 가려 한다.
③ 여자는 부산행 버스를 놓쳤다.
④ 부산행 버스는 5분 후에 출발한다.

M Last bus to Seoul! All aboard!
W Excuse me. Does this bus go to Busan?
M No, it doesn't. The bus to Busan is over there. It leaves in five minutes.
W Thank you. You are very helpful.

남 서울행 마지막 버스입니다! 모두 승차하세요!
여 실례합니다. 이 버스는 부산으로 가나요?
남 아뇨, 그렇지 않아요. 부산으로 가는 버스는 저기에 있어요. 버스는 5분 후에 출발할 겁니다.
여 고맙습니다. 많은 도움이 됐습니다.

All aboard. 모두 승차[탑승]하세요.
helpful 도움이 되는

13 대화를 듣고, 남자가 대화 직후에 할 일로 알맞은 것을 고르세요.

① 여자와 마술을 배우러 간다.
② 여자에게 마술을 가르쳐 준다.
③ 여자와 함께 마술 대회에 나간다.
④ 여자와 함께 마술 쇼를 보러 간다.

W Can you do magic?
M Yes, I can. Let me show you.
W Wow, you're good. Can you teach me how to do it?
M Sure. Let me teach you now.
W Thank you so much.

여 마술할 줄 아세요?
남 네, 할 수 있어요. 보여드릴게요.
여 와, 훌륭하네요. 그거 어떻게 하는지 제게 가르쳐 주실 수 있나요?
남 물론이죠. 지금 가르쳐 드릴게요.
여 정말 고마워요.

teach 가르쳐 주다

14 대화를 듣고, Jane의 생일 파티 날에 여자가 한 일로 알맞은 것을 고르세요.

① 바비 인형을 사러 갔다.
② 동생과 같이 숙제를 했다.
③ 과외 선생님과 공부를 했다.
④ 다른 친구의 생일 파티에 갔다.

W Did you go to Jane's birthday party?
M Yes, I did. Why didn't you come?
W I had to study with my tutor. How was it?
M It was good.
W What did you give her?
M I gave her a Barbie doll.

여 Jane의 생일 파티에 갔었니?
남 응, 갔었어. 너는 왜 오지 않았니?
여 난 과외 선생님과 공부해야 했어. 파티는 어땠니?
남 좋았어.
여 넌 그녀에게 무얼 줬는데?
남 난 그녀에게 바비 인형을 줬어.

tutor 과외 교사 **doll** 인형

15 대화를 듣고, 여자의 마지막 말에 이어질 남자의 말로 알맞은 것을 고르세요.

① No way!
② You're welcome.
③ I couldn't agree more.
④ You'll do better next time.

W Have you ever tried bungee jumping?
M No, I haven't. I'm afraid of heights.
W I tried it once when I visited my uncle in L.A. It was really exciting. You should try it.
M No way!

여 번지 점프를 해 본 적 있니?
남 아니, 없어. 난 높은 것이 싫어.
여 난 LA에 사시는 삼촌 댁을 방문했을 때 한 번 해 봤어. 정말 재미있었어. 너도 해 봐.
남 절대로 안돼!

② 천만에.
③ 전적으로 동감해.
④ 너는 다음번에는 더 잘할 거야.

try 해 보다, 시도하다 **height** 높이

REVIEW TEST p. 85

A ❶ lick, 핥다 ❷ salt, 소금 ❸ height, 높이 ❹ tutor, 과외 교사 ❺ swallow, 삼키다 ❻ reservation, 예약 ❼ particularly, 특별히 ❽ gain, 늘리다, 증가하다 ❾ weigh, 체중[무게]이 ~이다 ❿ fall asleep, 잠들다

B ❶ leaves in, minutes ❷ makes, feel better ❸ movie was boring ❹ looking for, classroom ❺ pulled a muscle ❻ how to do magic ❼ important part, human body

TEST 14 p. 86

01 ③ 02 ③ 03 ④ 04 ① 05 ② 06 ② 07 ② 08 ④
09 ③ 10 ④ 11 ④ 12 ④ 13 ③ 14 ① 15 ②

	문제 및 정답	받아쓰기 및 녹음내용	해석
01	다음을 듣고, 빈칸에 알맞은 것을 고르세요. __________ next door had a car accident last night. ① The women who live ② The woman who live ③ The woman who lives ④ The women whom lives	The woman who lives next door had a car accident last night.	옆집에 사는 여자가 어젯밤에 교통사고를 당했다. **next door** 옆집 **car accident** 교통사고
02	다음을 듣고, 내용과 일치하는 그림을 고르세요. ①  ②  ③  ④ 	This is it, team. The winner tonight will go on to the championship game. I know we can do it. Mike, remember to work with the others; you don't have to try to do it all by yourself. Sam, watch out for your serve; your last serve was too short to go over the net. Let's go out there and win!	이것이 바로 팀이야. 오늘 밤의 승자는 결승전에 올라갈 것이다. 난 우리가 할 수 있다는 것을 안다. Mike, 다른 사람들과 함께 경기해야 한다는 것을 잊지 말아라. 너희들은 혼자서 그 모든 걸 하려고 노력할 필요가 없어. Sam, 서브할 때 주의해. 요전의 서브가 너무 짧아서 네트를 못 넘겼어. 우리 나가서 승리하자! **winner** 승자 **championship game** 결승전 **watch out for** ~을 주의하다, 조심하다 **serve** (배구·테니스 등에서) 서브 (넣기); 서브를 넣다
03	대화를 듣고, 그림에서 남자가 설명하고 있는 여자아이를 고르세요. 	M That's the girl I was talking about. W Where is she? M She's wearing blue jeans and standing near the vending machine. W Which one? Is she wearing glasses? M No, it's the other girl. She's talking to the boy with the cap.	남 저 여자아이가 내가 말했던 애야. 여 그녀가 어디에 있는데? 남 그녀는 청바지를 입고 있고, 자동판매기 근처에 서 있어. 여 어떤 애? 안경을 썼니? 남 아니, 그건 다른 애야. 그녀는 모자를 쓴 남자아이와 이야기하고 있어. **blue jeans** 청바지 **near** 근처에 **vending machine** 자동판매기

04 다음을 듣고, 그림의 상황에 알맞은 대화를 고르세요.

✓① ② ③ ④

① M That'll be 19 dollars and 95 cents, please.
W Here's a 20.

② M I'm so glad you could come.
W I wouldn't have missed it for the world.

③ W What time is your flight?
M It leaves at three in the afternoon.

④ M Would you like some more?
W No, I'm so full.

① 남 19달러 95센트입니다.
여 여기 20달러요.

② 남 난 네가 와 줘서 정말 기뻐.
여 무슨 일이 있어도 꼭 와야지.

③ 여 몇 시 비행기야?
남 오후 3시에 출발해.

④ 남 좀 더 드시겠어요?
여 아뇨, 너무 배불러요.

not ~ for the world 무슨 일이 있어도 ~하지 않다

05 대화를 듣고, 여자가 수강하고 있는 과목이 아닌 것을 고르세요.

① 미술 ✓② 역사
③ 수학 ④ 체육

W What are you taking this semester, Jacob?
M I'm taking science courses. What are you taking?
W I'm taking physical education, mathematics, and art.
M Is that all?
W No, I'm also taking a really fun elective in drama.

여 Jacob, 이번 학기에 무엇을 수강하고 있니?
남 나는 과학 과목을 수강하고 있어. 넌 무얼 수강하고 있는데?
여 난 체육, 수학, 그리고 미술을 수강하고 있어.
남 그게 다야?
여 아니, 연극과에서 정말 재미있는 선택 과목도 수강하고 있어.

semester 학기 **physical education** 체육 **mathematics** 수학 **elective** 선택 과목 **drama** 연극, 드라마

06 대화를 듣고, 두 사람이 대화하고 있는 시각을 고르세요.

① 12시 55분 ✓② 1시 30분
③ 2시 55분 ④ 3시

M Hi. My name is Chris Brown. I have an appointment with Dr. Black.
W Hi. You came here really early today.
M Not really. My appointment is at 3:00, and it's 2:55 now.
W Ah, no, I don't think so. Sir, you are here exactly one and a half hours early.
M Oops! I think the battery in my watch is dead.

남 안녕하세요. 제 이름은 Chris Brown입니다. 저는 Black 선생님과의 약속이 있는데요.
여 안녕하세요. 오늘 여기에 정말 일찍 오셨군요.
남 그렇진 않아요. 제 약속은 3시고, 지금은 2시 55분이에요.
여 아, 아뇨, 그건 아닌 거 같은데요. 손님, 정확하게 1시간 30분 일찍 여기에 오셨어요.
남 이런! 제 시계 배터리가 방전된 것 같네요.

Not really. 그렇진 않아요. **dead** 방전된

07 대화를 듣고, 남자가 모임에 늦은 이유를 고르세요.

① 늦잠을 자서
✓② 버스를 놓쳐서
③ 수업이 늦게 끝나서
④ 모임 시간을 착각해서

W We were just about to start studying without you.
M I'm sorry that I'm late. I missed the bus.
W Well, at least you're here now.
M Let's begin. We still have time to study.

여 우리는 너 없이 공부를 막 시작하려던 참이었어.
남 늦어서 미안해. 버스를 놓쳤거든.
여 음, 지금이라도 왔으니까 됐지 뭐.
남 시작하자. 우리에게는 아직 공부할 시간이 있어.

be about to 막 ~하려고 하다
without ~ 없이 **at least** 적어도, 최소한

08 대화를 듣고, 여자의 문제가 무엇인지 고르세요.

① 심한 두통이 있다.
② 진통제에 부작용이 있다.
③ 진통제를 가지고 있지 않다.
④ 치과에 가는 것을 두려워한다.

W I have a huge toothache. But I am afraid of seeing a dentist.
M Then do you need some medicine?
W No, thanks. I never take pills for pain.
M The pain won't go away if you don't do anything.

여 난 심각한 치통이 있어. 그런데 나는 치과에 가는 것이 두려워.
남 그럼, 약이 필요하니?
여 고맙지만 괜찮아. 난 절대 고통 때문에 약을 먹지는 않거든.
남 네가 아무것도 하지 않으면 고통은 사라지지 않을 거야.

be afraid of ~을 두려워하다 **pill** 알약
pain 고통 **go away** 사라지다, 없어지다

09 대화를 듣고, 남자의 심정으로 알맞은 것을 고르세요.

① 화남 ② 수줍음
③ 그리움 ④ 걱정스러움

W What's on your mind? You look down.
M I haven't been home in a long time. I miss my parents.
W Why don't you call them? You'll feel better.
M No, it doesn't help. I already called them this morning, but now I miss them even more.

여 무슨 생각하고 있니? 힘이 없어 보여.
남 난 오랫동안 집에 가지 못했어. 부모님이 보고 싶어.
여 부모님께 전화하는 게 어때? 기분이 나아질 거야.
남 아니, 도움이 안 돼. 이미 오늘 아침에 부모님께 전화했지만, 이제는 그분들이 훨씬 더 보고 싶어졌는걸.

mind 생각, 마음

10 다음을 듣고, 두 사람의 대화가 어색한 것을 고르세요.

① ② ③ ④

① M Do you like the book that I gave you?
W I do. I really love that book.
② M I have to write a history paper, but I don't know anything about history.
W I think I can help.
③ M I just got a job.
W Wow, good for you.
④ M Can you give my violin back to me? I really want it back.
W You shouldn't have bought it.

① 남 내가 준 책이 마음에 드니?
여 응. 난 그 책을 정말로 좋아해.
② 남 난 역사 과제물을 써야 하는데, 역사에 대해서는 아는 것이 전혀 없어.
여 내가 도와줄 수 있을 것 같아.
③ 남 나 지금 막 일자리를 구했어.
여 와, 잘됐구나.
④ 남 내 바이올린을 나에게 돌려줄 수 있니? 그걸 정말로 돌려 받고 싶어.
여 넌 그것을 사지 말았어야 해.

history 역사 **paper** 과제물, 논문
shouldn't have + 과거분사 ~하지 말았어야 했다

11

대화를 듣고, 여자가 토요일 저녁에 할 일로 알맞은 것을 고르세요.

① 남자와 함께 DVD를 본다.
② 남자와 함께 저녁을 먹는다.
③ 부모님과 함께 DVD를 본다.
④ 부모님과 함께 저녁을 먹는다.

M Are you free on Saturday evening?
W No, I'm afraid not. I'm planning to have dinner with my parents.
M How about Sunday afternoon? Are you free then?
W Yes, I'm not doing anything.
M Would you like to watch a DVD?
W Sure. That sounds nice.

남 토요일 저녁에 시간 있니?
여 아니, 미안하지만 없어. 난 부모님과 저녁 식사를 할 계획이야.
남 일요일 오후는 어떠니? 그때는 시간 있니?
여 응, 별일 없어.
남 DVD 볼까?
여 그래. 좋은 생각이야.

free (시간이) 비어 있는

12

대화를 듣고, 대화 내용과 일치하지 않는 것을 고르세요.

① 여자는 남자가 수학을 잘한다고 생각한다.
② 여자는 남자에게 수학 문제 때문에 도움을 청하고 있다.
③ 남자는 여자가 물어본 수학 문제를 풀 수 없다고 했다.
④ Tom은 여자가 물어본 수학 문제를 어려워한다.

W Paul, you are always good at math. Can you help me out with this mathematics problem?
M Let me take a look at it.
W Do you think you can handle it?
M To be honest with you, this is beyond my ability. Ask Tom, not me.

여 Paul, 넌 항상 수학을 잘하는구나. 내가 이 수학 문제를 푸는 걸 도와줄 수 있겠니?
남 어디 보자.
여 네가 풀 수 있을 것 같니?
남 솔직히 말해서, 이것은 내 능력 밖이야. 나 말고 Tom에게 물어봐.

be good at ~을 잘하다 **handle** 처리하다, 다루다 **beyond one's ability** ~의 능력 밖이다

13

대화를 듣고, 남자가 대화 직후에 할 일로 알맞은 것을 고르세요.

① 일을 계속한다.
② 두통약을 복용한다.
③ 두통약을 사러 약국에 간다.
④ 병원에 가서 약 처방전을 받는다.

W I have a favor to ask of you.
M Go ahead. What is it?
W I need some headache medicine, but I can't leave work. Could you go down to the pharmacy to get some for me?
M No problem.

여 당신께 부탁드릴 게 있어요.
남 말씀하세요. 뭔데요?
여 제가 두통약이 필요한데 자리를 비울 수가 없어요. 약국에 가서 약 좀 사다 주시겠어요?
남 물론이죠.

Go ahead. (계속) 말씀하세요.

14

대화를 듣고, 여자가 남자에게 부탁한 일로 알맞은 것을 고르세요.

① 천천히 걷기
② 천천히 말하기
③ 천천히 운전하기
④ 천천히 문제 풀기

W Alex, please slow down.
M What's the problem?
W You are walking so fast that I can't keep up with you.
M Oh, I'm sorry. I'll try to walk slowly.

여 Alex, 좀 천천히 걸어.
남 뭐가 문제니?
여 네가 너무 빨리 걸어서 내가 널 따라갈 수가 없잖아.
남 오, 미안해. 천천히 걷도록 할게.

slow down 속도를 줄이다
keep up with (~의 속도를) 따라가다, 보조를 맞추다

15 대화를 듣고, 여자의 마지막 말에 이어질 남자의 말로 알맞은 것을 고르세요.

① I'll pay this time.
② Cash. Here's $100.
③ I can lend you $99.
④ Here's your change.

M I'm interested in this skateboard. How much is it?

W It's on sale this weekend. It's usually $150, but this week it's only $99.

M That's not bad. I'll take it, please.

W Certainly. How will you pay for it?

M Cash. Here's $100.

남 전 이 스케이트보드가 좋은데요. 얼마나 합니까?

여 이번 주말에는 할인을 해요. 보통 150달러 하는데, 이번 주에는 단돈 99달러입니다.

남 나쁘지 않군요. 그걸 살게요.

여 알겠습니다. 어떻게 지불하실 건가요?

남 현금으로요. 여기 100달러 있습니다.

① 이번에는 제가 낼게요.
③ 제가 당신에게 99달러를 빌려드릴 수 있어요.
④ 거스름돈 여기 있어요.

be interested in ~에 관심이 있다
Certainly. 알겠습니다., 물론입니다. **cash** 현금

REVIEW TEST p. 91

A ❶ pill, 알약 ❷ pain, 고통 ❸ cash, 현금 ❹ semester, 학기 ❺ without, ~ 없이 ❻ near, 근처에 ❼ history, 역사 ❽ handle, 처리하다, 다루다 ❾ at least, 적어도, 최소한 ❿ watch out for, ~를 주의하다, 조심하다

B ❶ seeing a dentist ❷ have an appointment ❸ battery, is dead ❹ standing, vending machine ❺ were, about to ❻ keep up with ❼ physical education, mathematics, art

TEST 15 p. 92

01 ④ 02 ② 03 ③ 04 ② 05 ② 06 ③ 07 ④ 08 ④
09 ② 10 ③ 11 ③ 12 ③ 13 ④ 14 ① 15 ③

	문제 및 정답	받아쓰기 및 녹음내용	해석
01	다음을 듣고, 빈칸 (a)와 (b)에 각각 알맞은 것을 고르세요. ___(a)___ 322-6976. Please ___(b)___ a message after the tone. (a) - (b) ① You are rich - leave ② You've reached - live ③ You are rich - live ④ You've reached - leave	You've reached 322-6976. Please leave a message after the tone.	322-6976에 전화 주셨습니다. 삐 소리 후에 메시지를 남겨 주세요. tone 삐 소리, 신호음
02	대화를 듣고, 남자가 하지 말아야 할 행동으로 알맞은 것을 고르세요. ① ② ③ ④	W It looks like you sprained your ankle. M It's not that bad, is it? W Well, you should be very careful. M I know I can't do any exercise. W Mr. James, I think it'll be difficult to even walk on your leg. You should avoid lifting any heavy objects, too. M Oh, dear, how am I going to work?	여 당신은 발목을 삔 것 같군요. 남 그렇게 심각하지는 않죠, 그렇죠? 여 글쎄요, 매우 조심해야 합니다. 남 제가 어떤 운동도 할 수 없다는 것을 알아요. 여 James 씨, 제 생각에는 이 다리로는 걷는 것조차도 어려울 겁니다. 당신은 무거운 물건들을 들어 올리는 것도 피해야 해요. 남 오, 이런, 회사에는 어떻게 가죠? sprain 삐다[접질리다] careful 조심하는 difficult 어려운, 곤란한 avoid 피하다, ~하지 않도록 하다 object 물건
03	대화를 듣고, Terry가 하고 있는 일로 알맞은 것을 고르세요. ① ② ③ ④	W What is Terry doing now? Is he watching TV again? M No, he isn't. He is listening to music. W I thought he was studying for his midterm. M Yes, he's studying, too. He's listening to music and studying.	여 Terry는 지금 무얼 하고 있니? 그는 또 TV를 보고 있니? 남 아뇨, 그렇지 않아요. 그는 음악을 듣고 있어요. 여 난 그 애가 중간고사 공부를 하고 있다고 생각했는데. 남 네, 공부도 하고 있어요. 그는 음악을 들으면서 공부하고 있어요. listen to ~을 듣다 midterm 중간고사

04 다음을 듣고, 그림의 상황에 알맞은 대화를 고르세요.

① ② ③ ④

① W Can I help you?
M Yes. I'm looking for a blue cap.

② W May I try these on?
M Sure. The fitting room is over here.

③ W What size do you wear?
M I wear a size 32.

④ W Can you wrap the scarf, please?
M Sure, just a minute, please.

① 여 도와드릴까요?
남 네. 전 파란색 모자를 찾고 있어요.

② 여 이것들을 입어 볼 수 있나요?
남 물론이죠. 탈의실은 이쪽입니다.

③ 여 몇 사이즈를 입으세요?
남 32 사이즈를 입어요.

④ 여 스카프를 포장해 주시겠어요?
남 네, 잠시만요.

try on ~을 입어 보다 **fitting room** 탈의실 **wrap** 포장하다

05 다음을 듣고, 무엇에 관한 내용인지 고르세요.

① 수업 ② 과제물
③ 이웃 주민 ④ 듣기 시험

Matthew, I can't accept this. Your homework was to write a three-page report on introducing your neighborhood. Didn't you know what the assignment was? Weren't you listening when I explained it? Writing one page about how to get to your house is not acceptable. Please do it again.

Matthew, 난 이것을 받아들일 수가 없구나. 네 숙제는 네 이웃 사람들을 소개하는 과제물을 세 쪽 쓰는 것이었다. 너는 숙제가 무엇이었는지 몰랐니? 내가 그것을 설명할 때 듣고 있었니? 너희 집에 가는 법에 대해 한 쪽을 쓴 것은 받아들일 수가 없단다. 과제를 다시 하도록 해라.

introduce 소개하다 **neighborhood** 이웃 사람들 **assignment** 숙제 **acceptable** 받아들일 수 있는

06 대화를 듣고, 남자가 신어 볼 신발의 사이즈를 고르세요.

① 9 ② 9.5
③ 10 ④ 10.5

W Would you like to try these shoes on?
M Yes, do you have these in a size nine and a half?
W Of course. Here you go. So how do they fit?
M They're a little tight in the front.
W I'll get you something a half size bigger.

여 이 신발을 신어 보실래요?
남 네, 이것들로 9.5 사이즈가 있나요?
여 물론이죠. 여기 있습니다. 신발이 맞으시나요?
남 앞쪽이 약간 끼네요.
여 제가 0.5 사이즈가 더 큰 것을 갖다 드릴게요.

half 2분의 1, 절반 **Here you go.** 여기 있습니다. **front** 앞쪽

07 대화를 듣고, 여자가 걱정하는 이유를 고르세요.

① 폭우로 집이 침수되어서
② 창문을 열어 놓고 집을 나와서
③ 남자가 우산을 가지고 가지 않아서
④ 비가 그치지 않아 소풍을 가지 못할까 봐

W It's still raining now. If it doesn't stop, how can we go on a picnic tomorrow?
M The weatherman says we will have a sunny day tomorrow.
W I hope he's right. I've been thinking about this all week.
M Me, too. Let's wait and see.

여 지금도 여전히 비가 오고 있어. 비가 그치지 않으면, 우리 내일 소풍은 어떻게 가지?
남 일기 예보관이 내일은 해가 날 거라고 말하더라.
여 그 말이 맞았으면 좋겠다. 이번 주 내내 소풍에 대해 생각하고 있었거든.
남 나도. 우리 기다려 보자.

weatherman 일기 예보관

08 대화를 듣고, Joe가 앞으로 할 일로 알맞은 것을 고르세요.

① 학교 합창단 활동을 그만둔다.
② 학교 합창 대회에 참가 신청을 한다.
③ 학교 합창단 오디션 참가를 포기한다.
④ 학교 합창단 오디션에 다시 도전한다.

W What happened to Joe? He looked so down this morning.
M He tried really hard to get into the school choir, but he didn't make it.
W Oh, no. He must be disappointed.
M You can say that again. But he said he would try again at the next audition.
W I hope he gets accepted.

여 Joe에게 무슨 일이 생긴 거야? 오늘 아침에 그는 매우 우울해 보였어.
남 그는 학교 합창단에 들어가기 위해 정말 열심히 노력했지만 해 내지 못했어.
여 오, 이런. 실망했겠다.
남 네 말이 맞아. 하지만 그는 다음 오디션에서 다시 해 볼 거라고 말했어.
여 그가 합격했으면 좋겠다.

disappointed 실망한 **audition** 오디션
get accepted 합격하다

09 대화를 듣고, 여자의 태도로 알맞은 것을 고르세요.

① 겸손하다 ② 너그럽다
③ 비판적이다 ④ 무관심하다

M Oh, no. It's raining.
W Here, we can share my umbrella. Where are you going?
M I'm just going to the library. Thank you so much.
W Not at all. I'm going in that direction anyhow.

남 아니, 이런. 비가 오고 있잖아.
여 여기, 내 우산을 같이 쓰면 돼. 어디 가는 중이니?
남 그냥 도서관에 가는 중이야. 정말 고마워.
여 괜찮아. 나도 어쨌든 그 방향으로 가는 중이거든.

umbrella 우산 **direction** 방향

10 다음을 듣고, 두 사람의 대화가 어색한 것을 고르세요.

① ② ③ ④

① M Why don't we do something different today?
W Like what?
② M Can you help me with this assignment?
W Sure. What is it?
③ M Let's go out for some food!
W You must be full.
④ M Why don't you come over to my house this weekend?
W What is the occasion?

① 남 오늘 뭔가 다른 걸 해 보는 건 어때?
여 어떤 거?
② 남 내가 이 숙제를 하는 걸 도와줄 수 있어?
여 물론이지. 뭔데?
③ 남 음식 먹으러 나가자!
여 넌 배부른 것이 틀림없어.
④ 남 이번 주말에 우리 집에 오지 않을래?
여 무슨 일인데?

occasion 일, 경우

11 대화를 듣고, 여자가 남자에게 조언한 일로 알맞은 것을 고르세요.

① 자신 있는 과목 위주로 공부하라.
② 긴 얼굴 때문에 고민하지 말아라.
③ 기본으로 되돌아가서 다시 시작해 보아라.
④ 다양한 매체를 이용해 스페인어를 공부하라.

W Hi, Scott. Why do you have such a long face? Is there something troubling you?
M I got a very low grade in Spanish. I want to give it up! It's too hard.
W I understand how you feel, but get back to the basics and start over. You'll do fine.
M You're right! I'll try again.

여 안녕, Scott. 왜 그렇게 시무룩한 얼굴을 하고 있니? 뭐 걱정되는 일 있어?
남 스페인어에서 아주 낮은 점수를 받았어. 포기하고 싶어! 너무 어려워.
여 네가 어떤 기분인지 이해하지만, 기본으로 되돌아가서 다시 시작해 봐. 넌 잘할 거야.
남 맞아! 다시 노력해 볼게.

long face 시무룩한 얼굴 **trouble** 걱정시키다, 괴롭히다 **give up** ~을 포기하다
get back to ~로 되돌아가다 **basics** 기본

12 대화를 듣고, 대화 내용과 일치하지 않는 것을 고르세요.

① 여자는 개를 지난 주에 잃어버렸다.
② 여자의 개는 무사히 돌아왔다.
③ 여자의 개는 경찰서 앞에서 발견되었다.
④ 여자는 개를 실내에서 키우기로 했다.

M I heard that you lost your dog last week. So have you found her?
W Oh, yes! I finally found her. She's back safe and sound.
M Where did you find her?
W The police found her in front of the library and kept her.
M You'd better be more careful from now on.
W You're right. I've decided to keep her inside.

남 당신은 지난 주에 개를 잃어버리셨다면서요. 그래서, 개를 찾았나요?
여 아, 네! 드디어 찾았어요. 무사히 돌아왔어요.
남 개를 어디서 찾았어요?
여 경찰이 도서관 앞에서 발견해서 데리고 있었어요.
남 지금부터는 더 조심하는 게 낫겠네요.
여 맞아요. 저는 개를 실내에서 키우기로 결정했어요.

safe and sound 무사히 **decide** 결정하다

13 대화를 듣고, 여자가 앞으로 할 일로 알맞은 것을 고르세요.

① 미나를 학교에 데려다준다.
② 미나의 선생님에게 전화한다.
③ 미나에게 매일 책을 읽어 준다.
④ 미나가 일찍 잠자리에 들게 한다.

W Hello.
M Hello. Is this Mrs. Park?
W Yes, it is.
M This is Mr. Lee, Mina's homeroom teacher, calling. I'm calling you to tell you that Mina came to school late every day this week.
W I'm sorry. She goes to sleep late and gets up late. I'll make sure to put her to bed early.

여 여보세요.
남 여보세요. Mrs. Park 계신가요?
여 네, 접니다.
남 저는 미나의 담임 교사 Mr. Lee입니다. 미나가 이번 주에 매일 학교에 늦게 와서 어머님께 알려드리려고 전화 드렸습니다.
여 죄송합니다. 그 애는 늦게 자고 늦게 일어나거든요. 그 애가 반드시 일찍 잠자리에 들도록 하겠습니다.

homeroom teacher 담임 교사
make sure to 반드시 ~하다

14 대화를 듣고, 남자의 의견으로 알맞은 것을 고르세요.

① Andrew Woods가 최고의 골퍼이다.
② Steve Choi는 Andrew Woods를 이길 수 있다.
③ Andrew Woods가 세계 골퍼 중에서 2인자이다.
④ Andrew Woods는 Steve Choi와 골프 실력이 비슷하다.

W Who do you think the best golfer in the world is?
M Oh, that's pretty easy. It's Andrew Woods.
W What about Steve Choi? Don't you think he is pretty good?
M I don't think so. No one can beat Andrew Woods. He is definitely second to none.

여 세계 최고의 골퍼가 누구라고 생각하니?
남 오, 아주 쉬워. Andrew Woods지.
여 Steve Choi는 어때? 그가 꽤 훌륭하다고 생각하지 않니?
남 그렇게 생각하지 않아. 아무도 Andrew Woods를 이길 수는 없어. 그는 확실히 최고야.

definitely 확실히 **second to none** 최고의

15 대화를 듣고, 여자의 마지막 말에 이어질 남자의 말로 알맞은 것을 고르세요.

① Wow! Lucky you!
② It takes about 15 minutes.
③ Two weeks. I'm really excited.
④ Sure. See you at 5 o'clock tomorrow.

W Are you going to take a vacation soon?
M Yes, I am. I'm going to Japan.
W That's great. Are you going to go with your parents?
M No. My best friend, Tom, is going to go with me.
W How long are you going to stay there?
M Two weeks. I'm really excited.

여 너는 곧 휴가를 갈 예정이니?
남 응, 맞아. 일본에 갈 예정이야.
여 좋겠다. 부모님과 함께 갈 거니?
남 아니. 가장 친한 친구인 Tom과 함께 갈 거야.
여 그곳에서 얼마나 오래 머무를 예정이니?
남 2주. 정말로 기대된다.

① 와! 운이 좋구나!
② 15분 정도 걸려.
④ 물론이지. 내일 5시에 보자.

REVIEW TEST p. 97

A ❶ direction, 방향 ❷ assignment, 숙제 ❸ careful, 조심하는 ❹ decide, 결정하다 ❺ weatherman, 일기 예보관 ❻ midterm, 중간고사 ❼ introduce, 소개하다 ❽ sprain, 삐다[접질리다] ❾ neighborhood, 이웃 사람들 ❿ fitting room, 탈의실

B ❶ tight, front ❷ give it up ❸ wrap the scarf ❹ make sure to ❺ avoid lifting, heavy objects ❻ have, a long face ❼ school choir, make it

TEST 16 p. 98

01 ② 02 ④ 03 ④ 04 ③ 05 ③ 06 ④ 07 ① 08 ②
09 ③ 10 ② 11 ② 12 ① 13 ② 14 ② 15 ④

	문제 및 정답	받아쓰기 및 녹음내용	해석
01	다음을 듣고, 빈칸에 알맞은 것을 고르세요. __________ an email to him. ① I'd better write ② I'd rather write ③ I'd rather wrote ④ I'd rather written	I'd rather write an email to him.	나는 차라리 그에게 이메일을 쓰겠다.
02	대화를 듣고, 남자가 찾고 있는 메모지의 위치로 알맞은 곳을 고르세요. ① ② ③ ④	M Ms. Kim, where is the memo from Mr. Smith? W I posted it on top of your monitor this morning, sir. M Hmm... I can't seem to find it. W Could it have dropped on the floor? M Do you mean underneath my desk? Oh, here it is. It fell inside the trash bin.	남 Ms. Kim, Smith 씨로부터 온 메모지가 어디에 있나요? 여 제가 오늘 아침에 그것을 사장님의 모니터 위에 붙여 놨습니다. 남 흠… 찾을 수가 없네요. 여 메모지가 바닥에 떨어졌을 수도 있을까요? 남 그러니까 내 책상 밑에 있다는 건가요? 오, 여기 있네요. 쓰레기통 안에 떨어졌었군요. **post** 붙이다, 게시하다 **drop** 떨어지다 **underneath** ~의 밑에 **trash bin** 쓰레기통
03	대화를 듣고, 그림에서 Ben이 누구인지 고르세요. ① ② ③ ④	W Do you know my classmate Ben? M No, I've never met him before, but I heard that he is a great player. W Yes, he was voted MVP last year. M Is he the one who is about to shoot the ball? W No, that's Bill. Ben is sitting on the bench now. He got injured this season. M Poor thing! I hope he gets well soon so that we can see him playing again.	여 너 우리 반 친구 Ben을 아니? 남 아니, 전에 그를 만난 적은 한 번도 없지만, 그가 대단한 선수라는 건 들었어. 여 맞아, 그는 작년에 MVP로 선정되었지. 남 그는 슛을 하려고 하는 사람이니? 여 아냐, 그는 Bill이야. Ben은 지금 벤치에 앉아 있어. 이번 시즌에 부상을 당했거든. 남 가엾어라! 우리가 그의 경기를 다시 볼 수 있게 그가 빨리 회복되길 바라. **be voted** 선정[선출]되다 **shoot** 슛을 하다 **get injured** 부상을 당하다

04 다음을 듣고, 그림의 상황에 알맞은 대화를 고르세요.

① ② ③ ④

① M Where do you live?
W I live in England.

② M Do you want to meet the pilot?
W I'd love to.

③ M Can I help you with that?
W Oh, thank you. How kind of you!

④ M Have you seen my dog? I can't seem to find him.
W He might be over there behind the tree.

① 남 넌 어디에 살아?
여 난 영국에 살아.

② 남 조종사를 만나 보고 싶으세요?
여 그러면 정말 좋죠.

③ 남 제가 그걸 좀 도와드릴까요?
여 오, 고마워요. 참 친절하시네요!

④ 남 제 개를 보신 적 있으세요? 그를 찾을 수가 없어요.
여 저쪽에 있는 나무 뒤에 있을 거예요.

England 영국, 잉글랜드 **pilot** 조종사

05 대화를 듣고, 두 사람이 무엇에 대해 이야기하고 있는지 고르세요.

① 행운에 대해서
② 건강에 대해서
③ 그들의 딸에 대해서
④ 남자의 아버지에 대해서

M Oh, honey, isn't she beautiful?
W She has your face, Terry.
M But she has your eyes.
W So how does it feel to be a dad?
M Wonderful! Thank goodness you're both healthy. I'm the luckiest man in the world.

남 오, 여보, 우리 아이 예쁘지 않아요?
여 당신의 얼굴을 닮았어요, Terry.
남 하지만 우리 아이는 당신의 눈을 닮았어요.
여 그래요, 아빠가 된 기분이 어때요?
남 아주 좋아요! 둘 다 건강해서 다행이에요. 난 세상에서 가장 운 좋은 남자예요.

Thank goodness ~ ~해서 고맙다, 고맙게도 ~하다 **healthy** 건강한 **lucky** 운이 좋은, 행운의

06 대화를 듣고, 현재 시각을 고르세요.

① 8시 ② 8시 15분
③ 8시 30분 ④ 8시 45분

M Can't you walk a little faster?
W Sorry, but these shoes are really uncomfortable. They hurt.
M You know, we're already late. We were supposed to go to school at 8:30. It's a quarter to nine now.
W Okay. I'll try to walk faster.

남 조금만 더 빠르게 걸을 수는 없니?
여 미안해, 그렇지만 이 신발은 정말 불편해. 아파.
남 있잖아, 우린 이미 늦었어. 우리는 8시 30분에 학교에 가기로 되어 있었어. 지금 8시 45분이야.
여 알았어. 좀 더 빠르게 걸어보도록 할게.

uncomfortable 불편한 **You know** 있잖아, 저기

07 대화를 듣고, 여자가 놀란 이유를 고르세요.

① 남자의 아들이 많이 커서
② 남자와 그의 아들이 똑 닮아서
③ 남자가 곧 해외 유학을 떠나서
④ 남자를 여러 번 우연히 마주쳐서

W Bob, how are you? Who is this boy?
M This is my son. He's eight years old.
W Wow, I can't believe it! Your son is already eight years old. It's been so long since I have seen your son.
M It's true. Time flies, doesn't it?

여 Bob, 어떻게 지냈어? 이 남자아이는 누구야?
남 내 아들이야. 8살이야.
여 와, 믿을 수 없어! 네 아들이 벌써 8살이란 말이지. 너희 아들을 못 본 지 정말 오래 됐다.
남 그렇네. 시간 빨리 간다, 그렇지 않니?

son 아들

08 대화를 듣고, 남자가 여자에 대해 추측한 내용으로 알맞은 것을 고르세요.

① 여자가 12살 때 비행기를 처음 탔을 것이다.
② 여자가 처음 비행기를 탔을 때 긴장했을 것이다.
③ 여자가 처음 비행기를 탔을 때 매우 신났을 것이다.
④ 여자가 어릴 적에 비행기로 여행을 많이 다녔을 것이다.

M When did you first travel by airplane?

W When I was 12.

M I assume you were nervous about flying.

W Not really. I was so excited.

남 네가 비행기로 처음 여행한 게 언제지?
여 12살 때야.
남 넌 비행할 때 긴장했을 것 같아.
여 그렇지는 않아. 난 정말 신났었어.

travel 여행하다 **assume** (~을 사실이라고) 생각하다, 추측하다

09 대화를 듣고, 여자의 심정으로 알맞은 것을 고르세요.

① sad ② nervous
③ thankful ④ disappointed

M Can I help you cross the street? Your bags look heavy.

W Yes, thank you, young man. I'm getting too old to carry so many things.

M Not at all. It's my pleasure.

W I've never seen a young man like you.

남 제가 길 건너는 것을 도와드릴까요? 가방이 무거워 보여요.
여 그래요, 고마워요, 젊은이. 내가 너무 나이가 먹어서 이렇게 많은 것들을 들지는 못하겠어요.
남 별말씀을요. 도움이 될 수 있어서 기쁜걸요.
여 당신 같은 젊은이를 본 적이 없어요.

cross the street 길을 건너다 **heavy** 무거운
too ~ to ... 너무 ~해서 …할 수 없다
carry 들다, 나르다 **thankful** 감사하는

10 다음을 듣고, 두 사람의 대화가 자연스러운 것을 고르세요.

① ② ③ ④

① W I was too busy to call you today.
M You did it, didn't you?

② M You are my dance partner. Please try harder.
W I'm doing the best that I can.

③ M Excuse me. Haven't we met before?
W I'll see you again later.

④ M I will wait for you in front of your school at five.
W I was waiting for you for two hours.

① 여 내가 오늘 너무 바빠서 네게 전화하지 못했어.
남 네가 그랬지, 그렇지 않니?
② 남 넌 나의 댄스 파트너야. 더 열심히 노력해 줘.
여 난 내가 할 수 있는 최선을 다하는 중이야.
③ 남 실례합니다. 전에 우리가 만난 적이 없나요?
여 나중에 또 뵙겠습니다.
④ 남 5시에 너희 학교 앞에서 널 기다릴게.
여 난 널 2시간이나 기다렸어.

busy 바쁜

11 다음을 듣고, David에 대한 내용으로 일치하지 않는 것을 고르세요.

① 남자의 가장 친한 친구이다.
② 남자와 7년 동안 친구로 지냈다.
③ 액션 영화를 좋아한다.
④ 아주 관대하다.

My best friend is David. We've been friends for seven and a half years. We were in the same class in high school. We have a lot in common. We both like movies, especially action movies. He's very generous and patient. I am really happy to have a friend like him.

나의 가장 친한 친구는 David이다. 우리는 7년 반 동안 친구로 지내 왔다. 우리는 고등학교에서 같은 반이었다. 우리에게는 공통점이 많다. 우리는 둘 다 영화를 좋아하고, 특히 액션 영화를 좋아한다. 그는 매우 관대하고 참을성이 있다. 나는 그와 같은 친구가 있어서 정말 행복하다.

have ~ in common ~를 공통적으로 지니다 **especially** 특히 **generous** 관대한 **patient** 참을성 있는

12 대화를 듣고, 여자의 마지막 말의 의도로 가장 알맞은 것을 고르세요.

① 동의 ② 칭찬
③ 격려 ④ 충고

M What is the best thing to do if your best friend has a habit that annoys you?
W I think I would try to ignore it. What do you think?
M I would talk to him about it.
W Yeah, I think you're probably right.

남 만약 가장 친한 친구에게 짜증스러운 습관이 있다면 어떻게 하는 것이 가장 좋을까?
여 나는 그걸 무시하려고 할 것 같아. 너는 어떻게 생각해?
남 난 그것에 대해 친구와 이야기해 보겠어.
여 맞아, 네 말이 아마 맞을 것 같구나.

habit 습관 **annoy** 짜증스럽게 하다 **ignore** 무시하다 **probably** 아마

13 대화를 듣고, 남자가 노숙자 쉼터에 어떤 도움을 줄 것인지 고르세요.

① 음식을 나눠 주고 청소를 해 준다.
② 음식을 기부하고 부엌일을 도와준다.
③ 모금 행사를 열고 후원금을 전달한다.
④ 음식을 만들고 노숙자의 구직을 도와준다.

W Hello. City shelter for the homeless.
M Hello. My name is Samuel Smith. I'd like to volunteer.
W Oh, that's very nice of you.
M I'd like to donate food and help in the kitchen.
W Thank you for offering to help.

여 안녕하세요. 노숙자를 위한 시립 쉼터입니다.
남 안녕하세요. 제 이름은 Samuel Smith입니다. 자원봉사를 하고 싶은데요.
여 오, 대단히 훌륭하시군요.
남 전 음식을 기부하고 부엌에서 돕고 싶습니다.
여 도움을 제의해 주셔서 감사합니다.

shelter 쉼터; 피난처 **the homeless** 노숙자, 집 없는 사람들 **volunteer** 자원봉사하다 **donate** 기부하다 **offer** 제의하다, 제공하다

14 대화를 듣고, 여자의 문제가 무엇인지 고르세요.

① 자동차에 시동이 걸리지 않는다.
② 자동차 열쇠를 아직 찾지 못했다.
③ 남편의 차를 몰던 중에 사고가 났다.
④ 자신의 아들을 돌봐 줄 사람을 구하지 못했다.

M Have you found your car keys yet?
W No. My husband and I have been looking for them all week.
M You should ask your little son, who was playing with them.
W I wish I could. He is just two years old.
M I will keep my fingers crossed.

남 네 자동차 열쇠를 찾았니?
여 아직. 남편이랑 이번 주 내내 찾고 있어.
남 그 열쇠를 가지고 논 너희 어린 아들에게 물어봐야지.
여 그럴 수만 있다면 좋겠다. 그 애는 겨우 2살인걸.
남 내가 행운을 빌어 줄게.

key 열쇠 **look for** ~를 찾다

15 대화를 듣고, 남자의 마지막 말에 이어질 여자의 말로 알맞은 것을 고르세요.

① It's my first time here in San Diego.
② I have more energy in the summer.
③ It will be cloudy and windy tomorrow.
④ It was cool and dry the entire time I was there.

M Oh, hi, Esther. Where have you been? I haven't seen you since last week.
W I was in San Diego.
M Wow! What was it like?
W It was very interesting and charming.
M How was the weather?
W It was cool and dry the entire time I was there.

남 오, 안녕, Esther. 어디에 있었니? 지난 주부터 널 보지 못했어.
여 난 샌디에이고에 있었어.
남 와! 그곳은 어땠니?
여 매우 흥미롭고 매력적이었어.
남 날씨는 어땠는데?
여 내가 거기에 있는 동안 내내 시원하고 비가 오지 않았어.

① 샌디에이고에 와 본 건 처음이야.
② 나는 여름에 더 많은 에너지가 생겨.
③ 내일은 흐리고 바람이 불 거야.

charming 매력적인 **dry** 비가 오지 않는, (날이) 건조한

REVIEW TEST p. 103

A ❶ annoy, 짜증스럽게 하다 ❷ shelter, 쉼터; 피난처 ❸ probably, 아마 ❹ offer, 제의하다, 제공하다 ❺ lucky, 운이 좋은, 행운의 ❻ donate, 기부하다 ❼ charming, 매력적인 ❽ underneath, ~의 밑에 ❾ uncomfortable, 불편한 ❿ volunteer, 자원봉사하다

B ❶ generous, patient ❷ ignore it ❸ have, in common ❹ cross the street ❺ were supposed to ❻ keep my fingers crossed ❼ posted, on top of

TEST 17 p. 104

01 ③ 02 ② 03 ③ 04 ③ 05 ① 06 ① 07 ③ 08 ②
09 ④ 10 ① 11 ④ 12 ① 13 ④ 14 ① 15 ②

문제 및 정답	받아쓰기 및 녹음내용	해석

01

다음을 듣고, 빈칸에 알맞은 것을 고르세요.

The baby ______________ asleep.

① lie down and fell
② lie down and fall
③ lay down and fell
④ lay down and fall

The baby lay down and fell asleep.

아기가 누워서 잠들었다.

lay lie(눕다)의 과거형

02

대화를 듣고, 남자가 여자에게 알려 준 행동으로 알맞은 것을 고르세요.

①

②
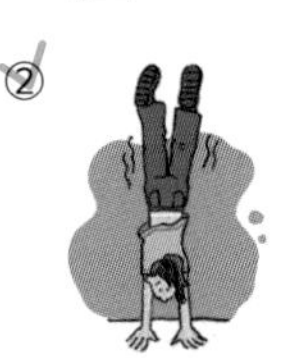
③

④

M Do you still have a headache?
W Yes. It still hasn't gone away.
M Some doctors suggest that you should stand upside down to make your headache go away.
W What? Are you serious?
M Yeah, they say that it helps the blood move to your head.

남 너 여전히 두통이 있니?
여 응. 아직 사라지지 않았어.
남 일부 의사들은 두통을 없애기 위해 물구나무를 서야 한다고 제안하더라.
여 뭐? 정말이야?
남 그래, 그렇게 하면 피가 머리로 이동하는 것을 돕는다고 하더라.

suggest 제안하다 **upside down** 거꾸로
serious 농담이 아닌, 진심의

03

대화를 듣고, 그림에서 Jane이 누구인지 고르세요.

M Did you come here alone?
W No, I came with my friend Jane.
M Where is she?
W She is dancing with her friends down there.
M Oh, is that your friend with the long, wavy hair wearing a skirt?
W No, she has short hair with a hairband. She's wearing shorts.

남 너 여기에 혼자 왔니?
여 아니, 내 친구 Jane이랑 같이 왔어.
남 그녀는 어디 있는데?
여 저쪽 아래에서 친구들과 춤추고 있어.
남 아, 치마를 입고 긴 곱슬머리를 한 애가 네 친구야?
여 아니, 그녀는 헤어 밴드를 한 짧은 머리야. 그녀는 반바지를 입고 있어.

alone 혼자서 **wavy** 곱슬곱슬한
shorts 반바지

04 다음을 듣고, 그림의 상황에 알맞은 대화를 고르세요.

① ② ③ ④

① W What's his name?
M His name is John.

② M Do you have anything to declare, ma'am?
W Nothing, I guess.

③ W Does this bus go to City Hall?
M No, you have to take the one over there.

④ M Can I take your handbag?
W Yes, and take my purse too, please.

① 여 그의 이름이 뭔가요?
남 그의 이름은 John이에요.

② 남 신고하실 물품이 있습니까?
여 없는 것 같아요.

③ 여 이 버스가 시청에 갑니까?
남 아뇨, 저쪽에서 버스를 타셔야 해요.

④ 남 핸드백 들어드릴까요?
여 네, 그리고 제 지갑도 들어 주세요.

declare 신고하다 **City Hall** 시청

05 다음을 듣고, 'I'가 무엇인지 가장 알맞은 것을 고르세요.

① 엘리베이터
② 롤러코스터
③ 자동판매기
④ 에스컬레이터

I am a machine that you can ride in. I take people and goods up and down all day long. You just walk in and push a button to indicate where you want to go. Then, I go from one level to another. I usually travel inside a tall building.

저는 여러분이 탈 수 있는 기계입니다. 저는 하루 종일 사람과 물건을 태우고 오르내립니다. 여러분은 걸어 들어와서 가고 싶은 곳을 나타내는 버튼을 누르시기만 하면 됩니다. 그러면, 저는 층에서 층으로 이동합니다. 저는 보통 높은 건물 안에서 운행됩니다.

machine 기계 **goods** 물건, 상품 **up and down** 아래위로 **all day long** 하루 종일 **push** 누르다 **indicate** 표시하다, 나타내다 **level** (건물·땅의) 층 **travel** 이동하다

06 대화를 듣고, 남자가 여자에게서 받은 돈의 액수를 고르세요.

① $0 ② $4
③ $14 ④ $20

M How much do I owe you?
W Well, it's 14 dollars for the trim and 4 dollars for the shave. The total is 18 dollars.
M Here's a 20.
W Thank you. And here's your change.
M No, keep the change. It's a tip.
W Thank you very much.

남 제가 얼마를 드려야 하나요?
여 네, 이발이 14달러이고 면도가 4달러입니다. 합쳐서 18달러입니다.
남 여기 20달러요.
여 고맙습니다. 그리고 여기 잔돈입니다.
남 아뇨, 잔돈은 가지세요. 이것은 팁이에요.
여 정말 감사합니다.

owe ~에게 지불할 의무가 있다, 빚지다 **trim** 이발 **shave** 면도 **total** 합계, 총액 **change** 잔돈, 거스름돈

07 대화를 듣고, 여자가 스커트에서 마음에 들어 하지 않는 요소를 고르세요.

① 길이 ② 소재
③ 색상 ④ 디자인

W What do you think of this skirt?
M Oh, you look very cute in it. Don't you mind the length? It seems too short.
W I like everything except the color.
M The color is perfect for you. The dark color matches your white skin.

여 이 스커트 어때?
남 오, 너 그걸 입으니 아주 귀여워 보인다. 길이는 괜찮겠어? 너무 짧아 보이는데.
여 나는 색상만 빼고는 다 맘에 들어.
남 색상은 너한테 딱이야. 어두운 색상이 네 하얀 피부랑 어울려.

cute 귀여운 **length** 길이 **match** 어울리다

08

대화를 듣고, 남자의 문제가 무엇인지 고르세요.

① 어지럽다.
② 토하고 싶어 한다.
③ 화장실에 자주 가야 한다.
④ 병원에 같이 갈 사람이 없다.

W You look pale, Liam. What's up?
M I think I have food poisoning. I want to throw up.
W You'd better head for the bathroom. I'll let the teacher know you are sick.
M Thanks.

여 창백해 보인다, Liam. 무슨 일이야?
남 나 식중독에 걸린 것 같아. 토하고 싶어.
여 너 화장실에 가는 게 좋겠다. 선생님께 네가 아프다는 걸 알려 드릴게.
남 고마워.

pale 창백한 **food poisoning** 식중독 **throw up** 토하다 **head for** ~에 가다, ~로 향하다

09

대화를 듣고, 여자의 심정으로 알맞은 것을 고르세요.

① fearful ② envious
③ satisfied ④ annoyed

W Mike, did you finish your household chores?
M I have no idea what you're talking about, Mom.
W You forgot? I asked you to take out the trash and wash the dishes.
M Oops, I am so sorry. I didn't do them.
W I told you so many times. What did you do today?
M I spent most of the day sleeping.

여 Mike, 네가 하기로 한 집안일은 끝냈니?
남 무슨 말씀을 하시는 건지 잘 모르겠어요, 엄마.
여 잊었니? 엄마가 네게 쓰레기를 내놓고 설거지를 해 달라고 부탁했잖니.
남 아차, 정말 죄송해요. 그 일들을 못했어요.
여 몇 번이나 네게 말했잖니. 오늘 무얼 했는데?
남 하루 중 대부분의 시간을 자는 데 썼어요.

household chore 집안일 **have no idea** 전혀 모르다 **trash** 쓰레기 **most** 대부분

10

다음을 듣고, 두 사람의 대화가 어색한 것을 고르세요.

① ② ③ ④

① M You look very serious.
W I got promoted.
② W I am worried about my weight.
M Why don't you get some exercise every morning?
③ W I want to become a good basketball player.
M I think you will be a good player because you work hard.
④ W What time is convenient for you?
M Four o'clock in the afternoon would be fine.

① 남 너 매우 심각해 보인다.
여 나 승진했어.
② 여 내 몸무게 때문에 걱정이야.
남 아침마다 운동을 하는 게 어때?
③ 여 난 훌륭한 농구 선수가 되고 싶어.
남 나는 네가 열심히 하기 때문에 훌륭한 선수가 될 거라고 생각해.
④ 여 너는 몇 시가 좋니?
남 오후 네 시면 괜찮아.

get promoted 승진하다

11

대화를 듣고, 남자가 찾고 있는 장소로 알맞은 곳을 고르세요.

① 우체국 ② 중앙로
③ 박물관 ④ 미술관

M Excuse me. I think I'm lost. Is there an art gallery near here?
W Oh, yes. There's one on Main Street.
M On Main Street?
W Yes. It's across from the museum. You can't miss it.
M Got it. Thanks for your help.

남 실례합니다. 제가 길을 잃은 거 같은데요. 이 근처에 미술관이 있나요?
여 오, 네. Main Street에 하나 있어요.
남 Main Street에요?
여 네. 박물관의 맞은 편에 있어요. 찾기 쉬워요.
남 알겠습니다. 도와주셔서 감사해요.

lost 길을 잃은 **art gallery** 미술관, 화랑

12 대화를 듣고, 대화 내용과 일치하는 것을 고르세요.

① 남자는 배낭여행을 갈 예정이다.
② 남자는 친구들과 여행을 다녀올 예정이다.
③ 남자는 3월에 여행을 떠날 예정이다.
④ 남자는 호주로 여행을 다녀왔다.

W What are your travel plans?
M I'm going to go backpacking alone.
W When are you leaving?
M I'll probably leave in May.
W Where are you going?
M I think I'll visit Australia, but I'm not sure.

여 네 여행 계획은 뭐니?
남 나는 혼자서 배낭여행을 하러 갈 예정이야.
여 언제 떠날 건데?
남 아마도 5월에 떠날 것 같아.
여 어디로 갈 거니?
남 호주를 가 볼까 생각하는데, 확실치는 않아.

backpack 배낭여행을 하다

13 대화를 듣고, 여자가 남자에게 전화했을 때 남자가 하고 있던 일을 고르세요.

① 축구를 했다.
② 낮잠을 잤다.
③ 친구와 통화했다.
④ 친구의 이사를 도왔다.

W Peter, I've been trying to reach you. Where have you been?
M Oh, sorry. When did you call?
W I called you at 3 and 4 p.m.
M Oh, I was helping my friend to move stuff into his new apartment.
W Well, why didn't you return my message?
M I'm so sorry. I was so tired that I took a nap.

여 Peter, 난 네게 연락하려고 했어. 너 어디에 있었니?
남 오, 미안해. 언제 전화했어?
여 3시, 4시에 전화했어.
남 아, 난 내 친구가 새 아파트로 짐을 옮기는 걸 도와주고 있었어.
여 그럼, 왜 내 메시지에 응답하지 않았어?
남 정말 미안해. 난 너무 피곤해서 낮잠을 잤거든.

stuff 물건, 것 **return a message** 메시지에 응답하다

14 대화를 듣고, 여자가 남자에게 조언한 일로 알맞은 것을 고르세요.

① 딸을 이해하도록 더 노력해야 한다.
② 딸과 함께 상담을 받으러 가야 한다.
③ 딸이 자제력을 키우도록 도와야 한다.
④ 딸과 함께 보내는 시간을 늘려야 한다.

M I'm worried about my daughter. She's crazy about a rock group. She spends her time and money going to all of their concerts. What should I do?
W I know how hard it is, but you must try harder to understand your daughter.
M I tried, but it's beyond my comprehension.

남 전 우리 딸이 걱정돼요. 그 애는 어느 록 그룹에 푹 빠져 있어요. 그 애는 자기 시간과 돈을 그 그룹의 모든 콘서트에 가는 데 쓴답니다. 제가 어떻게 해야 할까요?
여 어렵다는 것을 압니다만, 아버님이 따님을 이해하도록 더 열심히 노력하셔야만 합니다.
남 노력해 봤지만, 저는 이해할 수가 없습니다.

be crazy about ~에 푹 빠지다, 열광하다
be beyond one's comprehension 이해할 수 없다

15 **대화를 듣고, 남자의 마지막 말에 이어질 여자의 말로 알맞은 것을 고르세요.**

① Okay. Let's go for a walk.
② Then let's stay home and rest.
③ You'd better paint the wall now.
④ Let's paint the house with bright colors.

W Would you care to go for a walk?
M No, I'm too tired to do anything.
W What have you done all day?
M I painted the wall all afternoon.
W Then let's stay home and rest.

여 산책하러 갈래?
남 아니, 난 너무 피곤해서 아무것도 할 수가 없어.
여 하루 종일 무얼 했니?
남 나는 오후 내내 벽에 페인트칠을 했어.
여 그러면 집에서 쉬도록 하자.

① 알았어. 산책하러 가자.
③ 너는 지금 벽에 페인트칠을 하는 게 좋겠어.
④ 집에 밝은 색으로 페인트칠을 하자.

care to ~하고 싶어 하다 **wall** 벽

REVIEW TEST p. 109

A ❶ length, 길이 ❷ pale, 창백한 ❸ shorts, 반바지 ❹ total, 합계, 총액 ❺ wavy, 곱슬곱슬한 ❻ declare, 신고하다 ❼ trash, 쓰레기 ❽ machine, 기계 ❾ throw up, 토하다 ❿ food poisoning, 식중독

B ❶ keep the change ❷ go backpacking alone ❸ painted the wall ❹ except the color ❺ all day long ❻ lay down, fell asleep ❼ suggest, stand upside down

TEST 18 p. 110

01 ② 02 ② 03 ④ 04 ② 05 ④ 06 ④ 07 ③ 08 ④ 09 ③ 10 ④ 11 ③ 12 ① 13 ③ 14 ④ 15 ④

	문제 및 정답	받아쓰기 및 녹음내용	해석
01	다음을 듣고, 빈칸에 알맞은 것을 고르세요. ______ at six in the morning? ① Could you wake me up ② Would you wake me up ③ Would you woke me up ④ Should you wake me up	Would you wake me up at six in the morning?	오전 6시에 나를 깨워 줄래?
02	대화를 듣고, 여자가 설명하고 있는 사람을 고르세요. ① ② ③ ④	W The guy in this magazine is so handsome. I love tall men. M Let me see. Do you mean the one with the short hair and the little m(o)ustache? W Yes. He looks really sharp in this suit, doesn't he? M There are a few guys wearing suits. W The one who has a striped vest inside.	여 이 잡지에 있는 남자 정말 잘생겼다. 난 키 큰 남자가 좋더라. 남 어디 보자. 짧은 머리에 약간 콧수염이 있는 사람을 말하는 거니? 여 맞아. 그는 이 정장을 입고 있으니 정말 멋져 보여, 그렇지 않니? 남 몇몇 남자들이 정장을 입고 있어. 여 안쪽에 줄무늬 조끼를 입은 사람이야. **sharp** (복장이) 멋진, 맵시 있는 **striped** 줄무늬가 있는 **vest** 조끼
03	대화를 듣고, 여자가 원하는 머리 모양으로 알맞은 것을 고르세요. ① ② ③ ④	M Welcome to Anny's Salon. How would you like your hair cut? W I don't know. Do you have any suggestions? M Sure. I recommend short bangs parted on the side. W I don't like bangs. I had them before. I'd rather have a shoulder-length cut. M Maybe you're right.	남 Anny's Salon에 잘 오셨습니다. 머리를 어떻게 잘라 드릴까요? 여 잘 모르겠어요. 추천해 주실 게 있으신가요? 남 그럼요. 저는 짧게 잘라 내린 앞머리에 옆 가르마를 추천합니다. 여 짧은 앞머리는 싫어요. 전에 해 봤거든요. 머리를 어깨 길이로 자르는 게 낫겠어요. 남 그럴 수도 있겠네요. **suggestion** 의견, 제안 **bang** 가지런히 잘라 내린 앞머리 **part** 가르마를 타다

04 다음을 듣고, 그림의 상황에 알맞은 대화를 고르세요.

① ②(✓) ③ ④

① W How would you like your hair?
M I want to get a perm.

② W Should I wrap it for you?
M Yes, please.

③ W For here or to go?
M To go, please.

④ W Do you need any help?
M No, thanks. I'm just looking.

① 여 머리를 어떻게 해 드릴까요?
남 파마해 주세요.

② 여 이것을 포장해 드릴까요?
남 네, 부탁드려요.

③ 여 여기서 드실래요, 포장해 드릴까요?
남 포장해 주세요.

④ 여 도움이 필요하신가요?
남 아뇨, 괜찮습니다. 그냥 구경하는 중이라서요.

get a perm 파마를 하다

05 다음을 듣고, 무엇에 관한 내용인지 고르세요.

① 온라인 쇼핑
② 인터넷 동호회
③ 영어 공부 방법
④(✓) 영어 학습 사이트

Would you like to improve your English skills? Visit our website and sign up for a free trial today. There is a lot of useful information on it. You can use this site to practice your English skills and to chat with people of all ages from all over the world. Our web address is www.loveenglish.com.

영어 능력을 향상시키고 싶으신가요? 오늘 저희 웹사이트에 방문하셔서 무료 체험을 신청해 보세요. 그것에 관한 유용한 정보가 많이 있습니다. 여러분은 영어 실력을 연습하고 전 세계에 있는 모든 연령대의 사람들과 이야기를 나누기 위해 이 사이트를 이용하실 수 있습니다. 저희 웹 주소는 www.loveenglish.com입니다.

improve 향상시키다 **sign up for** ~을 신청[가입]하다 **free trial** 무료 체험 **useful** 유용한 **information** 정보 **chat with** ~와 이야기를 나누다

06 대화를 듣고, 여자의 개가 몇 살인지 고르세요.

① 2개월 ② 2살
③ 10살 ④(✓) 12살

M Oh, is this your dog?
W Yes, his name is Buddy.
M He seems very calm. How old is he?
W He is 12 years old, and he is getting pretty old.
M How long have you had him?
W We adopted him when he was 10 years old.

남 오, 이거 너희 개야?
여 응, 이름은 Buddy야.
남 매우 차분해 보인다. 몇 살이야?
여 Buddy는 12살이고, 나이가 꽤 들었지.
남 키운 지는 얼마나 됐는데?
여 Buddy가 10살이었을 때 입양했어.

calm 차분한 **adopt** 입양하다

07 대화를 듣고, 여자가 그동안 남자를 보지 못한 이유를 고르세요.

① 서로 다른 학년이라서
② 서로 다른 학교를 다녀서
③(✓) 남자의 건강이 좋지 않아서
④ 남자가 가족과 여행을 다녀와서

W Hi, Jack. How have you been? I haven't seen you all school year.
M I've been sick for most of the year. So I will have to repeat the school year.
W Well, at least you are better now.
M That's right. Health is the most important thing.

여 안녕, Jack. 어떻게 지냈니? 학기 내내 널 보지 못했는데.
남 거의 1년 내내 아팠어. 그래서 한 학년을 다시 다녀야 할 거야.
여 음, 적어도 지금은 건강이 좋아졌잖아.
남 그건 그래. 건강이 가장 중요한 거니까.

repeat 다시 경험하다, 되풀이하다

08

대화를 듣고, 남자의 문제가 무엇인지 고르세요.

① 자전거가 고장 났다.
② 자전거를 잃어버렸다.
③ 남자의 엄마가 다쳤다.
④ 자전거에서 떨어져 다쳤다.

W What happened to you, Billy?

M I fell off my bicycle and cut my knee. It's bleeding, too.

W Oh, my god! Let me see it. Does it hurt?

M It's not so bad, Mom. I think it hurts you more than it does me.

여 네게 무슨 일이 생긴 거니, Billy?

남 자전거에서 떨어져서 무릎이 찢어졌어요. 피도 나고요.

여 세상에! 어디 보자. 아프니?

남 그렇게 아프진 않아요, 엄마. 제 생각에는 제가 아픈 것보다 엄마가 더 아픈 것 같네요.

fall off ~에서 떨어지다 **knee** 무릎 **bleed** 피가 나다

09

대화를 듣고, 남자의 심정으로 알맞은 것을 고르세요.

① worried ② confused
③ surprised ④ embarrassed

W Is that you, John?

M It is. How are you, Jane? I didn't know you lived in this city.

W Yes, I've been here for two years.

M Me, too. What a small world!

여 너 John 맞지?

남 그래. 어떻게 지냈니, Jane? 네가 이 도시에 사는 줄 몰랐어.

여 응, 나 여기에 산 지 2년 됐어.

남 나도 그래. 세상이 참 좁구나!

confused 혼란스러운 **embarrassed** 당황스러운

10

다음을 듣고, 두 사람의 대화가 어색한 것을 고르세요.

① ② ③ ④

① W Why are you so busy these days?
M I am looking for a house.

② M Can I take a message?
W Please tell him that his wife called.

③ W Are you sure that Jason and Sandra are getting married this month?
M That's what I heard from Jason.

④ W I'd love to go to a music concert.
M You have nothing to lose.

① 여 너 요즘 왜 그리 바쁘니?
남 집을 구하는 중이거든.

② 남 메모 남기시겠어요?
여 부인이 전화했다고 그에게 전해 주세요.

③ 여 Jason과 Sandra가 이번 달에 결혼할 것이라는 거 확실해?
남 내가 Jason에게서 들은 거야.

④ 여 난 음악 콘서트에 정말로 가고 싶어.
남 너는 잃을 것이 아무것도 없어.

take a message 메시지를 받아 놓다
sure 확신하는 **get married** 결혼하다

11

대화를 듣고, 남자와 여자의 장래 희망이 바르게 짝지어진 것을 고르세요.

	남자		여자
①	음악가	-	운동선수
②	운동선수	-	무용수
③	운동선수	-	음악가
④	마술사	-	음악가

W I want to be a musician.

M Cool! You are good at singing and playing the guitar, aren't you?

W Yes. I could sing and play the guitar all the time.

M That would be a nice job! If you're going to be a musician, then I'll be an athlete.

W Great! Then we will both be famous.

M I'll play basketball every day. We should start practicing!

여 난 음악가가 되고 싶어.

남 멋지다! 넌 노래도 잘하고 기타도 잘 치지, 그렇지 않니?

여 응. 난 항상 노래하고 기타를 칠 수 있을 거야.

남 멋진 일일 거야! 네가 음악가가 된다면 난 운동선수가 될 거야.

여 좋아! 그러면 우리 둘 다 유명해지겠다.

남 난 매일 농구를 할 거야. 우리 연습을 시작해야겠다!

musician 음악가 **all the time** 항상, 줄곧
athlete 운동선수

12 **다음을 듣고, 내용과 일치하지 않는 것을 고르세요.**

① 남자는 어제 경주로 현장 학습을 갔다.
② 남자는 현장 학습을 몹시 기대하고 있었다.
③ 남자는 경주에서 사진을 찍었다.
④ 남자는 수영장이 있는 멋진 호텔에 묵었다.

I went on a field trip to Gyeongju the day before yesterday. I had been looking forward to this school trip and really wanted to go there. There are many historic sites and old buildings. I took pictures with my teacher and friends. We stayed at a nice hotel with a swimming pool. It was a wonderful trip.

나는 그저께 경주로 현장 학습을 갔다. 나는 이 학교 여행을 몹시 기대해 왔고 그곳에 정말 가고 싶었다. 그곳엔 많은 유적지들과 오래된 건물들이 있다. 나는 선생님과 친구들이랑 사진을 찍었다. 우리는 수영장이 있는 멋진 호텔에 묵었다. 아주 멋진 여행이었다.

the day before yesterday 그저께
look forward to ~을 몹시 기대하다
historic site 유적지

13 **대화를 듣고, 타조에 대한 내용으로 옳은 것을 고르세요.**

① 타조의 눈과 뇌는 크기가 같다.
② 타조의 뇌는 타조의 눈보다 크다.
③ 타조의 눈은 타조의 뇌보다 크다.
④ 타조의 눈과 뇌의 크기는 타조마다 다르다.

M "An ostrich's eye is bigger than its brain." That's weird. Do you think it's true or false?

W I think it's false. What do you think?

M I think it's false, too. Let's look in the encyclopedia. Let me see... Wow! It says it's true.

남 "타조의 눈은 뇌보다 더 크다." 이건 이상해. 너는 이것이 사실이라고 생각하니, 거짓이라고 생각하니?

여 거짓인 것 같아. 너는 어떻게 생각하는데?

남 나도 거짓이라고 생각해. 백과사전을 찾아보자. 어디 보자… 와! 사실이래.

ostrich 타조 **brain** 뇌 **false** 거짓의
encyclopedia 백과사전

14 **대화를 듣고, 두 사람이 영어 선생님에 대해 어떻게 생각하고 있는지 고르세요.**

① 학생들의 다양한 의견을 경청한다.
② 질문을 통해 학생들의 흥미를 유발한다.
③ 칭찬을 통해 학생들의 자신감을 높여 준다.
④ 학생들이 영어를 즐겁게 공부하도록 이끌어 준다.

W I really like my new English teacher. He makes me enjoy learning English.

M You're right. I think everyone loves his class. He even plays games when we get bored.

W That's why I like him. It's so fun and exciting to be in his class.

여 난 새로운 영어 선생님이 너무 좋아. 그분은 내가 영어를 즐겁게 배우도록 해 주셔.

남 맞아. 모두가 선생님의 수업을 매우 좋아하는 것 같아. 그분은 우리가 지루해질 때면 게임도 해 주시잖아.

여 그게 내가 그분을 좋아하는 이유야. 그분의 수업을 듣는 것은 정말 재밌고 신나.

enjoy 즐기다 **bored** 지루한

15 대화를 듣고, 남자의 마지막 말에 이어질 여자의 말로 알맞은 것을 고르세요.

① Well-done, please.
② Anything to drink?
③ Yes. Let's have some cookies instead.
④ Sure. I'll write the recipe down for you.

M Thank you for dinner. Everything was delicious.
W I'm glad you liked it. Would you care for some ice cream?
M No, thank you. I'm full. Can you tell me how to make the onion soup? It was fantastic.
W Sure. I'll write the recipe down for you.

남 저녁 감사합니다. 모든 것이 맛있었어요.
여 맘에 드셨다니 기쁘군요. 아이스크림을 좀 드시겠어요?
남 아뇨, 괜찮습니다. 배가 불러서요. 양파 수프를 만드는 법을 알려 주시겠어요? 맛이 환상적이었어요.
여 물론이죠. 조리법을 써 드리지요.

① 잘 익혀 주세요.
② 음료는 무엇으로 하시겠습니까?
③ 네. 대신 쿠키를 좀 먹읍시다.

delicious 맛있는 **care for** ~을 원하다, 좋아하다 **recipe** 조리법

REVIEW TEST p. 115

A ❶ brain, 뇌 ❷ vest, 조끼 ❸ useful, 유용한 ❹ bleed, 피가 나다 ❺ musician, 음악가 ❻ athlete, 운동선수 ❼ repeat, 다시 경험하다, 되풀이하다 ❽ improve, 향상시키다 ❾ sign up for, ~을 신청[가입]하다 ❿ look forward to, ~을 몹시 기대하다

B ❶ useful information ❷ recommend, bangs ❸ mean, m(o)ustache ❹ use, chat with ❺ have nothing to lose ❻ historic sites, old buildings ❼ went on, field trip

TEST 19 p. 116

01 ④ 02 ② 03 ③ 04 ③ 05 ② 06 ③ 07 ④ 08 ④
09 ④ 10 ① 11 ① 12 ② 13 ① 14 ① 15 ②

문제 및 정답	받아쓰기 및 녹음내용	해석

01 다음을 듣고, 빈칸에 알맞은 것을 고르세요.

I ____________ me a cup of coffee.

① will like to get
② would like to get
③ will like you to get
④ would like you to get

I would like you to get me a cup of coffee.

내게 커피 한 잔을 사다 주면 좋겠어.

would like ~하고 싶다

02 대화를 듣고, 여자가 취하고 있는 동작으로 알맞은 것을 고르세요.

①

②

③

④

W What's next?
M Now, while holding onto the chair behind you, bend your straight arms and hold.
W Ouch! This hurts.
M 30 more seconds! You can do it.

여 다음은 뭐죠?
남 이제, 당신의 뒤에 있는 의자를 꽉 잡고 있으면서, 곧은 팔을 구부리고 그대로 유지하세요.
여 아야! 아파요.
남 30초만 더요! 할 수 있어요.

hold onto ~를 꽉 잡다[쥐다] **bend** 구부리다

03 대화를 듣고, 남자의 휴대폰이 있는 위치로 알맞은 곳을 고르세요.

①

②

③

④

M Amy, I forgot to bring my phone to work this morning. Can you look for it?
W Sure, Dad. Where do you want me to look?
M It's probably in the drawer in the kitchen where the keys are.
W I don't see it. It is not on your desk either.
M Can you check the bathroom?
W Yes. Oh, it is on the sink in the bathroom.

남 Amy, 내가 오늘 아침에 깜빡하고 회사에 휴대폰을 안 가져왔어. 좀 찾아 줄래?
여 네, 아빠. 제가 어디를 볼까요?
남 아마 열쇠가 들어 있는 부엌 서랍에 있을 거야.
여 안 보이는데요. 아빠의 책상 위에도 없어요.
남 욕실을 확인해 볼래?
여 네. 오, 욕실 세면대 위에 있네요.

drawer 서랍

04 다음을 듣고, 그림의 상황에 알맞은 대화를 고르세요.

① ② ③ ④

① W Excuse me. Do you know where the nearest subway station is?
M I'm sorry. I am new here.

② W What time can you come to my office?
M I can be there at 2 p.m. tomorrow.

③ W Can you show me your passport?
M Here you are.

④ W When did you buy a new phone?
M I received it as a birthday gift yesterday.

① 여 실례합니다. 가장 가까운 지하철역이 어디에 있는지 아세요?
남 죄송해요. 전 여기가 처음이라.

② 여 제 사무실로 몇 시에 올 수 있나요?
남 내일 오후 2시에 갈 수 있어요.

③ 여 당신의 여권을 제게 보여 주시겠어요?
남 여기요.

④ 여 너는 새 휴대폰을 언제 샀니?
남 그건 어제 생일 선물로 받았어.

nearest 가장 가까운 **passport** 여권

05 대화를 듣고, 두 사람이 무엇에 대해 이야기하고 있는지 고르세요.

① 봉사 활동 ② 장래 희망
③ 과학 잡지 ④ 지구 온난화

M What do you want to be when you grow up?

W I want to become a scientist. I want to learn about environmental issues like global warming and help solve them.

M Wow, that's amazing!

W Thanks.

남 넌 커서 뭐가 되고 싶어?

여 난 과학자가 되고 싶어. 난 지구 온난화와 같은 환경 문제들에 대해 배우고, 그 문제들을 해결하는 데 도움을 주고 싶어.

남 와, 굉장한걸!

여 고마워.

grow up 크다, 성장하다 **scientist** 과학자
environmental 환경의 **issue** 문제
global warming 지구 온난화 **solve** 해결하다
amazing 굉장한, 놀라운

06 다음을 듣고, 현재 엘리베이터 안에 타고 있는 사람의 수를 고르세요.

① 7 ② 8
③ 9 ④ 10

Five people get on the elevator on the first floor. On the third floor, two get on, but one gets off. On the seventh floor, nobody gets on or off. Finally, on the tenth floor, two adults and one child get on. At this point, how many people are still on the elevator?

1층에서 5명의 사람들이 엘리베이터에 탄다. 3층에서 2명이 타지만, 1명이 내린다. 7층에서는 아무도 타고 내리지 않는다. 마지막으로, 10층에서 2명의 성인과 1명의 어린이가 탄다. 이 시점에서, 몇 명의 사람들이 아직 엘리베이터에 타고 있겠는가?

get on (탈것에) 타다 **get off** (타고 있던 것에서) 내리다 **at this point** 이 시점에서

07 대화를 듣고, 남자가 한국어를 배우는 이유를 고르세요.

① 한국에서 취업하기를 원해서
② 한국인 친구들과 대화하고 싶어서
③ 한국어가 가장 배우기 쉬운 언어라서
④ 한국 드라마를 자막 없이 시청하고 싶어서

W Do you speak Korean?

M A little bit. I am taking Korean classes once a week.

W Can I ask you why you are learning Korean?

M I am interested in K-dramas, so I want to watch them without subtitles.

여 한국말 하세요?

남 조금요. 일주일에 한 번 한국어 수업을 듣고 있어요.

여 왜 한국어를 배우시는지 물어봐도 되나요?

남 전 한국 드라마에 관심이 있어서, 자막 없이 한국 드라마를 시청하고 싶어요.

interested 관심이 있는 **subtitle** 자막

08 대화를 듣고, 남자가 오늘 오후 3시에 할 일로 알맞은 것을 고르세요.

① 친구와 숙제하기
② 엄마와 숙제하기
③ 친구와 장 보러 가기
④ 엄마와 장 보러 가기

W Do you think you will have some time to go grocery shopping with me today?
M Sure, Mom. What time do you want to go?
W How about 5 o'clock in the evening?
M I need to meet my classmate at 5 p.m. to do our homework together. Can we do it at 3 p.m.?
W Sounds good.

여 오늘 나랑 장 보러 갈 시간이 있을 것 같니?
남 네, 엄마. 몇 시에 가고 싶으세요?
여 오후 5시는 어떠니?
남 5시에는 반 친구를 만나서 같이 숙제를 해야 해요. 오후 3시에 갈 수 있을까요?
여 좋아.

go grocery shopping 장 보러 가다
classmate 반 친구

09 대화를 듣고, 여자의 심정으로 알맞은 것을 고르세요.

① excited ② worried
③ nervous ④ disappointed

M Hey, Emma! How are you today?
W Not so good.
M How come?
W I was supposed to meet up with my friend today, but she canceled at the last minute. I was really looking forward to seeing her.
M Oh, that's too bad.

남 안녕, Emma! 오늘 기분이 어때?
여 그리 좋지 않아.
남 어째서?
여 오늘 친구랑 만나기로 했는데, 그 친구가 막판에 취소를 했어. 난 그 애를 만나기를 몹시 기대하고 있었는데.
남 아, 그것 참 안됐다.

cancel 취소하다 **at the last minute** 막판에, 마지막 순간에

10 다음을 듣고, 두 사람의 대화가 어색한 것을 고르세요.

① ② ③ ④

① M How long did you take a nap for?
W I don't want to be tired.
② W I have a big test today. Wish me luck!
M You will do a good job. Good luck.
③ M What time do you want me to call you back?
W Any time this afternoon is good.
④ W Can I park here?
M Yes, but it is a paid parking lot. It is three dollars per hour.

① 남 얼마나 오래 낮잠을 잤니?
여 난 안 피곤했으면 좋겠어.
② 여 오늘 중요한 시험이 있어. 내게 행운을 빌어 줘!
남 넌 잘할 거야. 행운을 빌어.
③ 남 제가 몇 시에 당신에게 다시 전화할까요?
여 오늘 오후 아무 때나 좋아요.
④ 여 여기에 주차해도 되나요?
남 네, 그렇지만 유료 주차장입니다. 시간당 3달러입니다.

paid 유료의 **parking lot** 주차장

11 대화를 듣고, 두 사람이 만나기로 한 시각을 고르세요.

① 1시 45분　② 2시 15분
③ 2시 30분　④ 2시 45분

M What time should we meet?
W How about meeting half an hour before the movie starts?
M Okay. When does the movie start?
W At 2:15.
M Well, then let's meet at the theater.

남 우리 몇 시에 만날까?
여 영화 시작 30분 전에 만나는 게 어때?
남 그래. 영화가 언제 시작하지?
여 2시 15분에 시작해.
남 음, 그러면 극장에서 만나자.

half an hour 30분　**theater** 극장

12 대화를 듣고, 대화 내용과 일치하지 않는 것을 고르세요.

① 여자의 생일이 곧 다가온다.
② 여자는 친구들과 함께 생일 파티를 할 것이다.
③ 여자는 치즈 케이크를 살 것이다.
④ 여자는 작년 생일에 초콜릿 케이크를 샀다.

M Your birthday is coming up. Do you have any plans?
W I'm just getting a cake and having dinner with my family.
M That sounds great. What flavor of cake will you have?
W Cheesecake. I got a chocolate cake on my last birthday, but I want to try something different this year.

남 네 생일이 다가오고 있네. 무슨 계획이라도 있어?
여 그냥 케이크를 사서 가족들과 저녁이나 먹으려고.
남 그것 참 좋겠다. 케이크는 무슨 맛으로 살 거야?
여 치즈 케이크. 지난번 생일에는 초콜릿 케이크를 샀지만, 올해에는 다른 것을 먹어 보고 싶어서.

flavor 맛, 풍미

13 대화를 듣고, 여자가 주문한 음식으로 언급되지 않은 것을 고르세요.

① 밀크 초콜릿
② 큰 사이즈 커피
③ 블루베리 머핀
④ 치즈 티 비스킷

W I'll have one large coffee, please.
M Is that all?
W Do you sell muffins or tea biscuits?
M We do! We have chocolate and blueberry muffins and plain and cheese tea biscuits.
W Great! I will also take one blueberry muffin and a cheese tea biscuit.

여 큰 사이즈 커피 한 잔 주세요.
남 그거면 됩니까?
여 머핀이나 티 비스킷을 파시나요?
남 네! 초콜릿 머핀과 블루베리 머핀이 있고 일반 티 비스킷과 치즈 티 비스킷이 있습니다.
여 좋네요! 블루베리 머핀 하나와 치즈 티 비스킷도 시킬게요.

muffin 머핀　**tea biscuit** 티 비스킷(차 마실 때 먹는 비스킷)　**plain** 일반의, 평범한

14 다음을 듣고, 무엇에 관한 내용인지 고르세요.

① soccer　② baseball
③ swimming　④ basketball

This is one of the most popular sports in the world. There are two teams of eleven players playing against each other. They have to try to kick a ball into each other's net. They're not allowed to touch the ball with their hands.

이것은 세계에게 가장 인기 있는 스포츠 중 하나이다. 11명의 선수들로 이루어진 2개 팀이 시합을 한다. 상대 팀의 네트에 공을 차 넣으려고 해야 한다. 손으로 공을 건드리는 것은 허용되지 않는다.

popular 인기 있는　**net** 네트, 골대
be not allowed 허용되지 않는다
touch 건드리다, 만지다

15 대화를 듣고, 남자의 마지막 말에 이어질 여자의 말로 알맞은 것을 고르세요.

① You need to get up early.
② Get enough sleep tonight.
③ Get some help from your friend.
④ Why don't you do your homework now?

W Are you okay? You look sad.
M I'm fine. I'm just tired.
W Oh, how come?
M I had so much homework last night, so I went to sleep late.
W Get enough sleep tonight.

여 너 괜찮니? 슬퍼 보이네.
남 전 괜찮아요. 피곤할 뿐이에요.
여 오, 어째서?
남 어젯밤에 숙제가 너무 많아서 늦게 잤거든요.
여 오늘 밤에는 잠을 충분히 자렴.

① 너는 일찍 일어나야 해.
③ 네 친구에게서 도움을 좀 구하렴.
④ 지금 숙제를 하지 그러니?

enough 충분한

REVIEW TEST p. 121

A
❶ bend, 구부리다 ❷ issue, 문제 ❸ flavor, 맛, 풍미 ❹ drawer, 서랍
❺ enough, 충분한 ❻ popular, 인기 있는 ❼ cancel, 취소하다
❽ amazing, 굉장한, 놀라운 ❾ interested, 관심이 있는 ❿ classmate, 반 친구

B
❶ Wish, luck ❷ show, passport ❸ grocery shopping
❹ forgot, bring ❺ try something different
❻ hold onto, behind ❼ nearest subway station

TEST 20

p. 122

01 ④ 02 ④ 03 ③ 04 ③ 05 ② 06 ④ 07 ④ 08 ④
09 ① 10 ① 11 ① 12 ④ 13 ② 14 ③ 15 ①

	문제 및 정답	받아쓰기 및 녹음내용	해석
01	다음을 듣고, 빈칸에 알맞은 것을 고르세요. _______ wait another week. ① I think I have to ② I thought I had to ③ I think we have to ④ I thought we had to	I thought we had to wait another week.	나는 우리가 일주일 더 기다려야 한다고 생각했다. wait 기다리다 another 또 하나의
02	다음을 듣고, 남자가 구입한 물품이 아닌 것을 고르세요. ①  ② 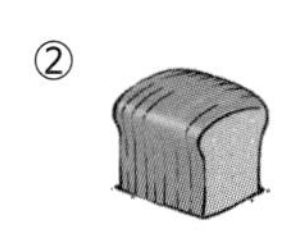 ③  ④ 	My name is James. I enjoy helping my family buy things. Today, I went to the supermarket because my mom asked me to get some milk and bread for breakfast tomorrow. I also bought an eraser and some glue for school at the stationery store. My sister said she needed notebooks. So I got some for her as well.	내 이름은 James야. 나는 가족들이 물건 사는 것을 도와주기를 즐겨. 우리 엄마가 내게 내일 아침으로 먹을 우유와 빵을 사 오라고 부탁하셨기 때문에 나는 오늘 슈퍼마켓에 갔어. 나는 문구점에서 학교 공부를 위한 지우개와 풀도 샀어. 내 여동생은 공책이 필요하다고 말했어. 그래서 동생을 위한 공책도 샀어. eraser 지우개 glue 풀, 접착제 stationery store 문구점 notebook 공책 as well ~도, 또한
03	대화를 듣고, 그림에서 남자의 딸이 누구인지 고르세요. 	W My daughter is playing the keyboard in the school concert. She's over there. M She's a great player. W Where's your daughter? M She's singing along to the guitar music. W Who's the guitar player? M She's my daughter's best friend, and she's also good at playing the drums.	여 내 딸은 학교 음악회에서 키보드를 연주하고 있어요. 저기 있네요. 남 그녀는 훌륭한 연주자예요. 여 따님은 어디에 있어요? 남 제 딸은 기타 연주에 맞춰 노래하고 있어요. 여 기타 연주자가 누구죠? 남 그 애는 내 딸의 가장 친한 친구이고, 드럼도 잘 쳐요. daughter 딸 sing along to ~에 맞춰 노래하다 guitar 기타

04 다음을 듣고, 그림의 상황에 알맞은 대화를 고르세요.

① ② ③ ④

① M Excuse me. Which floor should I visit to buy children's clothes?
W You should go to the 5th floor.

② M Can I use your cell phone?
W Sorry, but I can't lend it to you.

③ W You're not supposed to use your cell phone in the library.
M I'm sorry. I'll take this call outside.

④ M Can I borrow these books?
W Sure. Do you have a student ID card?

① 남 실례합니다. 아동복을 사려면 몇 층으로 가야 하나요?
여 5층으로 가셔야 해요.

② 남 제가 당신의 휴대폰을 써도 될까요?
여 죄송하지만 당신에게 그걸 빌려줄 수 없어요.

③ 여 도서관에서 휴대폰을 사용해서는 안 됩니다.
남 죄송합니다. 밖에 나가서 이 전화를 받도록 할게요.

④ 남 이 책들을 빌릴 수 있나요?
여 물론이죠. 학생증이 있나요?

floor (건물의) 층 **student ID card** 학생증

05 대화를 듣고, 두 사람이 무엇에 대해 이야기하고 있는지 고르세요.

① 냄비를 세척하는 법
② 닭고기 수프를 만드는 법
③ 신선한 야채를 고르는 법
④ 야채를 오래 보관하는 법

M I don't know what to eat for dinner.
W How about having chicken soup? It's easy to make.
M I don't know how to make it.
W You just need a big pot, water, vegetables, and chicken.
M Tell me more details about how to make it.
W Cut up the vegetables and the chicken and add them to the boiling water. Next, add some salt and soy sauce and boil it for about 20 minutes.
M That sounds easy. I should try it.

남 저녁으로 뭘 먹어야 할지 모르겠어.
여 닭고기 수프를 먹는 게 어때? 그건 만들기 쉬워.
남 그걸 어떻게 만드는지 몰라.
여 큰 냄비, 물, 야채, 그리고 닭고기만 있으면 돼.
남 그걸 만드는 법에 대해 좀 더 자세히 말해 줘.
여 야채와 닭고기를 썰어서 끓는 물에 넣어. 그다음에 소금과 간장을 넣고 그것을 20분 정도 끓여.
남 그거 쉬울 것 같은데. 해 봐야겠다.

pot 냄비 **detail** 세부 사항 **add** 넣다, 첨가하다 **boiling** 끓는 **soy sauce** 간장

06 대화를 듣고, 피카소 전시회의 원래 입장료가 얼마인지 고르세요.

① $2 ② $5
③ $7 ④ $10

W Hello. I'd like to get a ticket for the Picasso exhibition.
M Do you have your student ID card? You can get a 50% discount with your card.
W Oh, that's great. Here it is!
M It costs five dollars. Do you need a guide? It just costs two dollars extra.
W No, thanks.
M Okay. Enjoy the exhibition.

여 안녕하세요. 피카소 전시회 표를 사고 싶습니다.
남 학생증을 가지고 있으신가요? 학생증이 있으면 50퍼센트의 할인을 받으실 수 있어요.
여 오, 잘됐네요. 여기 있어요!
남 5달러입니다. 안내 책자가 필요하신가요? 2달러만 추가로 내시면 됩니다.
여 아뇨, 괜찮아요.
남 알겠습니다. 즐거운 관람 하세요.

exhibition 전시회 **discount** 할인 **guide** 안내 책자

07 **대화를 듣고, 여자가 놀란 이유를 고르세요.**

① 동네에 있던 사진관이 사라져서
② 사진 속 남자가 아는 사람이어서
③ 아빠의 생신을 잊고 있었음을 깨달아서
④ 남자의 삼촌이 나이에 비해 젊어 보여서

M Kate, take a look at this picture.
W Well, who's this?
M This is my uncle that I told you about earlier.
W Oh, I see. How old is he?
M He's 50 years old.
W I can't believe it! He looks so young for his age.

남 Kate, 이 사진 한번 봐봐.
여 음, 이분은 누구셔?
남 이분이 바로 일전에 네게 말했던 우리 삼촌이셔.
여 오, 그렇구나. 연세가 어떻게 되셔?
남 50살이셔.
여 믿을 수 없어! 연세에 비해 정말 젊어 보이신다.

08 **대화를 듣고, 남자가 생각하기에 영어를 배우는 가장 좋은 방법은 무엇인지 고르세요.**

① 외국에서 지내는 것
② 원어민 친구를 사귀는 것
③ 온라인 영어 강좌를 듣는 것
④ 영어로 된 영화를 많이 보는 것

M What is the best way to learn English?
W It is to go abroad and to live in another country.
M Hmm, I agree. But going abroad takes a lot of money.
W Then what do you think the best way to learn English without paying much is?
M I think watching a lot of English movies is the best way. It doesn't cost much.

남 영어를 배우는 가장 좋은 방법은 뭘까?
여 외국에 가서 다른 나라에서 사는 거야.
남 흠, 나도 동의해. 하지만 외국에 가는 것은 많은 돈이 들어.
여 그럼 돈을 많이 지불하지 않고도 영어를 배울 수 있는 가장 좋은 방법은 무엇이라고 생각하니?
남 나는 영어로 된 영화를 많이 보는 것이 가장 좋은 방법이라고 생각해. 그렇게 하면 비용이 많이 들지 않아.

go abroad 외국에 가다 **country** 나라, 국가
pay (돈을) 지불하다 **cost** 비용이 들다

09 **대화를 듣고, 여자의 심정으로 알맞은 것을 고르세요.**

① upset ② thankful
③ delighted ④ frightened

W I'll eat the cheesecake once I get home.
M What are you talking about?
W I got a piece of cheesecake at a famous bakery yesterday. I put it in the refrigerator.
M Oh, I'm so sorry. I had it this morning.
W What? How could you eat it?
M It looked so good, so I just ate it without thinking.
W Don't ever touch my food without my permission.

여 나는 집에 가자마자 치즈 케이크를 먹을 거야.
남 무슨 얘길 하는 거야?
여 내가 어제 유명한 빵집에서 치즈 케이크 한 조각을 샀거든. 그걸 냉장고에 넣어 놨어.
남 오, 정말 미안해. 그건 오늘 아침에 내가 먹어버렸어.
여 뭐라고? 네가 어떻게 그걸 먹을 수가 있니?
남 그게 너무 맛있어 보여서, 그냥 생각 없이 먹어버렸어.
여 내 허락 없이는 내 음식에 절대 손 대지 마.

piece 조각 **bakery** 빵집 **permission** 허락
frightened 겁먹은

10 다음을 듣고, 두 사람의 대화가 자연스러운 것을 고르세요.

① ② ③ ④

① M What's wrong with your dog?
W She's been a little sick lately.

② W Where do you usually spend your pocket money?
M I usually spend my weekends with my family.

③ M Mom, have you seen my red jacket?
W I don't want to wear that jacket.

④ M Have you ever played tennis before?
W I think that's a big change.

① 남 네 강아지에게 무슨 이상이 있니?
여 최근에 몸이 약간 안 좋아.

② 여 너는 보통 용돈을 어디에 사용하니?
남 나는 대개 가족들과 함께 주말을 보내.

③ 남 엄마, 제 빨간 재킷 보셨어요?
여 난 저 재킷을 입고 싶지 않아.

④ 남 전에 테니스를 쳐 본 적이 있나요?
여 그건 큰 변화인 것 같아요.

11 대화를 듣고, 남자가 자선 공연에서 무엇을 할 것인지 고르세요.

① 춤 ② 마술
③ 노래 ④ 바이올린 연주

M What are you going to do for the charity concert, Jenny?

W I'll play Mozart on the violin. What about you?

M I'm going to perform a dance with John.

W I heard that John is a great dancer. I want to see you dance with him.

M You can look forward to it!

남 Jenny, 자선 공연에서 무얼 할 거야?

여 난 바이올린으로 모차르트를 연주할 거야. 너는?

남 난 John과 춤을 출 거야.

여 John이 춤을 잘 춘다고 들었어. 네가 그와 춤추는 것을 보고 싶어.

남 기대해도 좋아!

charity concert 자선 공연
perform (연주·연기 등을) 해 보이다, 공연하다

12 대화를 듣고, 대화 내용과 일치하지 않는 것을 고르세요.

① 여자는 여름 방학 때 캐나다에 갈 것이다.
② 여자는 캐나다에서 삼촌을 만날 것이다.
③ 여자는 캐나다에서 관광을 할 것이다.
④ 여자는 여동생과 함께 캐나다에 갈 것이다.

W I'm planning to go to Canada this summer break.

M Really? What are you going to do there?

W I'll visit my uncle and do some sightseeing around the country.

M Wow! That sounds fun. Who are you going with?

W I was going with my sister, but she has to do something else. So I'm going by myself.

여 이번 여름 방학 때 캐나다에 갈 계획이야.

남 정말? 거기에서 뭐 할 거야?

여 나는 삼촌을 방문하고 캐나다 곳곳을 관광하려고.

남 와! 재미있겠다. 누구랑 갈 건데?

여 여동생과 함께 가려고 했는데, 그 애는 다른 일을 해야 해. 그래서 나 혼자 갈 거야.

break (짧은) 휴가 **sightseeing** 관광
by oneself 혼자서

13 대화를 듣고, 여자가 대화 직후에 할 일로 알맞은 것을 고르세요.

① 냉장고를 정리한다.
② 냉동실 문을 닫는다.
③ 아이스크림을 먹는다.
④ 남자에게 요거트를 갖다 준다.

M Honey, I bought some ice cream and put it in the freezer last night. Can you get the ice cream for me?
W Sure.
M Thank you.
W Oh, no! It melted and looks like yogurt now.
M Was the freezer door open?
W Yeah, it was. I think it was open all night.

남 여보, 제가 어젯밤에 아이스크림을 사서 냉동실에 넣었어요. 아이스크림 좀 가져다 줄래요?
여 알겠어요.
남 고마워요.
여 오, 이런! 아이스크림이 녹아서 이제는 요거트처럼 보여요.
남 냉동실 문이 열려 있었나요?
여 네, 맞아요. 밤새 열려 있었던 것 같아요.

freezer 냉동실 **melt** 녹다

14 대화를 듣고, Janice가 당한 사고에 대한 내용으로 옳은 것을 고르세요.

① Janice는 많이 다쳐서 입원했다.
② Janice는 자전거를 타다가 넘어졌다.
③ 자전거를 타던 사람이 Janice를 제때에 보지 못했다.
④ Janice는 음악을 들으며 길을 건너다가 차에 치였다.

W Janice got in an accident yesterday.
M What happened to her?
W She was crossing the street while listening to music.
M Was she hit by a car?
W No. The person riding the bike didn't see her in time and hit her.
M Is she okay?
W Fortunately, Janice was not hurt too badly.

여 Janice가 어제 사고를 당했어.
남 그녀에게 무슨 일이 있었어?
여 그녀는 음악을 들으며 길을 건너고 있었어.
남 그녀가 차에 치였던 거니?
여 아니. 자전거를 탄 사람이 제때에 그녀를 보지 못하고 그녀를 쳤어.
남 그녀는 괜찮아?
여 다행히도, Janice는 아주 심하게 다치지는 않았어.

in time 제때에 **fortunately** 다행히도

15 대화를 듣고, 여자의 마지막 말에 이어질 남자의 말로 알맞은 것을 고르세요.

① That's a great idea!
② It gets cold in the winter.
③ You'll need it on this slope.
④ Put on a hat when you go outside.

M Tina, look out the window.
W Oh! It's snowing a lot.
M Do you want to play in the snow with me?
W Great! Let's go.
M I want to make a snowman.
W That'll be nice, but how about having a snowball fight first?
M That's a great idea!

남 Tina, 창밖을 봐.
여 오! 눈이 많이 오는구나.
남 나랑 눈 속에서 놀래?
여 좋아! 가자.
남 난 눈사람을 만들고 싶어.
여 그것도 좋지만, 눈싸움을 먼저 하는 게 어때?
남 아주 좋은 생각이야!

② 겨울에는 날이 추워져.
③ 이런 경사면에서는 그게 필요할 거야.
④ 바깥에 나갈 때는 모자를 써.

snowman 눈사람 **snowball fight** 눈싸움

REVIEW TEST p. 127

A

❶ pot, 냄비 ❷ add, 넣다, 첨가하다 ❸ another, 또 하나의 ❹ glue, 풀, 접착제
❺ melt, 녹다 ❻ cost, 비용이 들다 ❼ piece, 조각 ❽ detail, 세부 사항
❾ perform, (연주·연기 등을) 해 보이다, 공연하다 ❿ by oneself, 혼자서

B

❶ eraser, notebook ❷ do, sightseeing ❸ singing along to
❹ Which floor, clothes ❺ discount, ID card
❻ go abroad, country ❼ salt, soy sauce, boil

Memo

Memo